Kaiserin Elisabeth und ihr Ungarn

Allitera Verlag

BEATRIX MEYER studierte Germanistik und Geschichte in Pécs (Ungarn) und Erlangen. Die gebürtige Ungarin arbeitete jahrelang als Fremdsprachenlehrerin für Deutsch. Seit ihrem Umzug nach Deutschland vertiefte sie sich in die Familiengeschichte der Hofdame Gräfin Festetics und ist Mitherausgeberin einer Auswahl deren Tagebücher. Im Zuge ihrer Forschungsarbeit setzte sie sich eingehend mit dem Schicksal der legendären Kaiserin Elisabeth von Österreich-Ungarn auseinander und entdeckte dabei zahlreiche bisher unbeachtet gebliebene Quellen.

Beatrix Meyer

KAISERIN ELISABETH UND IHR UNGARN

Allitera Verlag

Informationen über den Verlag und sein Programm unter
www.allitera.de

Originalausgabe Oktober 2019
Allitera Verlag
Ein Verlag der Buch&media GmbH München

Layout, Satz und Umschlaggestaltung: Johanna Conrad
Gesetzt aus der Minion Pro
Umschlagvorderseite: Kaiserin Elisabeth als ungarische Königin, Gemälde von Georg Raab, 1867.
Printed in Europe · ISBN 978-3-96233-130-6

Allitera Verlag
Merianstraße 24 · 80637 München
Fon 089 13929046 · Mail info@allitera.de
www.allitera.de

INHALT

VORWORT

Elisabeths Beziehung zu Ungarn, vor allem der Beginn, ist von vielen Mythen umrankt, die einer näheren Untersuchung oft nicht standhalten. Natürlich pflegt man in der ungarischen Öffentlichkeit gern das Bild der ritterlichen Nation, die die unglückliche Kaiserin von Österreich auf Anhieb liebevoll in ihrer Mitte aufnimmt und diese dann aus Dankbarkeit für Ungarn Partei ergreift. Man ignoriert dabei die Tatsachen – so beispielsweise, dass die Ungarn bei Franz Josephs Eheschließung seiner Braut im günstigsten Fall neutral gesinnt waren. Was soll man von einer Frau halten, die ein »Ungeheuer« heiratet? Dieses ließ, ohne mit der Wimper zu zucken, nach der Niederschlagung der Revolution von 1848 / 49 Tausende inhaftieren, Tausende gingen ins Exil aus Angst vor den Repressalien, die Landbevölkerung war eingeschüchtert und entrechtet. Dennoch: Elisabeth und die Ungarn finden den Weg zueinander – auch wenn es nicht auf Anhieb und nicht so schnell passierte, wie es in der Regel dargestellt wird.

Die ersten Eindrücke von Ungarn gewann die zukünftige Kaiserin während ihrer Brautzeit: Setzte sich der Historiker Majláth, ein ehemaliger Spion des Wiener Hofes, als Geschichtslehrer Elisabeths wirklich für die Ungarn ein? Wer nahm tatsächlich an den Vermählungsfeierlichkeiten von ungarischer Seite teil? Änderte sich überhaupt etwas in Ungarn mit Franz Josephs Eheschließung? Was bedeutete der Besuch des Kaiserpaares im Jahr 1857? Hinterließ Elisabeth einen positiven Eindruck? Wenn ja, warum musste man dann in Ungarn fast neun Jahre auf den nächsten Besuch im Winter 1866 warten?

1866 folgte die Kaiserin der Einladung der Ungarn und es hatte sich seit ihrem letzten Aufenthalt vieles getan. Die Ausgleichsverhandlungen liefen schon auf Hochtouren. Elisabeth hatte Ungarisch gelernt – warum sie sich auf dieses Unterfangen einließ, wird oft mit ihrer Oppositionshaltung der Schwiegermutter gegenüber begründet. Reichte dies aber für ein lebenslanges Interesse tatsächlich aus? Erzherzogin Sophie starb ja bereits 1872 und sie mischte sich da schon lange nicht mehr in die Angelegenheiten ihrer Schwiegertochter ein.

Elisabeths engste Vertraute ist nun die Vorleserin Ida Ferenczy, ein einfaches Fräulein aus dem ungarischen Landadel, das seiner Herrin bis über den Tod hinaus treu ergeben bleibt. Ida Ferenczy prägt Elisabeths Bild über Ungarn wesentlich, sie versorgt die Kaiserin mit Insider-Informationen über Land und Leute. Als Ungarin erfuhr sie alles aus erster Hand: Sie wuchs unter den üblichen Verhältnissen der Landesbewohner auf, teilte ihr Schicksal. Eine gleichberechtigte Freundschaft entwickelte sich zwischen den beiden Frauen, die Treue und Verschwiegenheit Idas wird mit Vertrauen seitens der Kaiserin belohnt. »Die Bedeutung dieser Ungarin für Sisis Biographie kann kaum hoch genug eingeschätzt werden« – urteilt die Historikerin Brigitte Hamann.[1] Dieser Ansicht kann ich mich nur anschließen.

Nicht nur für das Habsburgerreich war 1866 ein Wendepunkt, auch in Elisabeths Leben änderte sich vieles grundlegend. Sie lernte gleich am Anfang jenes Jahres – bei ihrem zweiten Aufenthalt in Budapest – zahlreiche Ungarn kennen und schloss mit einigen lebenslange Freundschaften. Unter all diesen Beziehungen ragte die mit Graf Gyula Andrássy heraus. Bis heute rätselt man darüber: War es eine platonische Freundschaft oder ging es doch weiter? Wie weit beeinflusste der Politiker die Kaiserin? Ebenfalls fragt man sich: Was hatten die Ungarn an sich, was Elisabeth in Österreich und in Wien nicht bekommen konnte?

1867 kam der Ausgleich zwischen Österreich und Ungarn zustande. Immer wieder liest man in der einschlägigen Elisabeth-Literatur, dass die Kaiserin wesentlichen Anteil daran gehabt haben soll. Aber was trug sie denn tatsächlich zur Versöhnung bei? Womit war sie wirklich beschäftigt, während Franz Joseph mit den Ungarn verhandelte?

Zehn Monate nach dem Ausgleich bringt Elisabeth in der Burg zu Ofen ihre jüngste Tochter, Erzherzogin Marie Valerie, zur Welt. Sie war angeblich ein Geschenk an Franz Joseph, weil er sich mit den Ungarn versöhnte und sich zum ungarischen König krönen ließ. Oder steckte noch mehr hinter der Entscheidung der Kaiserin, dass sie neun Jahre nach ihrer letzten Entbindung ihre Weigerung, noch ein Kind zu bekommen, aufgab? Die Beziehung zwischen Mutter und Tochter wurde durch die Ungarnliebe der Ersteren wesentlich geprägt, Elisabeth ließ viele Ungarn in die Kindskammer berufen. Trotzdem gelang es ihr nicht, eine Ungarnbegeisterung in ihr jüngstes Kind einzupflanzen.

Häufig hört man den Vorwurf, dass die Kaiserin viel mehr Zeit in Ungarn

---

[1] Hamann 1982. S. 218–219.

verbrachte als in der Reichshauptstadt Wien. Stimmt das wirklich? Wenn nicht, warum gewann man diesen Eindruck? Tatsache ist, Elisabeth verbrachte bis zum Tod ihres Sohnes 1889 gern und häufig viel Zeit in der östlichen Reichshälfte, denn »hier fühlt man sich immer frei«,[2] wie sie einst zu Mór Jókai sagte. Worin bestand diese Freiheit? Was war für sie so attraktiv an Ungarn?

Kaiserin Elisabeths Ungarnliebe ist legendär – in vielerlei Hinsicht auch wortwörtlich. Bei der Wahrheitsfindung scheint die ungarische Sprache ein unüberwindbares Hindernis darzustellen. Die nichtungarischen Historiker wissen zwar, dass es zahlreiche Quellen in Ungarn gibt, aber gerade wegen der großen Menge haben sie – mangels Sprachkenntnisse – die Qual der Wahl: Was soll man übersetzen lassen? Wo befinden sich die Quellen? Sind sie überhaupt öffentlich zugänglich? Haben die bekanntesten Elisabeth-Biografen Corti und Hamann[3] nicht alles Wichtige in ihre Werke eingearbeitet? Da sich die Quellenlage ständig ändert, kann man die letzte Frage eindeutig mit Nein beantworten. Außerdem sprachen die beiden Historiker kein Ungarisch, was ihre Forschungsmöglichkeiten wesentlich einschränkte. So konnte man nur die Rosinen herauspicken, ein verantwortungsvolles Forschen mit der unerlässlichen Quellenkritik konnte nicht stattfinden. Außerdem sollte man beachten, dass jede Übersetzung gleichzeitig eine Textinterpretation ist. Die fehlenden Ungarischkenntnisse lassen sich nicht damit entschuldigen, dass Ungarisch eine schwer erlernbare Sprache sei. Von jedem ernst zu nehmenden Historiker, der die französische Geschichte studiert, erwartet man Französischkenntnisse. Genauso werden Englischkenntnisse vorausgesetzt, wenn man sich in die Historie Großbritanniens, der USA oder eben Australiens vertiefen will. Und übrigens: Elisabeth hatte gerade mal drei Jahre gebraucht, um Ungarisch zu erlernen.

In der Regel beziehen sich die meisten Elisabeth-Forscher auf Corti und Hamann, wenn sie auf dieses scheinbar schwer zugängliche Material aus Ungarn zugreifen möchten. Ein großes Problem ist, dass man sich auf die Bewertung der beiden genannten Wissenschaftler verlassen muss, da eine Überprüfung der Originale ohne Sprachkenntnisse nahezu unmöglich ist. Zu einer Veröffentlichung dieser Originalmaterialien in deutscher oder in einer anderen Sprache kam es bisher noch nicht.[4] Die Neubewertung beziehungs-

---

2 Zit. nach Márki 1899. S. 13.

3 Corti 1934; Hamann 1982 bzw. 2012.

4 Eine Ausnahme bildet dabei die auszugsweise Publikation der Tagebücher

weise Heranziehung weiterer ungarischer Quellen und Darstellungen in die Elisabeth-Forschung ist deshalb schon längst überfällig.

Wie es der Titel des Werks zeigt, sollen in dieser Arbeit lediglich Elisabeths Beziehungen zu Ungarn und zu den Ungarn dargestellt werden. Eine umfassende Biografie der Kaiserin würde diesen Rahmen sprengen, deshalb verweise ich auf die beiden bereits genannten Monografien von Egon Caesar Corti und Brigitte Hamann als allgemein akzeptierte Standardliteratur zu diesem Thema – auch wenn man sie vor allem in Bezug auf Ungarn als veraltet ansehen muss. Die Kapitel des Buches folgen einer losen thematischen Ordnung, wobei – soweit es möglich war – die Chronologie der Ereignisse eingehalten wurde. Um Elisabeths Beziehung zu Ida Ferenczy beziehungsweise Gyula Andrássy in ihrem ganzen Ausmaß und in ihrer Entwicklung darzustellen, war es notwendig, die zeitliche Anordnung zugunsten der Thematik zu unterbrechen, nur so konnte ich die Freundschaften von ihren Anfängen bis zum Tod der Beteiligten verfolgen.

Einen zweiten Schwerpunkt setzte ich, indem ich die Ereignisse von 1848 / 49 ausführlicher schilderte. Bis auf Italien und Ungarn kehrte nämlich nach der Revolutionswelle im Frühjahr 1848 in Europa ziemlich schnell wieder Ruhe ein und die Situation eskalierte nicht wie in diesen beiden Ländern. Somit wird im restlichen Europa die Tragweite des Ereignisses maßlos unterschätzt. Die Niederlage der Freiheitsbewegung löste – vor allem durch die darauffolgende Vergeltung – ein nationales Trauma in Ungarn aus. Welche Bedeutung den Geschehnissen von damals in Ungarn beigemessen wird, zeigt auch, dass der Jahrestag des Revolutionsausbruchs bis heute Nationalfeiertag in Ungarn ist und in Budapest am Ewigen-Licht-Denkmal von Lajos Batthyány (als Ministerpräsident der Revolutionsregierung wurde er unter mehr als zweifelhaften Umständen zu Tode verurteilt und hingerichtet) bis in die Gegenwart hinein immer wieder politische Demonstrationen stattfinden. Fast in jeder Ortschaft in Ungarn gibt es Denkmäler für die Revolution 1848 – so wie überall in Europa Denkmäler für die Opfer des Ersten und Zweiten Weltkriegs aufgestellt wurden. Ohne gründliche Kenntnisse der Revolution 1848 und deren Folgen sind die Forderungen und Reaktionen der Ungarn während der Ausgleichsverhandlungen nicht nachvollziehbar. Und das unterschied Kaiserin Elisabeth von vielen Mitgliedern der Habsburger: Sie hörte den Ungarn

---

der Gräfin Marie Festetics, wobei man festhalten muss, dass die Einträge hier ursprünglich hauptsächlich in deutscher Sprache erfolgten. Vgl. Walterskirchen / Meyer 2014.

zu, kannte die Geschichte auch aus deren Sicht. Man muss den Ungarn nicht recht geben, anhören sollte man sich ihren Standpunkt um der Gerechtigkeit willen dennoch.

Die ungarischen Orts- und Personenbezeichnungen werden in der Regel auf Ungarisch verwendet, wechselhaft ist die Bezeichnung von der heutigen Hauptstadt Budapest. Historisch gesehen wuchs diese Stadt aus drei Teilen zusammen: Buda (dt. Ofen), Óbuda (dt. Altofen) sowie Pest. Erst 1873 wurden sie unter dem Namen Budapest miteinander vereint. In der ungarischen Geschichtsschreibung benennt man in der Regel die drei Städte bis 1873 einzeln und wenn eine Präzisierung nicht möglich ist, bezeichnet man die Stadt dieser Zeit als »Pest-Buda«. Die Wechselhaftigkeit in der Bezeichnung hat mit der politischen Rolle der Stadt beziehungsweise der Städte und auch der – sprachlich gesehen – sehr gemischten Bevölkerung zu tun: Noch in den 1860er-Jahren beschwerten sich viele Ungarn, dass Pest-Buda mehr eine deutsche als eine ungarische Stadt sei – wegen dem hohen Anteil der deutschsprachigen Bevölkerung. Ich habe versucht, meinen Sprachgebrauch den deutschen Gewohnheiten anzupassen, aber sicherlich sind mir dabei Fehler unterlaufen. Ich bitte die Leserinnen und die Leser um Nachsicht wegen meiner inkonsequenten Wortwahl im Fall von Budapest.

Die ungarischen Personen sind auf Ungarisch bezeichnet (zwei Ausnahmen: Max Falk und Ludwig Benedek), lediglich die Reihenfolge der Vor- und Nachnamen wurde den deutschen Gewohnheiten angepasst. Auf den Zusatz *von* bei Adelsprädikaten ungarischer Adeliger – wie es bei vielen deutschen Adelstiteln üblich war – verzichtete ich bewusst, denn einerseits war der bisherige Usus auch nicht einheitlich: Bei manchen Vertretern der Adeligen verwendet man *von* immer, bei manchen überhaupt nicht, wieder bei anderen wechselt es ständig. Andererseits weist in der Regel die Endung des Nachnamens auf *-i* beziehungsweise *-y* auf die adelige Herkunft ausreichend hin: Andrássy, Esterházy, Ferenczy, Hunyady, Jókai usw.

Die Rechtschreibung der Zitate richtet sich nach dem Original, soweit sie ursprünglich in deutscher Sprache verfasst wurden. Die ungarischsprachigen Zitate wurden nach den Regeln der heutigen Rechtschreibung ins Deutsche übertragen. Da das Archiv der Vorleserin Ida Ferenczy in Ungarn zurzeit der Öffentlichkeit nicht zugänglich ist, musste ich auf die deutschsprachigen Abschriften von Egon Caesar Corti zurückgreifen – hier beließ ich die Rechtschreibung der ursprünglichen Übersetzer.

Entgegen der heutzutage üblichen Praxis in der populärwissenschaftlichen Literatur stehen die Fußnoten am Ende jeder Seite. Wer keinen Wert auf Quellen, Literatur beziehungsweise sonstige Hinweise legt, kann sie ja gerne überspringen, aber wer genau wissen möchte, was hinter einer Behauptung steht, kann sich bei dieser Unterbringung der Fußnoten viel schneller und einfacher orientieren. Allerdings beschränke ich mich darin nur auf die nötigsten Angaben zu den Quellen und der Fachliteratur, die Auflösung der Abkürzungen und die genauen Daten sind am Ende des Buches im Abkürzungs- sowie Quellen- und Literaturverzeichnis nachzuschlagen.

Was meine Arbeitsweise betrifft, zitiere ich den Andrássy-Biografen Eduard Wertheimer, dessen Ansichten ich teile: »Ich unterlasse es, mich der üblichen, aber bereits vielfach abgenützten Phrase von der Unparteilichkeit des Historikers zu bedienen. Die Darstellung allein hat es zu erweisen, ob ich dem Berufe des Geschichtsschreibers gerecht geworden bin. Mein aufrichtigstes Bestreben war es, mit Hilfe des mir zugänglichen Materials in den Geist der Zeit und in die Absichten der leitenden Persönlichkeiten einzudringen. Dankbar werde ich daher jede Kritik begrüßen, die sachliche Belehrung bietet. Dagegen werde ich alle von Parteileidenschaft eingegebenen und erfüllten Bemerkungen unbeachtet lassen: im Interesse der Wahrheit, der jeder Historiker zu dienen hat.«[5]

Für ihre Unterstützung bedanke ich mich herzlichst bei den Mitarbeitern des Allitera Verlags, allen voran dem Geschäftsführer Herrn Alexander Strathern für die Möglichkeit, meine Arbeit zu veröffentlichen, sowie Frau Dietlind Pedarnig, die die Entstehung des Buches Schritt für Schritt begleitete. Wichtige Informationen und Ermunterung habe ich von den Historikerinnen Dr. Martina Winkelhofer-Thyri, Dr. Ágnes Deák, Katalin Béres und dem Historiker Dr. Gábor Pajkossy erhalten. Mein ganz besonderer Dank gilt meinem Mann und meinen Söhnen, die meine Forschungsreisen und Abwesenheiten nicht nur erduldeten, sondern auch aktiv unterstützten.

Dottenheim, 11. Juni 2019
Beatrix Meyer

---

5 Wertheimer Bd. 1. 1910–1913b. XXII.

1. VERLOBUNG UND HOCHZEIT

Die erste Wahrnehmung Elisabeths in Ungarn

Elisabeth Amalie Eugenie, Prinzessin in Bayern, wurde im Herbst 1853 anlässlich ihrer Verlobung mit Kaiser Franz Joseph das erste Mal in Ungarn wahrgenommen. Das Interesse an ihr war jedoch gering, sie war ja *nur* die Braut Franz Josephs, des verhassten Herrschers und Tyrannen, der Ungarn seine Unabhängigkeit verweigerte und dem Land nicht einmal seine Verfassung ließ. Zwischen dem Kaiser und seinen ungarischen Untertanen war die Beziehung dermaßen schlecht, dass man sich sogar genötigt fühlte, nachzufragen, ob man zu dem freudigen Ereignis überhaupt gratulieren und aus diesem Grund eine Gesandtschaft nach Wien geschickt werden dürfe.[6] Die Antwort war wenig überraschend: »Aber gleich danach wurde der allerhöchste Wille geäußert, dass solche Gesandtschaften nicht geschickt werden können, weil Seine Majestät allergnädigst überzeugt ist, dass generell jeder die Wichtigkeit dieses beglückenden Ereignisses zutiefst empfindet.«[7] Wiens Glückwünsche nahm Franz Joseph hingegen bereits Ende August dankend entgegen.[8]

Elisabeth Amalie Eugenie, Prinzessin in Bayern.

---

6 *BH* 30. August 1853. 1124; ebd. 13. September 1853. S. 1194.

7 Ebd. 13. September 1853. S. 1194.

8 Ebd. 3. September 1853. S. 1145.

Die wenigen magyarischen Aristokraten, die zu dieser Zeit am Wiener Hof erschienen, beklagten wahrscheinlich genauso wie die übrige hoffähige Gesellschaft die Unstandesmäßigkeit der Verlobten. Ihre Meinung konnte in den aufrührerischen ungarischen Adelskreisen aber nicht maßgeblich sein. Die positiven Eigenschaften der jungen Braut ließ man in Ungarn lediglich unter Vorbehalt gelten: »Die hohe Bildung sowie die Herzensgüte der kaiserlichen Braut wird von denen, die sie kennen, gepriesen.«[9]

Majláths ungarische Geschichte

Als Elisabeth sich im August 1853 völlig unerwartet mit Kaiser Franz Joseph verlobte, war sie auf ihre neuen Aufgaben in keiner Weise vorbereitet. Ihre Mutter Ludovika hatte gehofft, ihre älteste Tochter Helene mit dem Kaiser von Österreich verheiraten zu können, sodass sie dieser eine entsprechende Bildung zukommen ließ. Elisabeths Erziehung wurde vernachlässigt, nun musste das Versäumte nachgeholt werden. Das Brautsein stellte sich als Vollzeitbeschäftigung heraus, die Verpflichtungen wollten kein Ende nehmen. Neben den langen Anproben für die Aussteuer musste Sisi – wie sie in ihrer Familie genannt wurde – im Eiltempo Französisch und Italienisch lernen. Tanzstunden standen nach dem Willen des Vaters ebenfalls auf dem Stundenplan.[10] Überdies gehörten Elisabeths Kenntnisse in österreichischer sowie ungarischer Geschichte und Politik vertieft. Dafür wurde Graf Johann Majláth engagiert. Er soll es gewesen sein, der Elisabeth für Ungarn und die Staatsidee der Republik begeisterte.[11]

Im ersten Augenblick erscheint diese Vermutung plausibel. Max Falk, einer der Ungarischlehrer der Kaiserin, berichtet aus erster Hand: »›Sind auch Sie der Meinung‹ – fragte Ihre Majestät einmal ganz ex abrupto den Schreiber dieser Zeilen –, ›daß die einzig vernünftige Staatsform die republikanische ist?‹ – ›Wie kommen Eure Majestät zu dieser Frage?‹ frug ich erstaunt, – ›Oh, ich habe oft mit dem Grafen Majláth hierüber disputirt und möchte nun Ihre Meinung hören.‹«[12]

---

9 *VU* 2. April 1854. S. 33. Ung.

10 Herzogin Ludovika an Prinzessin Auguste von Bayern, 18. Februar 1854. In: Nl Sexau.

11 Corti 1935. S. 36–37; Hamann 1982. S. 118; Amtmann 1998. S. 24–27.

12 Falk 1893. O. S.

Auf diese namentlich selten benannte Quelle stützen sich zahlreiche Bücher bezüglich der Anfänge von Elisabeths Ungarnliebe. Wie fraglich aber der Aussagewert jener aus dem Kontext gerissenen Unterhaltung ist, wird aus einer weiteren Publikation Falks ersichtlich: »[…] denn den unglücklichen Johann Mailáth, den bekannten Geschichtsschreiber, haben wir ja alle für einen Hauptreaktionär gehalten. Ich sagte dies auch offen Ihrer Majestät, welche dann den armen Grafen mit einer wirklich ergreifenden Innigkeit vertheidigte«.[13] Majláth als »Hauptreaktionär«, also ein fortschrittsfeindlicher, konservativer Mann, konnte sich für die Idee der Republik bestimmt nicht erwärmen. Sein Konservatismus aber ging noch viel weiter, in dem ungarischsprachigen Original bezeichnet Falk Elisabeths Geschichtslehrer als »fő-főpecsovics«.[14] *Pecsovics* ist in Ungarn ein Ausdruck für jemanden, der den unterdrückenden Machthabern mit blinder Übereifrigkeit dient. In dieser Formulierung wird Majláth sogar ein »Ober-Ober-Pecsovics« genannt. Und der immer gut informierte und hochintelligente Falk kannte die Ansichten von Elisabeths erstem Geschichtslehrer. Die Werke des Historikers waren in der absolutistischen Monarchie der 1850 / 60er-Jahre nicht verboten, allein das lässt auf dessen offiziell wohlgefälligen Inhalt schließen. Auch den Generationen nach Majláths Tod

Helene Prinzessin von Bayern, Elisabeths Schwester. Ursprünglich sollte sie Kaiser Franz Joseph heiraten.

---

13 Falk 1898. O. S.

14 Falk o. J. S. 20. Ung.

(1855) dürfte dessen konservative Gesinnung bekannt gewesen sein, denn er »gehörte zu den vornehmsten ungarischen Vertrauensmännern der Wiener Regierung. Er orientierte diese über alle bedeutenderen Vorgänge seines Vaterlandes und sein Wort erfreute sich in der Wiener Hofburg gewichtigen Ansehens«,[15] schreibt 1899 der Geschichtsprofessor und Andrássy-Biograf Eduard von Wertheimer.

Der Lebenslauf des Historikers lässt auch keine anderen Schlüsse zu. 1786 zwar in Pest geboren, wuchs Graf Johann Majláth am Wiener Hof mit dessen Werten auf. Sein Vater war nämlich österreichischer Staats- und Konferenzminister, die Familie Majláth zeichnete sich »drei Jahrhunderte hindurch [...] besonders durch seine Anhänglichkeit an die [habsburgische] Dynastie«[16] aus. Majláths Muttersprache war Deutsch, seine zahlreichen Werke schrieb er auch in dieser Sprache. Ungarisch begann er erst mit 14 Jahren zu erlernen, aber 20 Jahre später bereitete es ihm noch immer Schwierigkeiten, seine Arbeiten ins Ungarische zu übersetzen.[17] Das geschichtlich-politische Weltbild des Grafen wurde wesentlich von Joseph von Hormayr und dessen patriotischer österreichischer Gesamtstaatsidee beeinflusst. In diesem Sinne galt der gebürtige Ungar Majláth mit seinen Werken als Vermittler von ungarischer Geschichte, Kultur und Literatur im deutschsprachigen Raum. Dennoch: »Bildung und Beruf machten ihn zum deutschen Literaten.«[18] Majláth war vielseitig gebildet, hatte ein außerordentliches Gedächtnis, »dergestalt, daß er einen ganzen Act eines Schauspiels, nachdem er es nur einmal vorlesen gehört, aus dem Kopfe Wort für Wort recitiren konnte«.[19] Trotzdem sind seine Arbeiten von Dilettantismus gekennzeichnet. Die Werke, die Elisabeths Geschichtslehrer über österreichische Geschichte verfasste, sind »kaum von irgendeiner Bedeutung« und entsprechen »den jetzigen Anforderungen an eine Geschichte Österreichs nicht«, urteilte man in Österreich. Die wichtigsten Kritikpunkte bildeten bezüglich Majláths historischer Werke im Allgemeinen der Mangel an kritischen Schlussfolgerungen, die willkürliche Themenauswahl sowie »daß er das Schöne und Anziehende auch für wahr hielt«. Gepriesen wur-

15 Wertheimer 1899. O. S.

16 Kertbeny 1863. S. 30.

17 Kolos 1938. S. 14–15.

18 Krones 1884.

19 *Pr* Ab 19. Januar 1855.

de bei seiner fünfbändigen *Geschichte der Magyaren* vor allem die »bei den Ungarischen Schriftstellern so seltene Unparteilichkeit gegen Österreich«.[20]

Von Unparteilichkeit kann jedoch bei einem Informanten der allerhöchsten Stellen wie Majláth gar keine Rede sein. Bereits in den 1830er-Jahren war er Berichterstatter des Hofes und nach Metternichs Ermessen konnte »er als gewandtner Redner die königlichen Interessen bey der Magnaten-Tafel vertreten«. Einen weiteren Vorteil sah der Staatsmann darin, dass der Historiker »über die Verhandlungen selbst ein Werk zu schreiben beabsichtigt, wodurch das In- und Ausland von der Lage der Dinge aus dem Gesichtspunkte, wie es die Regierung wünscht, belehrt werden wird«.[21] Für seine Dienste erhielt Majláth 3000 Gulden monatlich – ein außerordentlich hohes Entgelt.

Die angebliche Unparteilichkeit hätte man in Ungarn verzeihen können, die aktive Berichterstattung an die Polizeihofstelle in Wien aber nahm die informierte Öffentlichkeit in Ungarn gegen ihn ein. Auf seine Beziehungen zu den höchsten Stellen weist Majláth in seiner *Geschichte der Magyaren* selbst hin: »Auch der Verfasser des vorliegenden Werkes hat den Kaiser während des Reichstages 1832/33 auf die gefährliche Richtung aufmerksam gemacht, die sich in Ungarn kund gab.«[22] In den Revolutionsjahren 1848/49 bekam er ebenfalls regelmäßig finanzielle Zuwendungen vom Hof.[23] Es ist unvorstellbar, dass Majláth Elisabeth die Ereignisse der Revolutionsjahre aus ungarischer Sicht erklärte. Aus seinen historischen Werken und den Meldungen nach Wien kann man auch nur den gleichen Schluss ziehen. Die Ereignisse des Vormärz in Ungarn beäugt Majláth sehr kritisch. Er findet, dass Reformen ausschließlich auf die Initiative des Staates ein- und durchgeführt werden dürfen und »jede Veränderung soll und muß die Macht der Regierung konsolidieren«.[24] Was von der Opposition kam, war für ihn verdächtig, in allen Vorschlägen sah er die Einheit der Monarchie und die Autorität des Kai-

20 Alle Zitate: *ÖBLK* 15. Januar 1855. S. 17.

21 Beide Zitate: Metternichs Vorlage an Kaiser Franz I. Wiener Staatsarchiv. Conf. Akten a. 1832/1488. Zit. nach Kolos 1938. S. 82. Hier möchte ich mich bedanken bei Dr. em. Gábor Pajkossy von der Eötvös-Lóránd-Universität zu Budapest für seine Bereitschaft, mit mir eine aufschlussreiche Diskussion über Johann Majláth zu führen und dafür, dass er mir als Experte für die staatspolizeiliche Tätigkeit in der ungarischen Reformzeit (1825–1848) bei der Beurteilung der Seriosität der zusammengetragenen Quellen (v. a. die Majláth-Biografie von Kolos) zu Hilfe kam.

22 Mailáth 1853–1854. Bd. 4. S. 213.

23 Kolos 1938. S. 23.

24 Majláth in einer Denkschrift vom August 1846. Zit. nach Wertheimer 1899.

serhauses gefährdet. Über die späteren Helden von 1848 / 49 urteilte Majláth sehr negativ. Lajos Batthyány, den Ministerpräsidenten der Revolutionsregierung von 1848 bezeichnete er bereits 1840 als Fanatiker,[25] von Lajos Kossuth, einem der führenden Oppositionellen, berichtete er: »Er ist eine zum Glück der Völker seltene Erscheinung eines vollendeten Revolutionsmannes.«[26] Sogar István Széchenyi, der entschieden für Mäßigung bei den Reformen eintrat und sich deshalb von Kossuths radikalen Ansichten distanzierte, nannte der Historiker den »größten Intriguant in Ungarn«.[27] In der Revolution 1848 sah der Graf eine unerhörte Rebellion gegen die legalen Machthaber.

Nach dem Ausbruch der Revolution verlässt der inzwischen 72-jährige Historiker Ungarn, er flüchtet nach Wien, um dort seine Dienste anzubieten – erfolglos. Sein beträchtliches, ja reiches Erbe, gab er schon vor Jahrzehnten aus. Er lebte nur noch von seinen Büchern und den finanziellen Zuwendungen des Staates. Da Majláth absolut unbegabt in finanziellen Angelegenheiten war und immer mehr Schulden hatte, übersiedelte er Anfang der 1850er-Jahre vom teuren Wien nach München. Hier widmete er sich seinen Forschungen, war in den höchsten Kreisen ein gern gesehener Gast, »und da ihn Max [Elisa-

Herzogin Ludovika und Herzog Max in Bayern, Kaiserin Elisabeths Eltern.

25 Wertheimer 1901. O. S.

26 Mailáth 1853–1854. Bd. 5. S. 17.

27 Wertheimer 1901. O. S.

beths Vater, Anm.] kennt, interessierte er sich lebhaft für ihn und wollte, dass Sisi ihn hört. Nun kömmt er drei mal die Woche in den Vorabendstunden, und Helene und Gackl [Geschwister von Elisabeth, Anm.] nebst den Damen und jungen Herren nehmen auch theil daran«. Das Spektakel wollte keiner verpassen, »denn er hat einen angenehmen Vortrag und ein unglaubliches Gedächtnis, – er spricht immer ohne Beihilfe eines Buches«, obwohl der Geschichtslehrer nur »pour lex beaux Yeux de Sisi [wegen Sisis schöner Augen, Anm.]« erzählt. Viel Neues lernt die zukünftige Kaiserin in diesen Stunden trotzdem nicht, weil Majláths Werk »sie aber zum Theil schon mit ihrem Lehrer gelesen hat«.[28]

Angesichts des Inhalts seiner Bücher und sonstiger Quellen ist es unmöglich, dass Majláth der zukünftigen Kaiserin von Österreich die Ideen der ungarischen Oppositionellen oder die Revolution 1848 / 49 und den Freiheitskrieg in einem positiven Licht geschildert haben könnte. Ganz im Gegenteil: von den Vorzügen einer Republik zu schwärmen, dazu war er der habsburgischen Dynastie zu treu ergeben. Eher ist es denkbar, dass der Historiker Elisabeth die Wesenszüge einer Republik erklärte und Sisi selbst ihre eigenen Schlüsse zog. Es gibt aber auch keinen Grund anzunehmen, dass Majláth seine Schülerin ausspioniert hätte. Seit seiner Übersiedlung nach München war er für den Wiener Hof ja nicht mehr tätig.[29]

Die guten Erinnerungen der österreichischen Kaiserin an ihren alten Geschichtslehrer erklären sich aus dessen rhetorischen Fähigkeiten. Der Graf charakterisiert sein Auftreten auf der ungarischen Magnatentafel selbst: »Schneidende, aufregende Beredsamkeit, scharfe Repliken aus dem Stegreif. Deutlicher Vortrag.«[30] An Selbstbewusstsein mangelte es ihm offensichtlich nicht. Seine Werke sind in einem leichten Erzählstil gehalten und mit zahlreichen kleinen Anekdoten geschmückt. Kein Wunder, dass sie einen guten Absatz fanden. Elisabeths Geschichtslehrer war ein angenehmer Gesellschafter, er unterhielt sich gern und viel, wusste immer eine interessante Anekdote oder historische Begebenheit zu erzählen. Sein legendäres Erinnerungsver-

---

28 Alle vier Zitate in: Herzogin Ludovika in Bayern an ihre Schwester Königin Marie von Sachsen, München, 3. Dezember 1853. In: Nl Sexau.

29 Für die Auskunft über diesbezügliche Aktivitäten bzw. Inaktivität Majláths in der Zeit des Neoabsolutismus bedanke ich mich herzlichst bei der Historikerin Dr. Ágnes Deák, József-Attila-Universität zu Szeged, einer ausgezeichneten Kennerin der polizeilichen Tätigkeiten in der Epoche.

30 Mailáths Statistischer detaillierter Überblick des ungarischen Landtages im Jahre 1839 / 40. Zit. nach Wertheimer 1901. O. S.

mögen bot ihm immer wieder Gelegenheit, seine spektakulären Fähigkeiten zu demonstrieren.

Sicherlich hinterließ seine Erscheinung bei Sisi als junges Mädchen ebenfalls einen bleibenden Eindruck: »Graf Johann Majláth war von kleiner Gestalt, mit starken Schulterblättern, trug den Kopf immer absichtlich zurückgebäumt, als wollte er sich höher erscheinen lassen, hatte eigenthümliche pathetische Bewegungen, ging etwas gravitätisch, und sprach auch in sehr reinem Deutsch etwas salbungsvoll, wenigstens betonte er sehr einzelne Worte.«[31] Man kann sich bildlich vorstellen, wie der Historiker auf einen 15-jährigen Backfisch wirken musste. Es ist anzunehmen, dass bei Elisabeth von diesen Stunden mehr Eindrücke, Stimmungen in Erinnerung blieben als Inhalte. Während Majláths Vorträgen amüsierte sich Franz Josephs junge Verlobte im vertrauten Familienkreis in entspannter Atmosphäre. Neben den vielen Verpflichtungen in ihrer Brautzeit bedeutete der Unterricht in österreichischer und ungarischer Geschichte für die zukünftige Kaiserin eine echte Erholung. Die gemütlichen Geschichtsstunden gingen mit der Vermählung zu Ende.

Graf Majláth beging Anfang 1855 zusammen mit seiner Tochter Henriette Selbstmord. Sie ließen sich zum Starnberger See kutschieren, dort beschwerten sie ihre Taschen mit Steinen und gingen ins Wasser. Die Umstände vom Ableben des Grafen bescherte dem Hof 14 Jahre nach dessen Tod große Probleme. Es kamen anscheinend Gerüchte auf, dass die schlechte finanzielle Lage des Historikers verschlimmert wurde, indem weder die Kaiserin noch ihre Eltern die Ungarischstunden ordentlich bezahlt und damit letztendlich Majláth in den Selbstmord getrieben hätten. Leider existieren die entsprechenden Unterlagen über das Untersuchungsergebnis im Österreichischen Staatsarchiv nicht mehr, nur die Aktenhülle ist vorhanden.[32]

Europas schönste Braut und feschester Bräutigam

Der kaiserlichen Hochzeit selbst wurde in der ungarischen Presse lediglich das nötigste, ja pflichtmäßige Interesse gewidmet, was sich hauptsächlich in der Darstellung der Äußerlichkeiten erschöpfte. Damit die Zensur nicht einschreitet, können nur sehr vorsichtig spöttische Bemerkungen über die über-

---

[31] Kertbeny 1863. S. 33.

[32] Bericht des Informationsbüros über Mailath, Lehrer der Kaiserin Elisabeth von Österreich, 2. Juni 1869. In: ÖstA HHStA.

Die Trauung des Kaiserpaares in der Augustinerkirche.

mäßige Begeisterung der Wiener an dem großen Ereignis geäußert werden: »In Wien werden gigantische Vorbereitungen getroffen, um den Glanz der am 23. April beginnenden allerhöchsten Vermählungs-Feierlichkeiten zu erhöhen. Besonders begehrt sind die Häuser, deren Fenster auf die Straßen gehen, wo der Einzug der allerhöchsten kaiserlichen Braut stattfindet. Die Fenster sind schon längst für teures Geld vermietet. Man sagt, die Bewohner dieser Häuser gewinnen an der Vermietung der betroffenen Fenster so viel, dass sie von den Einnahmen ihre Mieten für ein ganzes Jahr bestreiten können.«[33]

Die Gleichgültigkeit der Ungarn der Vermählung gegenüber lässt sich in der Berichterstattung der ungarischen Presse verfolgen. Im Wochenblatt *Vasárnapi Ujság* (dt. Sonntagsblatt) wurde beispielsweise lediglich ein einziger eigenständiger Artikel dem Thema gewidmet, in dem man die künftige Kaiserin vorstellte. Man erfährt daraus den Zeitpunkt der Verlobung sowie die

[33] *VU* 16. April 1854. S. 54–55. Ung.

Herkunft der Braut, wobei die nahe Verwandtschaft zu Erzherzogin Sophie besonders betont wird, als wollte man unterschwellig darauf hinweisen, dass die Ungarn sich keine großen Hoffnungen bezüglich Elisabeth machen sollten. Erzherzogin Sophie, Mutter des Kaisers, machte ja keinen Hehl aus ihrer tiefen Abneigung gegen die Ungarn. Am Schluss sind noch ein paar nichtssagende Sätze über die positiven Eigenschaften der Braut zu lesen.[34] Alle weiteren Meldungen über die Vermählung konnte man in *Tárogató* (dt. Feldtrompete) nachschlagen, eine Rubrik mit ziemlich bunt gemischten Nachrichten von Festlichkeiten über Wirtschaftsmeldungen bis hin zu Todesfällen. Diesen Berichten sind nicht einmal die Teilnehmer der Hochzeitsfeierlichkeiten von ungarischer Seite zu entnehmen, nur dass von der ungarischen Geistlichkeit der Fürstprimas, der Erzbischof von Kalocsa ferner die Bischöfe von Nagyvárad, Temesvár, Pécs, Vác, Nagyszombat, Győr und Nagyszeben anwesend waren.[35] Offensichtlich legte man in Ungarn keinen gesteigerten Wert darauf, durch wen ansonsten das Land sich an der Vermählung vertreten ließ.

Das halboffizielle Tagesblatt *Budapesti Hirlap* berichtete ebenfalls nur halbherzig von dem Ereignis. Über die Mitglieder der Deputation, die dem frisch vermählten Paar die Glückwünsche des Landes überbringen sollte, erfährt der Leser beispielsweise die Anzahl der Beteiligten, 179 Personen, eine namentliche Aufzählung – worauf später großer Wert gelegt wird – erfolgt nur sehr oberflächlich, als ob man sich für die eigenen Landsleute schämen würde: »der Fürstprimas, zwei Erzbischöfe, elf Bischöfe, zwei Superintendanten« waren die Vertreter der Kirche, von der weltlichen Aristokratie schrieb die Zeitung, dass »vier Batthyányis, vier Pálffys, zwölf Eszterházys, mehrere Szapárys, [...] und andere«[36] daran teilnahmen.

Das Positive an der kaiserlichen Hochzeit war für die Bevölkerung die zu solchen Gelegenheiten übliche Großzügigkeit des Herrschers. Franz Joseph verteilte »zur Linderung des bestehenden Nothstandes« in seinem Reich 200 000 Gulden, wobei die Unruheprovinzen Italien und Ungarn leer ausgingen,[37] obwohl sich dort auch Hungersnöte abzeichneten. Dennoch wurde auch in diesen Gebieten das Leben etwas erleichtert: »Die Reihe der gnädigen Taten anlässlich der allerhöchsten Festlichkeiten endete bezüglich unseres Vaterlandes mit der Aufhebung des Belagerungszustandes noch nicht. [...]

34 Ebd. 2. April 1854. S. 33. Ung.

35 Ebd. 30. April 1854. S. 70–71. Ung.

36 *BH* 9. Mai 1854. S. 2333. Ung.

37 *WZ* 23. April 1854. S. 1099.

Das frisch vermählte Kaiserpaar empfängt die Huldigungen.

Auf Anordnung Seiner kaiserlich-königlichen apostolischen Majestät erhielten die wegen Majestätsbeleidigung Verurteilten allgemeine Amnestie, die laufenden Prozesse werden eingestellt, und endlich bekam ein Teil von 336 politisch Inhaftierten vollkommene Vergebung und gewann seine Freiheit zurück, dem anderen Teil wurde die Haftzeit reduziert.«[38] Diese Meldung bezieht sich auf das gesamte Reich, unter den Begnadigten befinden sich zwar zahlreiche Ungarn, aber ebenfalls sehr viele Italiener und auch nicht wenige Angehörige anderer Nationalitäten.[39] Dass diese Mildtätigkeit später in Ungarn Elisabeth zugeschrieben wurde, ist aufgrund der Inszenierung nicht überraschend: Franz Joseph befahl, »daß die den Betheiligten zu Theil gewordene Begnadigung denselben am Tage Allerhöchstihrer Vermählung kundgemacht werde«.[40] Natürlich freute man sich über diesen Gnadenakt, dennoch auch nach dieser Anordnung litten noch zu viele in fernen Gefängnissen oder lebten im Ausland im Exil. Und die Hingerichteten konnte man nicht wieder lebendig machen. Außerdem waren die zeitgenössischen Ungarn der Meinung, »das Regierungssystem des Ministeriums unter Vorsitz von Graf Buol-Schauenstein, das die Ideen des bald darauf zu Freiherrn erhobenen Bach verwirklichte, war um keinen Deut besser als sein Vorgänger«.[41]

Ebenso wenig Aufmerksamkeit wie den bisherigen wichtigen Ereignissen im Leben Elisabeths schenkte man in Ungarn der Geburt Sophies, des ersten Kindes des Kaiserpaares. Allein die Namensgebung wirkte dort wie ein rotes Tuch: Sophie hieß ja auch die Mutter von Franz Joseph, der nicht wenig Anteil an den Grausamkeiten von 1849 zugeschrieben wurde. Die zweitgeborene Gisela bekam etwas mehr Beachtung, vor allem wegen ihres Namens: Die Ehefrau des ersten ungarischen Königs Stephan I. entstammte einer Nebenlinie der bayerischen Herzöge und hieß ebenfalls Gisela. Die glücklichen Entbindungen wurden mit je einer Amnestiewelle verbunden. Wie bei der Hochzeit der Kaiserin wurde auch diesmal ein gewisser Personenkreis, der wegen der Revolution 1848 und des Freiheitskrieges inhaftiert wurde, begnadigt, außerdem erhielten über 600 Personen ihre beschlagnahmten Güter zurück.[42] Die Mildtätigkeit des Kaisers in Verbindung mit Elisabeth war auch diesmal von höchster Stelle inszeniert: »Dieser Allerhöchste Gnadenakt ist in allen Theilen

38 *VU* 30. April 1854. S. 71. Ung.

39 *WZ* 23. April 1854. S. 1099–1100.

40 Ebd. S. 1099.

41 Berzeviczy 1907. S. 67. Ung.

42 *WZ* 6. März 1855. 597; 13. Juli 1856. S. 2103–2106.

Das Kaiserpaar mit den Erzherzoginnen Sophie und Gisela im Winter 1856/57.

Erzherzogin Sophie, Mutter des Kaisers und Tante seiner Frau.

des Reiches gleichzeitig mit der Kunde der erfolgten Entbindung Ihrer Majestät der Kaiserin den Betheiligten bekannt gemacht und in Vollzug gesetzt worden.«[43]

Nach der Geburt des Kronprinzen Rudolfs am 21. August 1858 spendete der Kaiser Franz Joseph lediglich den Armen in Wien 20 000 Gulden.[44] Ferner ließ er ein Krankenhaus mit dem Namen »Rudolph-Stiftung« in Wien gründen.[45] Eine erneute Amnestie wurde nicht erlassen und genauso wenig erleichterte der Kaiser das Leben seiner Untertanen mit irgendwelchen Maßnahmen. Erzherzogin Sophie spendete anlässlich der Geburt des Thronfolgers zahlreichen karitativen Einrichtungen in Österreich und Böhmen großzügige Beträge,[46] aber auch das Pester Kinderspital bedachte sie mit 500 Gulden.[47]

---

43 Ebd. 6. März 1855. S. 597.

44 *WZ* 25. August 1858. S. 3191.

45 Ebd. 29. August 1858. S. 3243.

46 Ebd. 25. August 1858. S. 3191.

47 Ebd. 31. August 1858. S. 3267.

2. UNGARNREISE 1857

Im Mai 1857 bekommen die Ungarn das erste Mal Gelegenheit, sich persönlich ein Bild von Kaiserin Elisabeth zu machen, indem die Wiener Kamarilla für das Kaiserpaar eine Reise nach Ungarn organisiert. Die Erwartungen an den Besuch ergeben sich aus den Konsequenzen der Revolution 1848 / 49 und dem Freiheitskrieg in Ungarn.

Die Folgen der Revolution 1848

Der Wiener Hof konnte dem Freiheitskrieg in Ungarn nicht Herr werden, deshalb beschloss er, Hilfe von Russland anzunehmen. So kämpfte im Sommer 1849 ein 200 000 Mann starkes russisches Heer an der Seite der österreichischen Armee mit 180 000 Soldaten gegen die ungarischen Truppen mit insgesamt ca. 160 000 Personen. Dieser militärischen Überlegenheit konnte Ungarn nicht lange standhalten und die ungarischen Streitkräfte legten am 13. August 1849 bei Világos vor dem russischen General Rüdiger bedingungslos die Waffen nieder. Das »Aufräumen« fing jedoch bereits früher an, nämlich am 30. Mai 1849 mit der Ernennung des Feldzeugmeisters Julius Jakob Freiherr von Haynau zum Oberbefehlshaber der kaiserlichen Armee in Ungarn. Nicht umsonst gab man ihm den Beinamen die *Hyäne von Brescia:* »Die Ungarn sind seit dreihundert Jahren ständig im Aufstand, beinahe unter jedem Habsburger König brachen Revolutionen aus. Ich bin der Mann, der Ordnung machen wird. Mit ruhigem Gewissen lasse ich sogar Hunderte erschießen, weil es meine feste Überzeugung ist, dass dies die einzige Art ist, wie man jeder kommenden Revolution ein Exempel statuiert«[48] – schrieb er an Radetzky. Sein Versprechen machte er in wenigen Monaten wahr. Kaiser Franz Joseph stattete seinen »Ordnungsmacher« mit umfangreichen Voll-

[48] Julius Haynau an Joseph Radetzky, Temesvár, 18. August 1849. In: Katona 2001. Ung.

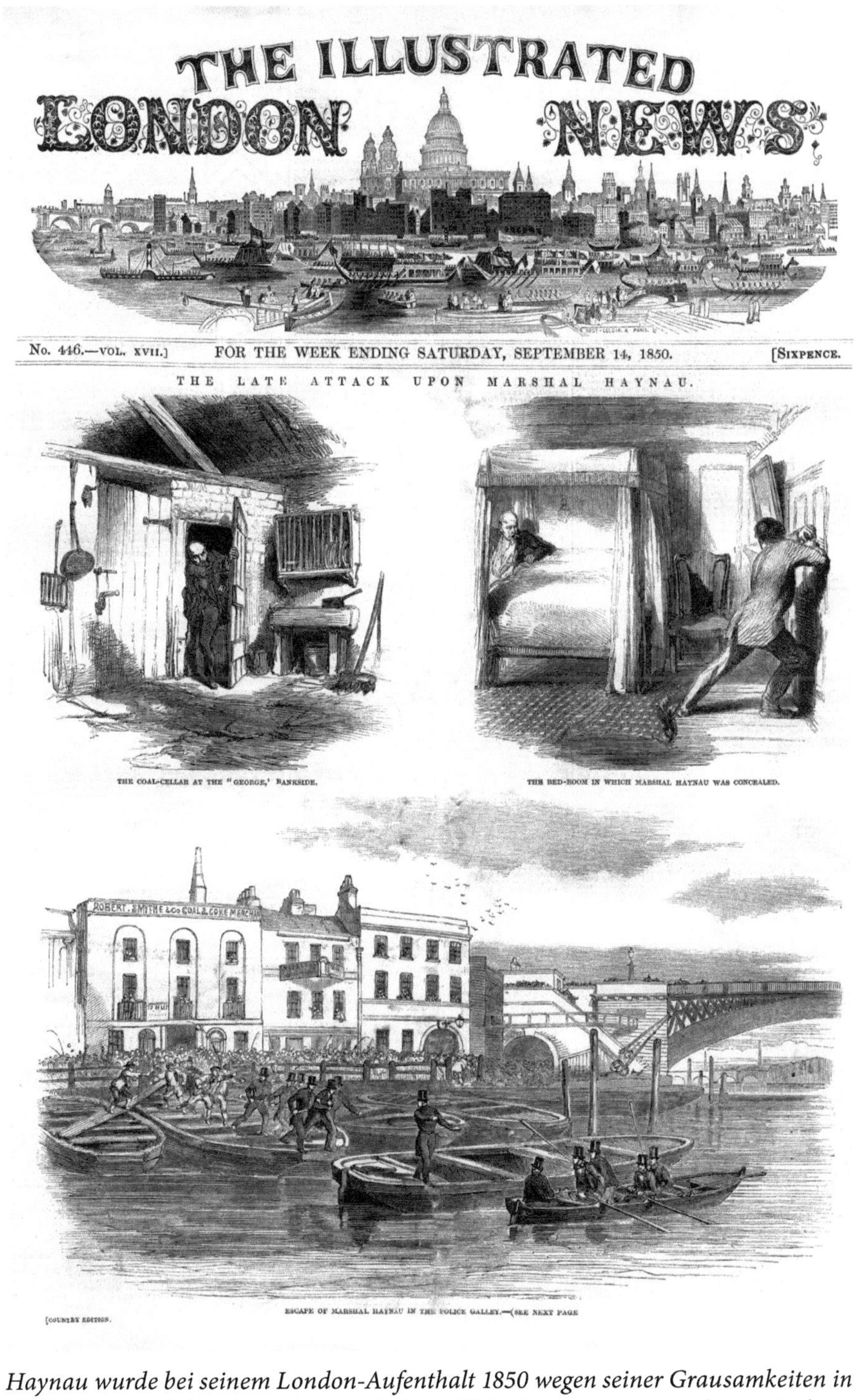

THE ILLUSTRATED LONDON NEWS

No. 446.—VOL. XVII.] FOR THE WEEK ENDING SATURDAY, SEPTEMBER 14, 1850. [SIXPENCE.

THE LATE ATTACK UPON MARSHAL HAYNAU.

THE COAL-CELLAR AT THE "GEORGE," BANKSIDE.

THE BED-ROOM IN WHICH MARSHAL HAYNAU WAS CONCEALED.

ESCAPE OF MARSHAL HAYNAU IN THE POLICE GALLEY.—(SEE NEXT PAGE

[COUNTRY EDITION.

Haynau wurde bei seinem London-Aufenthalt 1850 wegen seiner Grausamkeiten in Ungarn von aufgebrachten Fabrikarbeitern (Exil-Ungarn) gejagt und verprügelt.

machten über Militär und Zivilbevölkerung aus, die Teilnehmer des Freiheitskrieges wurden gnadenlos gejagt und die Bevölkerung eingeschüchtert.

Der österreichische Ministerrat wies Haynau an, die politischen wie die zivilen Anführer des Aufstandes zu verhaften und vor Gericht zu stellen. Auch gegen die ehemaligen kaiserlichen Offiziere der ungarischen Landwehr ging man vor und sie wurden in die kaiserliche Armee zwangsweise eingegliedert. Sie mussten dann acht Jahre lang – fern von der Heimat – dienen. Ihre genaue Anzahl ist nicht bekannt, schätzungsweise waren ungefähr 40 000 bis 50 000 Personen betroffen.[49] Haynau wurde eine Woche später sogar genehmigt, die Todesurteile erst nach deren Vollzug zu melden.[50] Durch eine erneute Erweiterung der Militärgerichtsbarkeit wurden weitere Menschen verfolgt. Es ging insgesamt um etwa 2 000 Personen, deren Verhalten während des Krieges überprüft und bestraft wurde. Viele der Betroffenen wählten die Emigration. Die internationalen Proteste der französischen und englischen Außenminister sowie die Ermahnungen des russischen Zaren Nikolaus I. zur Zurückhaltung nutzten nichts, auf die Verfahren folgten harte Strafen. Am 6. Oktober 1849 – dem Jahrestag der zweiten Wiener Revolution – wurden in Ofen Lajos Batthyány, der erste Ministerpräsident der ungarischen Revolutionsregierung, und in Arad 13 militärische Führer des Krieges hingerichtet. Nach »getaner Arbeit« prosteten sich die anwesenden österreichischen Offiziere mit Bier zu. Seitdem pflegt man in Ungarn nicht mit Bier anzustoßen. Die Hinrichtung der 13 Militärs in Arad löste in der Bevölkerung regelrecht einen Schock aus. Laut Volksglauben musste Franz Joseph für diesen grausamen Justizmord »von Gott bestraft« werden, indem er 13 Familienmitglieder verliert.[51]

In den ersten Jahren der Vergeltung ließen etwa 120 Menschen aufgrund der Urteile per Hinrichtung ihr Leben, ebenso viele wegen Widerstand oder Fluchtversuch. Die Gefängnisse in Theresienstadt, Olmütz, Josephstadt und Kufstein waren voll mit ungarischen Häftlingen, die bis zu 20 Jahre Haft zu verbüßen hatten – häufig im schweren Eisen. Die Geistlichkeit wurde wegen ihrer Unterstützung ebenfalls zur Rechenschaft gezogen, etliche Bischöfe wurden abgesetzt. Die Militärgeistlichen fielen grundsätzlich unter Kriegs-

---

49 Estók 2004. S. 20. Scharding nennt in seiner Elisabeth-Monografie ähnliche Zahlen, als Quelle beruft er sich auf Robert Endres: Revolution in Österreich 1848. Wien 1947. S. 181. Vgl. Scharding o. J. S. 128–129, 292.

50 Hermann 2009. S. 15.

51 Gerő 1999. S. 113.

gerichtsbarkeit, mehrere 100 von ihnen wurden vor Gericht gestellt, etwa 100 wegen ihrer Teilnahme am Freiheitskrieg oder wegen hetzerischer Predigten verurteilt. Manche zahlten sogar mit ihrem Leben.[52] Die Juden zog man kollektiv zur Verantwortung, sie mussten Tribut in Höhe von 2,3 Millionen Gulden zahlen.[53]

Auch nach den Amnestiewellen anlässlich der Hochzeit des Kaisers und der Geburt der kaiserlichen Kinder hatte man es nicht leicht. Die Offiziere wurden als einfache Soldaten in die österreichische Armee eingegliedert. Die politisch Verurteilten durften nach ihrer Entlassung ihre Ämter nicht ausüben, eine ihrer Ausbildung entsprechende Stelle bekamen sie nicht. Ihre Güter wurden beschlagnahmt und erst nach dem Ausgleich wieder zurückgegeben. Die dunklen, feuchten Gefängniszellen und die im schweren Eisen verbrachten Jahre hinterließen auch ihre Spuren. Haynau wütete mit kaiserlicher Genehmigung über ein Jahr in Ungarn,[54] dann wurde er pensioniert.

Wenn man die Zahlen überschlägt und noch diejenigen hinzurechnet, die durch Kriegshandlungen starben oder verletzt wurden, kann man sagen, dass die Revolution 1848 und der darauffolgende Krieg beziehungsweise die Repressalien in Ungarn jede Familie in irgendeiner Weise betrafen. Selbst wenn jemand nicht betroffen gewesen wäre, wurde dieser tagtäglich an die Ereignisse erinnert: Die Verfassung war außer Kraft gesetzt, die Pressefreiheit stark beschnitten, das bisherige Verwaltungssystem zerschlagen und zentralisiert – entsprechend den Bestrebungen, einen neuen, modernisierten Gesamtstaat zu gestalten, in dem Ungarn nur eine Provinz von vielen war.

Unter solchen Umständen war ein ehrlicher Dialog unmöglich. Von Wien aus wurde jeglicher Protest als Rebellion be- und verurteilt, von ungarischer Seite erfreute man sich schon des kleinsten Widerstandes und wertete ihn als patriotischen Akt, egal welchen Grund er hatte. Selbst bei sinnvollen Maßnahmen, wie die längst überfällige Reformierung des Verwaltungssystems, zeigte man in Ungarn schon aus Prinzip keine Einsicht. Auf österreichischer Seite verhielt man sich auch kleinlich: Das Tragen des sogenannten Kossuth-Hutes wurde verboten, ebenfalls der Faschingsball der Studenten, um das Tragen der ungarischen Kleider und die ungarischen Tänze zu verhin-

52 Estók 2004. S. 20–21.

53 Ebd. S. 21, 169–171.

54 Über Franz Josephs Verantwortung für die Repressalien vgl. Hermann 2009 – das gesamte Werk.

dern. Die Einführung des Deutschen als Amtssprache half auch nicht gerade bei der Befriedung der Bevölkerung. Auf österreichischer Seite war die Angst vor einem erneuten Aufstand so groß, dass der Belagerungszustand in Ungarn erst fünf Jahre nach den Kriegshandlungen anlässlich der Vermählung des Kaisers aufgehoben wurde.[55]

Sicherlich ist diese Darstellung über den Ausgang und die Folgen des ungarischen Freiheitskrieges von 1848 / 49 unausgewogen. Einerseits sollte gezeigt werden, wie man auf ungarischer Seite das Kaiserpaar, vor allem Franz Joseph als Monarchen, in den 1850er-Jahren in Ungarn wahrnahm. Andererseits bildete später diese Sichtweise die Grundlage des Wissens der Kaiserin über die dargestellten Ereignisse. Je mehr Ungarn Elisabeth um sich sammelte, umso mehr Geschichten und persönliche Schicksale lernte sie kennen. Unausweichlich musste die Rede dann immer wieder auf die Revolution 1848 kommen. Und jeder hatte etwas zu erzählen: Gyula Andrássy, Jácint Rónay, Mihály Horváth konnten ihrer Hinrichtung nur durch Emigration entgehen. János Balassa, der spätere Leibarzt der Kaiserin, wurde zu Gefängnis verurteilt, weil er während des Krieges Sanitäter ausbildete, die dann die Verwundeten versorgten. In Ida Ferenczys und Marie Festetics' Bekanntenkreis befand sich der Politiker Ferenc Deák, Justizminister von 1848 und später Mitgestalter des österreichisch-ungarischen Ausgleiches, nur um die Bekanntesten zu nennen. Eine Auseinandersetzung mit dem Thema »Revolution 1848« war daher für die Kaiserin unvermeidlich. 1857, zum Zeitpunkt der Ungarnreise, kannte aber Elisabeth diese Menschen noch nicht.[56]

Die Reise nach Ungarn

Die Erwartungen an die Reise von ungarischer Seite ergeben sich aus dem eben beschriebenen Zustand: Die Verfassung sollte wieder in Kraft gesetzt werden, allgemeine Amnestie für diejenigen, die im Zusammenhang mit der Revolution 1848 und deren Folgen verurteilt wurden, Wiederherstellung der bisherigen Verwaltung und Pressefreiheit, kurz: die Freiheiten von 1848. Die

---

55 Csorba 1998. S. 302.

56 Die Darstellung der Zustände erfolgte hauptsächlich aufgrund ungarischsprachiger Fachliteratur, da diese in der Regel wesentlich ausführlicher ist. Einen guten – wenn auch inzwischen etwas veralteten – deutschsprachigen Überblick über die Zustände zu der Zeit des Neoabsolutismus in Ungarn (1849–1867) bietet Hönsch 1984. S. 19–22.

Anwesenheit der Kaiserin, so hoffte man, könnte dabei helfen, sich Gehör zu verschaffen. Die ungarischen Konservativen verfassten sogar eine »Huldigungsadresse«, eine Petition, um den Kaiser von der Notwendigkeit eines politischen Richtungswechsels zu überzeugen.[57] Sie wollten Franz Joseph die Denkschrift während seines Ungarnaufenthaltes überreichen.

Für den Wiener Hof und den Kaiser diente die Reise der Machtdemonstration: »Im Licht der wochenlang andauernden Freudenfeste wies die österreichische Diplomatie dann vor dem Ausland auf den reizenden Zauber der Reichspolitik hin. Siehe, es gibt kein unzufriedenes ungarisches Volk mehr, es gibt keine revolutionären Bestrebungen mehr in Ungarn. Auf die Hetzerei von Kossuth hört niemand mehr, weil das Volk und die Nation aus der Vergangenheit gelernt und erkannt haben, dass ihre Interessen in dem Bündnis mit den Habsburgern zur Geltung kommen.«[58]

Innenpolitisch gesehen wollte man die unruhige Provinz besänftigen, aber von der bisherigen politischen Linie »nicht um Haaresbreite«[59] abweichen. Das »Zuckerbrot« sollten dabei die schöne Kaiserin und Amnestie für gewisse politisch Verurteilte sein, wobei die »Peitsche« weiter geschwungen wurde: keinerlei Veränderungen in der zentralistisch von Wien gesteuerten Verwaltung Ungarns und auch die Verfassung blieb außer Kraft.

Die Erwartungen der Gäste und der Gastgeber waren einander völlig entgegengesetzt und die Stimmung in Ungarn sehr angespannt. Man musste mit Widerstand und Demonstrationen rechnen.[60] Um Probleme zu vermeiden, legten die Organisatoren auf eine besonders sorgfältige Planung wert.

Der Reise gingen monatelange Vorbereitungen voraus. In Wien stellte man ein ausführliches Programm zusammen, das Erzherzog Albrecht, der Gouverneur von Ungarn, bereits Anfang Februar 1857 erhielt. Im Gegensatz zu den früheren Kaiserreisen versuchte man diesmal auch die ungarischen Magnaten in die Organisation einzubeziehen, was jedoch scheiterte. Da sich viele von den Adeligen weigerten, an den Festlichkeiten teilzunehmen, verpflichtete man sie einfach dazu. Das ging auch nicht ohne Widerstand. József Tomcsányi, der nachmalige Obergespan von Békés, begründete beispielswei-

---

57 Török, János: Török János emlékirata s azon nemzeti petitiok, melyek az octoberi diplomát megelőzték. Budapest: Noséda 1864. S. 52–59. Hier aufgrund: Pajkossy 2003. S. 381–385.

58 Bellaagh 1907. S. 480. Ung.

59 Ministerkonferenzprotokoll. Wien, 20. März 1857. Zit. nach Corti 1952. S. 188.

60 Ausführlich zu den Problemen: Manhercz 2012. S. 143–148.

Einzug des Kaiserpaares in Pest am 4. Mai 1857. Diese Grafik erschien Ende Mai in der Illustrirten Zeitung. Wie man sieht, ist die Begeisterung der Anwesenden bei Weitem nicht so groß, wie es die offiziellen Berichterstatter glauben machen wollen.

se so sein Fernbleiben vom Empfang des Kaiserpaares: »Ihre Aufforderung für mich, meine Frau und meine Tochter nahm ich mit der *pflichtschuldigen* Huldigung entgegen, aber meinem Erscheinen steht im Wege, dass meine Waffengenehmigung den Säbel nicht einschließt, ohne diesen kann ich jedoch schicklich und den nationalen Traditionen entsprechend – wie ich es mir wünschte – nicht erscheinen.«[61] Daraufhin wurde das Verbot für alle aufgehoben.

Nach den ursprünglichen Plänen sollte die Reise etwa zwei Monate dauern, bestehend aus zwei längeren Aufenthalten in Ofen und drei Rundreisen

61 József Tomcsányis Vermerk auf der Zustellungsurkunde des Briefes mit der Aufforderung zum Erscheinen am Empfang des Kaiserpaares. Zit. nach Kohn 1929. S. 43. Ung. Hervorhebung im Original.

im Land.[62] Am 4. Mai 1857 kam das Kaiserpaar von Wien mit der kaiserlichen Jacht *Adler* in Ofen an. Nach dem Anlegen erwartete ein sehr pompöser, wenn auch nicht besonders herzlicher Empfang das Herrscherpaar unter »tausend- und aber tausendfachen Eljen [dt. Hoch-Rufe, Anm.]«.[63] Obwohl erst halb fünf nachmittags eingetroffen, mussten die hohen Gäste gleich ein straffes Programm absolvieren: Huldigungsreden an der Anlegestelle und in der Burg, feierlicher Einzug in Begleitung der Suiten und der Magnaten samt deren Begleitung entlang der festgelegten Route vom Donau-Ufer in die Burg hinauf, anschließend feierlicher Gottesdienst. Die Berichte schwärmten von der »entzückenden Anmuth der hohen Frau«[64] im prächtigen silbergestickten ungarischen Kleid und wollten bereits nach wenigen Stunden Aufenthalt gewusst haben: »Schon auf dieser ersten Rundfahrt durch die Städte eroberte die kaiserliche Majestät alle Herzen.«[65]

Den Zeitungsdarstellungen darf man wegen der besonders strengen Zensur nur sehr begrenzt Glauben schenken: »Wie hätten diejenigen, die trotz des enormen Defizits der Schatzkammer Millionen für eine Kaiserreise ausgaben, damit eine große Zufriedenheitskomödie mit bezahlten und befohlenen Demonstrationen für die Verblendung des Fürsten [Franz Joseph, Anm.] und das Ausland veranstaltet wurde, dulden können, dass die ungebührlichen Zwischenrufe der Presse dieses kostspielige Manöver stören?!«[66] Für die offizielle Berichterstattung wurde eine fünfköpfige Journalistengruppe engagiert, die das Kaiserpaar auf der Reise begleitete. Die offiziellen Berichte schrieb Friedenfels, Rat in der Statthalterei, Hackländer schickte seine Artikel an die deutschen Blätter, Baron Balleydiere an *Constitutionel* und eine belgische Zeitung, Tuvora an die *Wiener Zeitung* und die *Oesterreichische Correspondenz.* Max Falk, ein späterer Ungarischlehrer der Kaiserin, verfasste belletristische Feuilletons, welche die zwei halbamtlichen ungarischen Blätter, *Budapesti Hírlap* und *Pest-Ofner Zeitung,* täglich in einer eigenen Rubrik zu veröffentlichen hatten, damit die Nachricht von dem glänzenden Empfang des Kaiserpaares in möglichst großem Kreis bekannt würde.[67]

62 Manhercz 2012. S. 175–176.

63 *Pr* 5. Mai 1857.

64 *Pr Ab* 5. Mai 1857.

65 *Pr* 6. Mai 1857.

66 Antal Csengerys Reden im Abgeordnetenhaus. Pest 1861. In: OSzK Kt. Quart. Hung. 2420. Zit. nach Buzinkay 1974. S. 290. Ung.

67 Angyal 1925. S. 215.

Erzherzogin Hildegard, Ehefrau von Erzherzog Albrecht

Erzherzog Albrecht, Militär- und Zivilgouverneur von Ungarn.

Ohne vorherige Kontrolle durfte man nichts publizieren, aber auch die Reden überprüften die Organisatoren schon im Vorfeld, und achteten darauf, dass an den Kaiser keine direkten Bittgesuche gerichtet wurden sowie die Ansprachen in Ungarisch nicht zu lang gerieten, da die Kaiserin sie nicht verstand.[68] Wahrscheinlich war es der erwähnten besonders strengen Zensur zu verdanken, dass die Zeitungen in der Beschreibung der Äußerlichkeiten bis ins allerkleinste Detail gingen, ohne auf die wirklich wichtigen Aspekte der Reise einzugehen. Dies war offensichtlich auch nicht erwünscht, Franz Joseph wollte durch das sorgsam zusammengestellte Programm lediglich das bestätigt bekommen und der Außenwelt das präsentieren, was er glauben wollte: Alles ist in bester Ordnung, jeder ist zufrieden, Änderungen sind

[68] Manhercz 2012. S. 158, 163.

nicht notwendig. Dementsprechend wurde die Liste der aufzusuchenden Veranstaltungen, Institute, Fabriken und sonstigen Ereignisse zusammengestellt.

Die offiziellen Programme folgten so rasch aufeinander, dass der Aufenthalt in Ofen einem Spießrutenlaufen glich. Die Tage wurden mit Audienzen, Huldigungszügen, Museen-, Ausstellungs- und Fabrikbesuchen, Wohltätigkeitsveranstaltungen, Militärparaden sowie Hoftafeln reichlich ausgefüllt. Auch die Abende verbrachte das Herrscherpaar immer in Gesellschaft, Theaterbesuche, Hofbälle, Bälle verschiedener Gruppierungen, Feuerwerk, Fackelzüge, Stadtbeleuchtung – überall wurde die Anwesenheit der Gäste erwartet. Zusammen nahm das Kaiserpaar bei mehreren Gelegenheiten die Huldigungen der weltlichen und geistlichen Würdenträger, des Militärs, des Landadels sowie der verschiedenen Vereine und Einrichtungen entgegen, was vor allem für Elisabeth besonders anstrengend gewesen sein dürfte, da sie ja im Gegensatz zu ihrem Gemahl diese Menschen zum ersten Mal traf. Lauter fremde Gesichter, die oft in einer für sie fremden Sprache dem Herrscherpaar ihre Ergebenheit versicherten. Allein beim Cercle am 5. Mai wurden der Kaiserin über 70 Palast- sowie andere hoffähige Damen vorgestellt. Elisabeth erschien in Begleitung ihrer Obersthofmeisterin Sophie Esterházy, zweier Hofdamen sowie sechs diensttuenden Palastdamen.[69] Die ungarischen hoffähigen Adeligen samt Frauen hatten wenig Zugang zum Wiener Hof, sodass die Vorstellung der Frauen Erzherzogin Hildegard, die sich als Gattin des Generalgouverneurs häufiger in Ungarn aufhielt, übernahm und nicht wie üblich die Obersthofmeisterin der Kaiserin. Andere Veranstaltungen waren weniger ermüdend, da die Aufmerksamkeit mehr dem Gegenstand gewidmet werden konnte, wie bei Museen- und Ausstellungsbesichtigungen.

Dennoch stand das Kaiserpaar, vor allem Elisabeth, ständig im Mittelpunkt des Interesses. Die Presse beschrieb bei fast jedem öffentlichen Auftritt das Kleid, die Accessoires und die Frisur der Kaiserin: »Die Amazonenkleidung Ihrer k. k. Majestät war ebenso einfach als geschmackvoll. Das schwarze hochschließende Kleid aus Wollstoff war an den Ärmeln, an dem Schößchen und auf der Brust ganz einfach mit schwarzem Sammt besetzt. Um den Hals trug die Kaiserin eine kurze himmelblaue seidene Bandschleife, das Haupt deckte ein brauner Amazonenhut mit derlei Federschmuck. Die Hutkrämpe war gegen das Antlitz zu mit hellblauer Seide ausgeschlagen, sowie das Kinnband von derselben Farbe

[69] *WZ* Ab 7. Mai 1857. S. 414.

war«[70] – erschien beispielsweise in dem Artikel über die Truppenschau auf dem Rákosfeld, der die Kaiserin in Begleitung ihres Mannes beiwohnte.

Die Anlässe, bei denen Elisabeth allein anwesend war, wurden von den Organisatoren so ausgewählt, damit ein ganz bestimmtes Bild von der Kaiserin entstand: das der gütigen, barmherzigen, sanftmütigen, sich sorgenden und gottesfürchtigen Landesmutter. Sie besuchte mehrere Waisenhäuser, das Kinderspital und das weibliche Versorgungshaus des Ofener wohltätigen Frauenvereins, um nur einige Programmpunkte zu nennen. Die Verbundenheit mit der katholischen Kirche wurde durch Teilnahme an mehreren Gottesdiensten sowie an Terminen bei den Englischen Fräulein und den Barmherzigen Schwestern demonstriert.[71]

Als exklusivste Veranstaltung während des Ofen-Aufenthaltes fand am 7. Mai der sogenannte »Ball bei Hof«, an dem nur geladene Gäste erscheinen durften, statt. Ursprünglich wollten die Veranstalter einen Hofball organisieren, den sie aber als problematisch verwarfen. Auf einem Hofball durfte traditionell jeder, der hoffähig war, ohne Einladung erscheinen. Man wollte aber die hoffähigen Magnaten, die noch immer offen rebellierten, nicht unter den Gästen haben. Andererseits wären mit einem Hofball manche nicht hoffähigen Frauen aus der Veranstaltung von vornherein ausgeschlossen, Ehefrauen von hoffähigen Männern. Ein wichtiger Aspekt war auch, dass man so die Anzahl der Gäste besser kontrollieren konnte. Es mangelte im Ofener Burgpalast nämlich einfach an Platz. So verschickten die Organisatoren etwa 600 persönliche Einladungen für den Ball bei Hof.[72] Den Ball eröffnete der Stallmeister Graf Gyula Széchényi, eine Militärkapelle spielte auf, außer beim Csárdás, den spielte eine Zigeunerkapelle. Um halb neun erschien das Kaiserpaar. Elisabeth tanzte zwei Quadrillen, zuerst mit Erzherzog Wilhelm, dann mit Herzog Nikolaus Esterházy,[73] mit. Franz Joseph nahm nur bei der ersten Quadrille an der Seite von Erzherzogin Hildegard, Ehefrau von Erzherzog Albrecht, teil. Der Tanz wurde um halb zehn wegen des Feuerwerkes und der Beleuchtung des Donaukais unterbrochen. Eine halbe Stunde später gab die

---

70 *Pr* 8. Mai 1857.

71 Zu den von Elisabeth besuchten einzelnen Veranstaltungen vgl. die Berichte über die Ungarnreise in den Tageszeitungen vom 3. bis 15. Mai 1857, z. B. in: *Pr, WZ, PL*, usw.

72 Manhercz 2012. S. 173.

73 Herzog Nikolaus Esterházy ist nicht zu verwechseln mit seinem Verwandten Graf Nikolaus Esterházy, dem späteren Reiterpiloten der Kaiserin.

Kaiserin für ausgewählte Damen Tee, während der Kaiser Cercle hielt. Die Veranstaltung ging um Mitternacht zu Ende.[74]

Politisch gesehen war der Amnestie-Erlass des Kaisers das bedeutendste Ereignis der Ungarnreise. »Um über die politischen Verwirrungen einer traurigen Vergangenheit [...] für immer den Schleier der Vergessenheit zu ziehen,«[75] begnadigte Franz Joseph die Häftlinge, die im Zusammenhang mit der Revolution 1848 von einem Zivilgericht verurteilt wurden. Auch die laufenden Prozesse und Untersuchungen in den genannten Fällen wurden eingestellt. Die Amnestie erstreckte sich folglich nicht über die flüchtigen Personen im In- und Ausland, genauso wenig über diejenigen, die unter Militärgerichtsbarkeit fielen. Die aktuell und früher Begnadigten sowie diejenigen, die ihre Haft schon hinter sich hatten, konnten nun ihre beschlagnahmten Güter wieder in Besitz nehmen. Die Rückkehr aus dem Exil war nach wie vor an einen individuellen Antrag gebunden, über den der Herrscher entschied. Nach den Begnadigungen im Mai 1857 war der Weg zurück für die Dissidenten wesentlich leichter. Die Voraussetzung für eine positive Antwort war, dass die Rückkehrenden dem Kaiser die Treue schworen.[76] Der Amnestieerlass wird in der Elisabeth-Literatur oft dem Einfluss der Kaiserin zugeschrieben,[77] was durch Quellen nicht bestätigt werden kann.[78]

Rundreise im Land mit Verzögerung

Noch vor der Reise setzte sich Elisabeth gegen ihre Schwiegermutter durch und nahm ihre beiden Kinder auf den Ungarnaufenthalt mit. Damit sie vom lauten Empfang des Kaiserpaares nicht verschreckt werden, kamen die kleinen Erzherzoginnen Sophie und Gisela einen Tag später als ihre Eltern mit

---

74 *WZ* 12. Mai 1857. S. 1371.

75 *Pr* 9. Mai 1857.

76 Ebd. 26. Mai 1857.

77 Hamann 1982. S. 119. Anm.: Die Autorin gibt für ihre Behauptung keine Quelle an.

78 Manhercz setzt sich mit dem Amnestieerlass in ihrer Dissertation ausführlich auseinander, erwähnt jedoch kein einziges Mal, dass Elisabeths Name auch nur irgendwo aufgetaucht wäre. Vgl. Manhercz 2012. S. 149. Bei der Durchsicht der zeitgenössischen Presse fand ich ebenfalls keine einzige Erwähnung der Kaiserin, dieser Mythos entstand erst mindestens ein Jahrzehnt später. Anm. der Verfasserin.

dem Schiff *Franz Carl* in Ofen an. Über den Zeitvertreib der Kinder wissen wir nichts, ihre Anwesenheit bot dennoch die Gelegenheit, sie in die Festlichkeiten einzubeziehen. Elisabeth und Franz Joseph wohnten in der Altofener Werft der feierlichen Taufe zweier Schiffe bei, die nach den beiden kleinen Erzherzoginnen benannt wurden. Bei den Huldigungsgaben der Bevölkerung wurden sie ebenfalls berücksichtigt.

Am 13. Mai wollte das Kaiserpaar planmäßig nach Jászberény zu der ersten Rundreise im Land aufbrechen, die dann wegen Erkrankung der jüngeren Tochter um zehn Tage aufgeschoben wurde: »Gestern wurden Ihre k. Hoheit die Erzherzogin Gisela von nicht unbedeutendem Fieber befallen, welches in der Zahnentwicklung seinen Grund hat. Das Fieber dauerte während der Nacht fort und es gesellten sich zu wiederholten Malen Fraisen [Krampfanfälle, Anm.] hinzu«,[79] diagnostizieren die zwei anwesenden Leibärzte Seeburger und Fritsch. Die Symptome scheinen aber auf mehr als einfaches Zahnen hinzuweisen. Den besorgten Eltern bleibt nichts anders übrig, als abzuwarten. Elisabeth harrt an der Seite ihrer Tochter, nur gelegentlich erscheint sie in der Öffentlichkeit, um ein wenig den Kopf freizubekommen. Sie macht Spazierfahrten im Stadtwäldchen oder reitet in den Ofener Bergen. Offizielle Besuche machte sie keine. Franz Joseph hingegen geht in dieser Wartezeit Staatsgeschäften nach, gibt Audienzen, sucht mehrere Institutionen und Fabriken auf, sogar an einer Wasserjagd nimmt er teil. Die kleine Gisela erholte sich gut. Sie »ist Gottlob seit den letzten Anfällen vollkommen wohl, sieht sehr gut aus, hat frische Augen, ist sehr lebendig und entwickelt sich sichtlich.«[80] Ein paar Tage später wird aber auch die zweijährige Sophie krank mit den gleichen Symptomen wie ihre Schwester. Die Ärzte haben wieder das Zahnen im Verdacht. »Es wurde jedoch bald eine Art Ruhr daraus, denn sie machte auch etwas Blut und hatte einen beständigen Drang zu Entleerungen, ohne viel machen zu können.«[81] Während es Gisela immer besser geht, sind die Meldungen Sophie betreffend wechselhaft. Nach dem sechs Tage anhaltenden Durchfall war es ihr angeblich wohler, drei Tage später meldeten die Ärzte einen Rückfall, dann soll sich die kleine Erzherzogin wieder auf dem Weg der Besserung befunden haben,[82] auch wenn

---

79 Bulletin des Hofes. Zit. nach *WZ* 15. Mai 1857. S. 1411.

80 Kaiser Franz Joseph an seine Mutter. Ofen, 19. Mai 1857. In: Schnürer 1930. S. 267.

81 Ebd.

82 Zu dem Krankheitsverlauf der Erzherzogin Sophie vgl. die Zeitungsmeldungen in: *Pr* 15., 17., 18., 19., 20., 21., 23. Mai 1857.

sie »in einem noch nicht ganz befriedigenden Zustande«[83] war. Praktischerweise fiel diese vermeintliche Erholung in die Zeit, als das Kaiserpaar die verschobene Rundfahrt im Landesinneren antreten wollte. So brach Elisabeth mit ihrem Mann am 23. Mai nach Jászberény auf, die Kinder blieben in der Ofener Burg zurück unter Aufsicht des Personals und den Ärzten Dr. Seeburger und Dr. Götz, der extra für die kleine Sophie aus Wien herbeigerufen wurde.

Diese erste Rundreise führte das Herrscherpaar nach Südosten und Osten des heutigen Ungarns. Für die Veranstalter stellte die Reise eine Herausforderung dar. Die Fahrt legte man je nach Möglichkeit auf Wasser, per Eisenbahn oder zu Pferde beziehungsweise mit Kutschen zurück. Ein Problem bereitete dabei, Pferde in entsprechender Zahl zu organisieren. Die Unterbringung war wegen der Größe der Reisegesellschaft ebenfalls nicht einfach. Laut Vorschrift musste die kaiserliche Unterkunft mindestens aus Arbeits-, Schlaf-, Umkleide-, Badezimmer sowie einem Salon bestehen. Die Hofdamen der Kaiserin und der Flügeladjutant des Kaisers sollten, wenn es nur möglich war, in dem gleichen Gebäude wie das Herrscherpaar untergebracht werden.[84] Auf den Strecken, die man mit Kutschen und Pferden zurücklegte, begleiteten Banderien die Gäste. Diese waren berittene Divisionen der Adeligen und der Komitate, die seit 1848 nur noch repräsentative Funktionen versahen. In ihrer historischen ungarischen Prachtkleidung, ausgerüstet mit mittelalterlichen Waffen mussten die Reiter auf Elisabeth sehr exotisch gewirkt haben.[85] Auf den Halte- und Wechselstationen erwarteten das Kaiserpaar die Gesandten von Ortschaften, die nicht auf der Reiseroute lagen. Es wurden Huldigungsreden gehalten und Geschenke überreicht, die für die Region typisch waren. Das Programm gestaltete sich überall ähnlich. Nach dem feierlichen Einzug nahmen die Anwesenden an einem Gottesdienst teil, dann folgten Vorstellungen und Audienzen. Im Rahmen eines Galadiners wurde für das leibliche Wohl gesorgt. Oft wohnten Franz Joseph und Elisabeth einem Volksfest bei, »wo Ihnen die Sitten und Gebräuche der Magyaren in urwüchsiger Kraft, sowie sie sich dort nur erhalten haben, vorgeführt wurden.«[86] Abends fanden Beleuchtungen und Fackelumzüge oder Bälle statt. Je nach den örtlichen Gegebenheiten besuchten die Gäste Institutionen wie Ämter, Schulen und Gefängnisse.

---

83 Kaiser Franz Joseph an seine Mutter. Ofen, 19. Mai 1857. In: Schnürer 1930. S. 267.

84 Manhercz 2012. S. 153.

85 Bandérium. In: A Pallas nagy lexikona. 1893–1897.

86 *Pr* 27. Mai 1857.

Ob Elisabeth die Reise gefiel, ist der offiziellen Berichterstattung nicht wirklich zu entnehmen. Ihre Stimmung war sicherlich von der Sorge um ihre Kinder getrübt trotz regelmäßiger Depeschen von der Ofener Burg. Am 28. Mai in Debrecen angekommen erreichte die Eltern die Nachricht von dem besorgniserregenden Zustand Sophies. Während man im Hintergrund die Abreise des Kaiserpaares organisierte, nahmen Franz Joseph und Elisabeth die Huldigungen entgegen. Anschließend begaben sie sich im Wagen mit der nötigsten Begleitung, dem Grafen Grünne, der Obersthofmeisterin Esterházy sowie einem Flügeladjutanten, nach Tiszacsege, wo sie einen Dampfer nach Szolnok bestiegen, um von dort aus per Eisenbahn schnellstmöglich nach Ofen zu gelangen. Den Rest der ersten Rundreise beendete auf Bitte des Kaisers Erzherzog Albrecht mit der kaiserlichen Suite.[87]

Aufbahrung der kleinen Erzherzogin Sophie in der Burgkapelle zu Ofen.

[87] Manhercz 2012. S. 179.

Tragischer Ausgang der Reise

Die Ruhr verlief bei Sophie besonders schwer, die heute üblichen Behandlungsmethoden für diese Krankheit wie Infusion und Antibiotika standen nicht zur Verfügung, so konnte man nur auf einen glücklichen Verlauf hoffen. Am 28. Mai war schon der dramatische Ausgang zu erahnen. »Die durchlauchtigste Erzherzogin Sophie haben den gestrigen Tag ziemlich ruhig, theils schlafend, theils schlummernd zugebracht; – die darauffolgende Nacht war ebenfalls ruhig, – doch steht der Kräftezustand heut nicht im Einklange mit der sonstigen Besserung.« Die Ärzte beharren in der Öffentlichkeit aber noch immer auf ihre Meinung, »der schleppende Verlauf der Krankheit [...] deutet offenbar auf das Fortbestehen der Zahnbildung«. Drei angesehene Mediziner – Seeburger, Götz und Sauer – sind anwesend, sie können aber nur den zunehmenden »Verfall der Kräfte«[88] feststellen. Als die Eltern am 29. Mai um halb elf vormittags eintreffen, ist ihre Tochter schon in einem hoffnungslosen Zustand. Der Durchfall nimmt wieder zu, Sophie hat schwere Anfälle und abends um sechs treten Lähmungszustände ein.[89] Elisabeth musste elf Stunden hilflos zusehen, wie aus ihrer kleinen Tochter das Leben entwich. »Nach langem Kampfe ist sie zuletzt ruhig um ½ 10 Uhr verschieden.«[90] Laut Volksglaube war dieser Todesfall das erste von den 13 Todesopfern, mit denen Kaiser Franz Joseph wegen seiner grausamen Vergeltungsmaßnahmen für die Revolution 1848 bestraft wurde.[91]

Die Eltern kehrten schon am nächsten Tag direkt nach dem Trauergottesdienst nach Wien zurück. Sophie wurde in der Ofener Schlosskapelle aufgebahrt. Die Bevölkerung konnte am 31. Mai, nach der feierlichen Einsegnung, von der kleinen Erzherzogin Abschied nehmen. Am folgenden Tag wurde die Verstorbene per Eisenbahn nach Wien überführt, um sie anschließend in der Kapuzinergruft beizusetzen.

»Wir werden nie die Theilnahme vergessen, die sie Unserem tiefen Kummer geweiht«, bedankte sich Kaiser Franz Joseph bei der Bevölkerung Ungarns und versprach »daß Ich Meinem Vorhaben getreu baldmöglichst wiederkehre, um jene Gegenden zu besuchen, die Ich jetzt nicht mehr berühren konn-

88 Alle drei Zitate: *WZ* 30. Mai 1857. S. 1571.

89 *Pr* Ab 30. Mai 1857; *Pr* 31. Mai 1857; *WZ* 31. Mai 1857. S. 1579.

90 Kaiser Franz Josephs Telegramm an Oberst Graf Wurmbrand, dem Obersthofmeister Erzherzogs Franz Karl von Ofen nach Prag, 29. Mai 1857. 11:15 Uhr. In: Schnürer 1930. S. 270.

91 Gerő 1999. S. 114.

te«.[92] Elisabeth kehrte mit ihrem Mann nicht zurück. Sie verfiel in Depressionen, gerät ob des Todesfalls regelrecht in einen Schockzustand. Franz Joseph setzte seine Rundreise zwei Monate später fort, dennoch »die Sehnsucht nach den Meinigen und die traurige Erinnerung an den größten Schmerz meines Lebens, den nie zu ersetzenden Verlust, den wir in diesem Lande erlitten, machten die ganze Reise für mich zu einer recht traurigen«.[93] Den Ungarn erging es auch nicht anders, sie waren enttäuscht, dass Elisabeth nicht dabei war. Der Kaiser weigerte sich, die Petition der Konservativen überhaupt entgegenzunehmen, die Kaiserin stand nicht einmal als potenzielle Vermittlerin zur Verfügung. Natürlich hatte man Verständnis für ihre Bestürzung über Sophies Tod, dennoch war die Chance durch ihre Abwesenheit vertan. Kaiser Franz Joseph empfand die erneute Rundreise als »nicht so schön« und ihm »recht unangenehm«, die dazu noch in ständiger Hetze stattfand. »Obwohl ich im ganzen mit dem Empfange recht zufrieden sein konnte und ich besonders überrascht war über die materiellen Fortschritte des Landes und über die große Ordnung in den meisten Ämtern und Anstalten«,[94] wie er seiner Mutter erzählte. Er schien die Reise trotzdem nicht für erfolgreich gehalten zu haben. Diesen Eindruck gewann auch der britische Gesandte in Wien.[95] Aus ungarischer Sicht war die Reise definitiv eine Enttäuschung. Von der Amnestie waren einzelne Personen – wenn auch sehr zahlreich – betroffen, die Gesamtbevölkerung ging aber leer aus. Die Forderungen, die Verfassung wiederherzustellen sowie die Gleichschaltung mit Österreich aufzuheben, zu erfüllen, zog der Herrscher nicht einmal in Betracht.

Wenn man die späteren Quellen, die bereits acht bis zehn Jahre nach der Rundreise entstanden, durchliest, gewinnt man heute den Eindruck, dass diese Reise der Anfang der Zuneigung Elisabeths zu Ungarn und umgekehrt bildete. Die zeitgenössischen Quellen bestätigen aber diesen Eindruck nicht. Man interessierte sich in Ungarn nach wie vor nicht besonders für die Kaiserin. Freilich bewunderten die Ungarn ihre Schönheit, diese Tatsache reichte aber für eine echte Zuneigung nicht aus. Das straffe Programm in Ofen wie auf der Rundreise, die Erkrankung der Kinder und die damit einhergehenden Sorgen ließen

---

92 Allerhöchstes Handschreiben von Kaiser Franz Joseph. Laxenburg, 3. Juni 1857. Zit. nach *WZ Ab* 8. Juni 1857. S. 513.

93 Kaiser Franz Joseph an seine Mutter. Laxenburg, 7. September 1857. In: Schnürer 1930. S. 273.

94 Ebd. S. 272–273.

95 Corti 1952. S. 193.

keinen Raum dafür, engeren Kontakt zueinander zu knüpfen. Man hatte in Ungarn Mitgefühl wegen ihres Verlustes für sie, nicht mehr und nicht weniger. Ihr Auftritt war aus zeitgenössischer Sicht ein einmaliges Gastspiel ohne irgendeine Nachwirkung. Der Umstand, dass Elisabeth kein Ungarisch sprach, verhinderte ebenfalls das Gefühl der echten Nähe zwischen der Kaiserin und den Ungarn.

3. VON DEN ERSTEN VERSUCHEN BIS HIN ZU INTENSIVEN UNGARISCHSTUDIEN

Noch während der Rundreise in Ungarn 1857 soll Elisabeth mehrmals geäußert haben, »daß Sie nur das Eine bedauere, sich noch nicht persönlich mit Ihren lieben Ungarn in der Landessprache verständigen zu können«. Die Kaiserin versprach aber, dass sie nach ihrer Rückkehr nach Wien »sogleich Ungarisch zu lernen beginnen wird, um das nächstemal, was, so Gott will, nicht lange auf sich warten lassen wird, mit Ihren Ungarn ungarisch reden zu können«[96]. Zu den ersten Versuchen in Ungarisch kam es erst drei Jahre später, als sich Elisabeth 1860/61 auf Madeira aufhielt. Die Reise, so fern von Wien, wurde von dem Lungenspezialisten Dr. Joseph Skoda empfohlen, weil Sisi von starken Hustenanfällen gequält wurde.

Quinta Vigia in Funchal, Elisabeths Unterkunft während ihres Aufenthaltes auf Madeira, Ende November 1860 bis April 1861.

[96] *Pr* 27. Mai 1857.

Kaiserin Elisabeth. Aufnahme aus dem Jahr 1860.

Madeira, die ersten ungarischen Worte

Die Beschäftigung mit Ungarisch war für Elisabeth eine spontane Entscheidung, sie nahm ja keinen Sprachlehrer auf Madeira mit. Unter den Mitreisenden sind namentlich drei Ungarn bekannt, die Geschwister Karoline und Imre Hunyady sowie László Szapáry. Franz Joseph kennt die beiden Herren gut, sie waren eine Weile seine Flügeladjutanten. Graf László Szapáry zeichnete sich seit seinem Eintritt in die kaiserliche Armee 1848 mehrmals aus, aufgrund dessen er inzwischen den Rang eines Oberstleutnants bekleidete. Er hielt sich nur kurze Zeit auf der Insel auf, entsendet von der General-Adjutantur, um Briefe und Nachrichten nach beziehungsweise von Madeira mitzunehmen.[97] Nach dem Ausgleich nimmt er häufiger an Elisabeths Jagden in Gödöllő teil.[98] Zwischen den beiden entwickelt sich eine Freundschaft, sodass der Kaiserin Bedenken wegen dem Gerede kommen: »Bellegarde [Generaladjutant des Kaisers, Anm.] geht auf längeren Urlaub und da wäre es sehr wünschenswert, wenn Du als seinen Stellvertreter weder Laszlo Szápáry noch Pejacsevics nehmen würdest, ersterer wäre für mich genante, da ich auf einem so intimen Fuss mit ihm bin, dass es für ein beständiges Beisammensein wegen den bösen Zungen besser wäre zu

Graf László Szapáry.

97 Ebd. 23. März 1861.

98 Z. B. *VVL* 12. November 1873. S. 347.

vermeiden«,[99] schreibt sie ihrem Mann aus Gödöllő.

Während Elisabeth sich auf Madeira erholte, blieben ihre beiden Kinder Erzherzogin Gisela und Kronprinz Rudolf in Wien zurück.

Die Hunyadys gehörten zu den traditionsreichsten Pferdezüchtern des Landes, ihre Jagden waren von der gesellschaftlichen Elite gut besucht. Im Oktober 1860 ernennt der Kaiser Graf Imre Hunyady sogar zu seinem Ersten Stallmeister mit gleichzeitiger Beförderung vom Major zum Oberstleutnant.[100] Seine Schwester, Karoline Hunyady, verdankt ihre Ernennung zu Elisabeths Hofdame direkt vor der Reise vermutlich ihrer Tante, der Obersthofmeisterin Gräfin Sophie Esterházy, die als geborene Liechtenstein eine Schwester von Lilys Mutter war. Die Kaiserin setzte nämlich durch, dass ihre unliebsame Obersthofmeisterin und Vertraute ihrer Schwiegermutter nicht nach Madeira mitgenommen wurde. Um über Sisi gut informiert zu bleiben, brauchte Erzherzogin Sophie nun jemanden, der vor Ort Gräfin Esterházy in dieser Funktion vertrat. Ob Karoline Hunyady diese Erwartungen erfüllte, ist bisher nicht festzustellen.

Von dem Geschwisterpaar Hunyady lernte Elisabeth die ersten ungarischen Worte. Wie sie auf die Idee kam, ist nicht überliefert. Eine Erklärung besagt, dass sie aus Opposition zum Wiener Hof und zu ihrer ungarnfeindlichen Schwiegermutter anfing, sich mit der ungarischen Sprache zu beschäftigen. Vielleicht spielte auch das eintönige Leben auf der Insel und die Langeweile eine Rolle.[101] In der Hofburg sprachen nur sehr Wenige Ungarisch, sodass es dort einer Art Geheimsprache gleichkam, man brauchte keine Angst zu haben, belauscht zu werden. Das konnte für Eli-

99 Kaiserin Elisabeth an Kaiser Franz Joseph, Gödöllő, 15. Mai 1869. In: Nl Corti. Abschrift.

100 *MZ* 13. Oktober 1860. S. 6.

101 Hamann 1982. S. 151–153, 216–218.

Elisabeth in Funchal.

sabeth ein weiterer Anreiz sein. Ohne einen triftigen Grund beschäftigte man sich nicht mit Ungarisch, weil es einerseits als besonders schwer erlernbar galt und man sich andererseits in Ungarn mit Deutsch in der Regel gut verständigen konnte.

Wie weit die Kaiserin während ihres Madeira-Aufenthaltes in dieser für Viele exotisch wirkenden Sprache kam, ist schwer zu beurteilen. Angefangen hat es wahrscheinlich mit den üblichen Floskeln eines Touristen, der diesen oder jenen Ausdruck in der fremden Sprache wissen will. Bedenkt man, mit welcher Leidenschaft, Ausdauer und Hartnäckigkeit sich Elisabeth ihren Tätigkeiten im Allgemeinen widmete, ist es durchaus vorstellbar, dass sie nach fünf Monaten auf Madeira über einen relativ beachtlichen Wortschatz verfügte. Womöglich faszinierte Imre Hunyady diese Leidenschaftlichkeit an seiner Schülerin. Der Vernarrtheit des Grafen gedenkt Sisi in einem ihrer Gedichte, in dem sie ihre ehemaligen Verehrer als »Eselshäute« präsentiert:

„Der erste war ein hübsches Tier,
Nur Ohren übers Mass;
Doch über seine Schönheit schier
Vergass ich ganz auf das.

Ich hielt ihn mir im Tropenland,
Bekränzt mit Granat;
Bananen frass er aus der Hand;
Doch wurd' ich ihn bald satt.[102]“

[102] Kaiserin Elisabeth: Das Kabinett. In: Hamann 1987. S. 81.

Aus den Zeilen geht hervor, dass die Kaiserin ihrem Verehrer überdrüssig wurde. Marie von Wallersee, Elisabeths Nichte, stellt die Ereignisse anders dar – wohlbemerkt, dass sie nicht anwesend und damals erst drei Jahre alt war: »Was wirklich geschehen ist, weiß ich nicht, aber das weiß ich, daß der diensttuende Kammerherr sie mit positivem Erfolge belauschte. Der Graf wurde nach Wien zurückberufen, und Elisabeths Aufenthalt in Madeira fand ein jähes Ende.«[103] Hunyady reiste jedoch laut Zeitungsberichten mit der Kaiserin zusammen nach Madeira und kehrte erst im Mai 1861 mit ihr in das Kaisertum zurück.[104] Die Kaiserin genoss zwar die Bewunderung, weiter aber ging die Freundschaft nicht. Vielmehr gab es Eifersüchteleien, die sich im bösartigen Tratschen Luft machten.[105] Was und wann Kaiser Franz Joseph von diesen Gerüchten erfuhr, konnte bisher nicht ermittelt werden. Ernst nahm er sie offensichtlich nicht. Hunyady trat nach der Rückkehr wieder seinen aktiven Militärdienst an, was der Grund gewesen sein dürfte, warum er nicht mehr in Elisabeths Nähe auftaucht. Eine Einladung im Winter 1866 zu einem der Hofbälle in Buda, zu dem praktisch alle ungarischen hochadeligen

Graf Imre Hunyady.

[103] Wallersee 1913. S. 57.

[104] *Pr* 17. November 1860; *KZtg* 17. Mai 1861. S. 452.

[105] Hamann 1982. S. 153.

Familien geladen wurden, erfolgte wohl nicht wegen einer angeblichen Verbannung, sondern weil Hunyady sich dienstlich anderswo aufhielt. Der Kontakt zum Herrscherhaus bestand bis zum Ableben des Grafen im Jahr 1902.

Gegen die These der Ungnade spricht auch, dass Hunyady sein Leben lang als K.-u.-k.-Kämmerer geführt wurde, 1890 – lange nach der Madeira-Reise – wurde er sogar zum wirklichen Geheimen Rat ernannt. Beide Titel bestätigen einen freien Zugang zum Hof. Seine Frau, geborene Gräfin Felice Győry, konnte ebenfalls nur deshalb Sternkreuzordensdame beziehungsweise Palastdame der Kaiserin werden, weil ihr Mann die nötigen Voraussetzungen (Hoffähigkeit, die vorher genannten Titel) erfüllte.[106] Franz Joseph würdigte Hunyadys militärische Leistungen im italienischen Krieg 1866: »Gestern habe ich die Auszeichnungen für Custozza unterschrieben. Du kannst Gräfin Lili sagen daß ihr Bruder das Verdienst Kreuz bekommen hat«,[107] teilte er seiner Frau mit. 1869 quittierte Hunyady den Dienst und lebte wie andere Mitglieder seiner gesellschaftlichen Schicht. Als ausgezeichneter Jäger veranstaltete er zahlreiche Jagden, in seinen Ställen wurden etliche erfolgreiche Rennpferde gezüchtet. Weder Kaiser noch Kaiserin nahmen an Hunyadys Jagdgesellschaften teil, obwohl das Hunyady'sche Gestüt wesentlich bedeutender war als das von Graf Nikolaus Esterházy, dem späteren Reiterpiloten Elisabeths. Das Ehepaar sah Kaiser und Kaiserin bei offiziellen Anlässen wie Hofbällen, gelegentlich wurde Hunyady sogar zu kleineren Hoftafeln geladen.[108]

In den anderthalb Jahren nach Madeira lernte Elisabeth wohl mithilfe ihrer Hofdame Karoline Hunyady weiterhin Ungarisch. Was und vor allem von wessen Gesichtspunkt über Ungarn die beiden Frauen gesprochen haben, ist nicht überliefert. Die Familie Hunyady blieb ja auch während und nach der Revolution 1848 kaisertreu,[109] aber sie pflegte enge Kontakte zu den ungarischen Adeligen. Andererseits hatte sie durch die direkte Verwandtschaft mit der Familie Liechtenstein Zugang zu den höchsten Kreisen in Wien. Diese zwiespältige Stellung war Lilys Schilderungen bestimmt anzumerken.

---

106 Hof- und Staatshandbuch 1896. S. 39, 183, 189.

107 Franz Joseph an Kaiserin Elisabeth, Wien, 20. Juli 1866. In: Nostitz-Rieneck Bd. 1. 1966. S. 44.

108 *FL* 1. Februar 1894. S. 272–273.

109 Kiss 1990. S. 49–153.

Bis zur Perfektion

Regelmäßigen Sprachunterricht nahm die Kaiserin seit dem 9. Februar 1863 bei Imre Homoky, einem Ungarischprofessor am Wiener Theresianum. Bereits vor der ersten Stunde wollte Elisabeth wissen, wie schnell sie die ungarische Sprache erlernen könnte. »O, sehr schnell; Eurer Majestät wird das leicht gehen«, [110] beruhigte Homoky seine Schülerin.

Sisi vertieft sich mit der für sie charakteristischen Ausdauer in ihre Sprachstudien und macht rasche Fortschritte. Jeden Tag kommt Homoky und stundenlang wird Grammatik erklärt, Aussprache geübt sowie übersetzt. Ihr rasches Vorankommen in der ungarischen Sprache erklärt Elisabeth mit ihren Beweggründen: »Was man gerne lernt, lernt man leicht, und wo man Sympathien entgegenbringt, hat man die Hälfte der Schwierigkeiten schon überwunden.«[111]

Nicht einmal auf ihren Reisen vernachlässigt die Kaiserin die Lektionen. Während ihres Kuraufenthaltes in Bad Kissingen schreibt sie ihrer Gesellschafterin auf Ungarisch: »Hier gibt es einen großen dichten Wald, ich fahre jeden Morgen, nach dem Frisieren, aus; und dort, wo der Wald beginnt, steige ich aus und gehe zu Fuß an einen hübschen Platz, an dem zwischen den Bäumen, unter einer kleinen Holzüberdachung ein Tisch und Bänke stehen. Dort bleibe ich bis Mittag, lesend, schreibend oder mich mit der Hofdame unterhaltend. Wegen der Aussprache lese ich häufig laut.

Imre Homoky, Professor am Wiener Theresianum und Ungarischlehrer der Kaiserin Elisabeth.

---

110 *MP* 7. Januar 1885. S. 4.

111 Kaiserin Elisabeth an Gräfin Török an dem Damencercle in der Burg zu Ofen. In: *De* 3. Februar 1866. O. S.

Dass sie [die Hofdame Taxis, Anm.] kein Wort versteht, stört mich nicht. Den Nachmittag verbringe ich auf die gleiche Weise, nur dass ich mehr spaziere, wenn es anfängt kühler zu werden.«[112] Den ungarischsprachigen Zeilen kann man noch das Fremdartige entnehmen, aber auch das erstaunlich hohe Sprachniveau, das Elisabeth innerhalb von nur zwei Jahren, seit dem Beginn des regulären Sprachunterrichts, erreichte.

Auf eine fehlerfreie Aussprache legt die Kaiserin besonders großen Wert: »Ida ist entzückt über die gute Aussprache der Kaiserin, sie soll auch ganz geläufig ungarisch können.«[113] Neben Homoky verschafft sich Sisi weitere Gelegenheiten, um ihre Kenntnisse zu vertiefen. Noch im Frühjahr 1863 lässt sie Emma Mendelényi, die Tochter des ungarischen Senatspräsidenten, als Kammerfrau einstellen, weil sie »eine gebildete Ungarin in ihrer Umgebung zu haben wünscht«[114]. Anderthalb Jahre später wird Ida Ferenczy als neue Gesellschafterin der Kaiserin an den Wiener Hof berufen.

Ida Ferenczys Anstellung im November 1864 markiert im Leben Elisabeths den wichtigsten Wendepunkt in der Beziehung zu Ungarn und zu allem Ungarischen. Als Fräulein Ferenczy ihren Dienst antritt, spricht sie nur sehr wenig Deutsch und im Gegensatz zu ihrer Herrin ist sie auch nicht besonders sprachbegabt. Sogar nach vier Jahren bei der Kaiserin fällt es ihr nicht leicht, sich in Deutsch zu verständigen. »Die Zeitungen in Begleitung Ihres werten Briefes habe ich erhalten, und dass ich bisher nicht darum bat, liegt einzig an meinem schwachen Deutsch«[115], schreibt sie Max Falk, dem Redakteur der deutschsprachigen Pester Llyod. Dieser Umstand und die enge Freundschaft, die sich zwischen der Kaiserin und der Vorleserin entwickelt, beschleunigen das Vorankommen Elisabeths in Ungarisch weiter. Inzwischen beherrscht Sisi die Sprache so gut, dass sie sich an größere literarische Werke wagt: »ich lese viel, bald bin ich fertig mit ›Der Karthäuser‹«, ein zweibändiger gesellschaftskritischer Ich-Roman von József Eötvös, »mir hat er sehr gut gefallen und ich habe ihn ganz verstanden.«[116] Vier Monate später, Ende November 1865, wagte sich die Kaiserin mit ihren Ungarischkenntnissen das erste Mal

---

112 Kaiserin Elisabeth an Ida Ferenczy, Waldhalle, 17. [Juli 1865]. In: Tolnayné 1992. S. 30. Ung.

113 Gräfin Almássy an Fräulein Jeanne von Végh, Wien, 15. November 1864. In: Nl Corti. Abschrift.

114 *Pr* 1. Mai 1863.

115 Ida Ferenczy an Max Falk, Buda, 8. März 1868. In: Falk Bf. Ung.

116 Kaiserin Elisabeth an Ida Ferenczy, Klaushof, 12. Juli [1865]. In: Tolnayné 1992. S. 28. Ung.

Kaiserin Elisabeth, 1864.

in die Öffentlichkeit. Anlässlich der Ernennung von 14 ungarischen Palastdamen empfing sie diese »in besonderer Audienz« und unterhielt sich mit ihnen auf Ungarisch.[117]

Parallel zu der Kaiserin unterrichtet Homoky ab 1865 erfolgreich deren Kinder, Erzherzogin Gisela und Kronprinz Rudolf, sowie andere Mitglieder der Familie Habsburg. Am 19. November 1866, am Namenstag Elisabeths, enden die Sprachstunden bei Homoky auf die Bitte der Schülerin mit einer Prüfung, zu der die ganze Familie erscheint. Beim Eintreten des Professors erhebt sich die Kaiserin und rezitiert Mihály Vörösmartys *Mahnruf*: »Von Lieb und Treu zum Vaterland // bleib, Ungar, stets erfüllt.«[118] Das Gedicht gilt bis heute als nationales Symbol, mit dem offizielle Veranstaltungen und Gedenkfeiern in Ungarn schließen. Der Geistliche war entzückt und »breitete seine Hände segnend aus und rief: – Ein Examen, würdig einer Königin!«[119] Homoky zog sich bald darauf altersbedingt vom Unterrichten zurück und wurde Abt von Lekér. Für seine Verdienste erhob ihn der Kaiser in den Adelsstand, den er wegen seines Todes 1868 nur kurz genießen durfte.

Im September 1866 tritt in den Kreis der Kaiserin noch eine weitere Person, die deren Ungarnbild wesentlich formt. Max Falk erteilt Elisabeth auf Empfehlung Ferenc Deáks Unterricht in ungarischer Literatur und Geschichte, ferner hilft er seiner Schülerin ihren Sprachstil zu verfeinern. Falk stammte aus einer wohlhabenden jüdischen Kaufmannsfamilie, die aber wegen einer Bürgschaft in der Verwandtschaft in den 1840er-Jahren mittellos wurde. Deshalb musste der hochbegabte Junge bereits mit 13 Jahren arbeiten. Er gab Unterricht, las ungarische Zeitungsartikel aus dem Stehgreif in Deutsch für Pester Bürger vor, die selbst kein Ungarisch sprachen und Ungarn deutschsprachige Artikel. Mit 19 promovierte er zum Doktor der Philosophie. Seine journalistische Karriere begann Falk 1848 mit 20 Jahren. Er schrieb anfangs für die Österreichische *Zeitung* und den *Wanderer*. Ein Artikel über den Dualismus im Letzteren bescherte ihm dann eine sechsmonatige Haftstrafe. Fast alle führenden ungarischen Politiker der Zeit kannte Falk persönlich, in seinen Artikeln unterstützte er Ferenc Deáks Politik. Als »vornehmer Beherrscher des Stils« eignete sich Falk ausgezeichnet zum Ungarischlehrer der ehrgeizigen Kaiserin, denn »was er schrieb, trug nicht nur immer das Gepräge scharfen politischen Denkens, sondern hatte auch das Gewand einer sprach-

117 *FB* 28. November 1865. S. 3.

118 Vörösmarty o. J.

119 *MP* 7. Januar 1885. S. 4.

Erzherzogin Gisela.

Kronprinz Rudolf.

lichen und von Ideen erfüllten Eleganz«. Außerdem wusste er »Dinge in einer Weise nicht zu sagen, daß sie doch gesagt waren«[120].

Das erste Mal traf Falk Elisabeth während der Ungarnreise des Kaiserpaares im Jahre 1857, als der Journalist für die offizielle Berichterstattung engagiert wurde. Er hatte Bedenken, den Auftrag anzunehmen, da er befürchtete, Probleme mit seinen ungarischen Kollegen zu bekommen. Diese könnten glauben, dass er die absolutistische Bach-Regierung unterstützt. Andererseits schmeichelte es ihm, in den höchsten Kreisen beachtet zu werden. Seine Kollegen bei der Österreichischen Sparkasse unterstellten ihm, dass er sich von dem Auftrag den Franz-Joseph-Orden als Belohnung erhoffte. Die Huldi-

120 *NWA* 10. September 1908. S. 2–3.

gung dem Kaiserpaar gegenüber sei nicht mit der Lobpreisung der Regierung gleichzusetzen, beruhigte Falk sein Gewissen. Erzherzog Albrecht, Gouverneur von Ungarn und Hauptorganisator der Reise, war mit den Feuilletons sehr zufrieden. Falk aber war später nicht besonders stolz auf diese Artikel.[121]

Nicht jeder freute sich über die Anwesenheit Falks in der Hofburg. Als im Frühjahr 1867 der Hof von Wien nach Schönbrunn übersiedelte, versuchte man den Ungarischlehrer geschickt loszuwerden. Obersthofmeisterin Gräfin Königsegg bestellte Falk zu sich und fragte ihn, ob er bereit wäre, in Schönbrunn die Stunden fortzusetzen, denn »ich glaube, daß ich Recht hatte, als ich Ihrer Majestät sagte, Ihre Zeit würde dies schwerlich gestatten«. Falk arbeitete zu dieser Zeit als Sekretär bei der Österreichischen Sparkasse. Der Publizist ließ sich nicht so schnell einschüchtern und antwortete: »Für dasjenige, was Ihre Majestät befiehlt, habe ich immer Zeit.« Falk wurde jeden Tag um halb eins vor der Sparkasse mit einem Hofwagen abgeholt. »An kleinen Bosheiten von Seite untergeordneter Organe fehlte es auch jetzt nicht. Wenn es sehr heiß war, schickte man mir einen geschlossenen Wagen, in dem ich beinahe erstickte; wenn der Regen in Strömen fiel, wurde ich mit einem offenen Wagen beehrt, in welchem ich manchmal bis auf die Haut durchnässt wurde«,[122] erzählte er Jahrzehnte später.

Als Falk engagiert wurde, brauchte Elisabeth keinen Ungarischlehrer mehr im herkömmlichen Sinn. Die Grammatik wurde bei Homoky komplett durchgearbeitet und dank dem täglichen Umgang mit Ida Ferenczy verfügte die Kaiserin über einen entsprechenden Wortschatz und Erfahrung im Sprachgebrauch. Dennoch konstatiert sie frustriert ihrem Mann gegenüber, »dass mein Stil noch sehr steif und deutsch ist und es fehlt in ihm der gewisse ungarische Schmelz. Nach 4-jähriger Mühe nicht weiter zu kommen ist traurig und entmutigend.« So fordert sie Franz Joseph auf, ihr wenigstens ein einziges Mal einen ungarischen Brief zu schreiben, »damit ich einen Vergleich machen kann«[123]. Falk nimmt nun mit Elisabeth anspruchsvolle literarische Werke durch und arbeitet mit der Kaiserin daran, ihren Stil wie bei einem Muttersprachler zu verbessern. Beispielsweise diskutierten sie darüber, wie man das Bindewort *dass* im Ungarischen umgehen kann, um Wiederholun-

[121] Angyal 1925. S. 215–218.

[122] Falk 1898.

[123] Kaiserin Elisabeth an Kaiser Franz Joseph, Wien, 27. März 1867. In: Nl Corti. Abschrift.

gen zu vermeiden.[124] Mit Elisabeths Abreise nach Ofen zu den Krönungsfeierlichkeiten im Mai 1867 endete Falks Auftrag.

Die Kaiserin will aber weitermachen, »weil mein ungarischer Stil noch immer recht schwach ist«[125]. So bittet sie Baron Eötvös, den damaligen Kultusminister und Schriftsteller, durch Graf Andrássy, mit ihr in Briefwechsel zu treten. Dem Politiker schreibt sie: »Ich hoffe, dass Sie sehr streng sein werden und Sie mir meine Briefe von Anfang bis zum Ende durchkorrigiert zurückschicken werden, denn einer meiner heißesten Wünsche ist es, dass ich mir alle Schönheiten unserer wunderbaren Sprache aneigne.«[126] Eötvös nimmt sich ihrer mit größter Freude an, weil »die Überzeugung, dass Eure Majestät uns versteht, uns für die Zukunft ein beruhigendes Gefühl gibt«[127].

Kaiserin Elisabeth. Man könnte meinen, sie will sich gerade hinsetzen, um Ungarisch zu lernen.

124 Falks Aufzeichnungen über die Ungarischstunden der Königin Elisabeth (1866–1867). In: Falk.

125 Kaiserin Elisabeth an József Eötvös, Ischl, 4. August 1867. In: Szalay 1911. S. 32. Ung.

126 Ebd. S. 33. Ung.

127 József Eötvös' Briefentwurf an Kaiserin Elisabeth (o. O. o. D.) In: Oltványi 1976. S. 244. Ung.

Elisabeths ungarische Bibliothek bestand aus etwa 200 Büchern, darunter Gebetsbücher, Gedichtbände, Romane, Erzählungen und historische Werke. Anfangs empfahl ihr wahrscheinlich Imre Homoky leicht lesbare Lektüre als Sprachübung, dann machte Ida Ferenczy sie auf Bücher aufmerksam, deren Inhalte interessant waren. Falk ergänzte Elisabeths Sammlung mit den »hervorragenden Werken der neueren ungarischen Schriftsteller«.[128] Der Kaiserin gefielen József Eötvös' lyrische Arbeiten besonders gut. Das Gedicht *Testament* faszinierte sie so sehr, dass Falk es ihr an Ort und Stelle in Versen übersetzte, »denn sonst würde ja die Schönheit des Gedichtes zum großen Theile verloren gehen«,[129] um dieses ihrer Schwester Marie von Neapel zeigen zu können. Auch das Manuskript des verbotenen *Fahnenträgers* zeigte Falk seiner Schülerin: ein Gedicht über die Standhaftigkeit eines Patrioten, der die ungarische Fahne seit dem Fall Mohács' (1526) hütet und auf eine Chance wartet, dem Land zu neuem Glanz zu verhelfen. Der Fahnenträger sucht einen Nachfolger, der seine Aufgabe weiterführt und hunderte melden sich freiwillig, sodass der alte Mann beruhigt sterben kann. Elisabeth nimmt Falk das Manuskript ab und behält es.

Ein weiterer Schriftsteller aus der Umgebung der Kaiserin war Mór Jókai. Seine Publikationen hinterlassen nicht nur bei ihr einen tiefen Eindruck, sondern prägen auch Elisabeths Wahrnehmung in Ungarn nachhaltig. Jókai ist einer der bekanntesten Gestalten der ungarischen Literatur mit einem

Kaiserin Elisabeth Anfang der 1860er-Jahre.

[128] Falk 1898.

[129] Ebd.

umfangreichen Lebenswerk, seine Romane sind Perlen der Romantik mit vielen realistischen Elementen, aber auch in journalistischen Gattungen schuf er Bemerkenswertes. Er beteiligte sich aktiv am politischen Geschehen und war ein Gegner des Ausgleichs, an der Krönung nahm er nicht teil.[130] In seinen Zeitungsartikeln übte er Kritik am Ausgleich, obwohl Elisabeth – wie Jókai von Ferenc Deák erfährt – gerade »mit Entzücken seine Werke liest und sich für den Autor interessiert«[131]. Am besten gefällt ihr *Zoltán Kárpáthy*, der zweite Teil einer Romantrilogie, wie sie dem Schriftsteller bei ihrem ersten persönlichen Treffen auf einem Hofball Ende 1868 erzählt. Jókai kann sich dem Zauber der Kaiserin nicht mehr entziehen, er gehört nun dem inneren Kreis an. Als Abgeordneter erhält er regelmäßig Einladungen zum Hof, bekommt mehrmals Gelegenheit, sich mit Elisabeth zu unterhalten, sogar zur Privataudienz wird er vorgelassen. In diesem Rahmen überreicht er seiner Herrin sein neuestes Werk *Die Narren der Liebe*, das auch eine Geschichte aus dem Leben der Exkönigin Marie von Neapel schildert. In seinen Feuilletons formt Jókai nachhaltig das Bild der Kaiserin in der ungarischen Öffentlichkeit.

Mór Jókai.

Geschichts- und Politikstudien

In die ungarische Geschichte erhielt Elisabeth während ihrer Brautzeit von Grafen Majláth die ersten Einblicke. Diese Schilderungen veranlassten die Kaiserin nicht zur Parteinahme für Ungarn. Auch in den darauffolgenden acht bis zehn Jahren gibt es keinen Hinweis auf Personen mit ungarischer Gesinnung oder gar Patriotismus in ihrem Umkreis. Die von den Historikern geäußerten diesbezüglichen Meinungen sind Theorien, basierend auf Elisabeths Isolierung am Wiener Hof und ihrer schlechten Beziehung zur Schwiegermutter Erzherzogin Sophie sowie zu dem am Hof reichlich anwesenden und bevorzugten tschechischen Adel. Die Kaiserin dürfte das Gefühl gehabt haben, dass die Darstellungen über die rebellischen Ungarn nicht ganz stimmig seien, aber wie viel sie über die tatsächlichen Geschehnisse wusste,

---

130 Török 1927. S. 210.

131 Szinnyei 1898. S. 40–41. Ung.

lässt sich schwer sagen. Ihre persönlichen Erfahrungen in der Hofburg dürften in ihr jedenfalls Zweifel gesät haben, ob die Art des Umgangs mit den Ungarn – und ebenfalls mit den Italienern – richtig war. Durch ihre liberale Erziehung fühlte sich Elisabeth in Wien eingeengt wie in einem Kerker, für den Freiheitsdrang und den Wunsch nach Selbstbestimmung der Italiener und Ungarn dürfte sie deshalb umso mehr Verständnis haben.

In fast allen Elisabeth-Biografien bekommt man den Eindruck, dass die Ungarn von Anfang an ihre glühenden Patrioten vorgeschickt hätten, um die Kaiserin für die ungarische Angelegenheit zu gewinnen. Die arme, einsame Elisabeth gewinnt dann die Ungarn auf Anhieb lieb, zumal beide Parteien die Missbilligung des Hofes genießen. Eine Hauptursache für diese verbreiteten Meinungen liegt in der Generalisierung, dass alle Ungarn Patrioten und Rebellen gewesen seien. Die ersten Ungarn in der Umgebung der Kaiserin entsprechen diesem Klischee ganz und gar nicht. Majláth war außerordentlich empört über die Revolution, László Szapáry kämpfte 1848 in der kaiserlichen Armee auf italienischen Schlachtfeldern, die Hunyadys gaben dem Banus Jelačić und seinen in Ungarn eingedrungenen Truppen freiwillig Unterkunft. Darüber hinaus erschienen in den 1850er-Jahren am Wiener Hof nur die kaisertreuen ungarischen Aristokraten, die selbst zum konservativen Lager gehörten und die ungarischen Forderungen nach den Freiheiten von 1848 ablehnten.

Der andere Grund für diese Annahmen beruht auf der Problematik der verwendeten Quellen. Zu den Anfängen von Elisabeths Beschäftigung mit Ungarn werden keine wirklich zeitgenössischen Materialien herangezogen, sondern die ab der zweiten Hälfte der 1860er-Jahre entstandenen Schriftstücke, die vom beginnenden Elisabeth-Kult bereits gefärbt sind. Diese Dokumente – soweit sie in Ungarn oder von Ungarn entstanden – sind dank der aktuellen Ereignisse schon voller Verklärungen über die Anfänge, und der Blick aufgrund der Dankbarkeit für die vermeintliche Rolle der Kaiserin beim Ausgleich getrübt. Außerhalb von Ungarn, im Rest des Reiches, wird die Sicht oft durch Neid, Eifersucht und Kränkung beeinträchtigt. Und das nicht zu Unrecht: Die Frau des Herrschers hat das gesamte Reich zu repräsentieren und dessen Interessen zu berücksichtigen. Die Basis der meisten Behauptungen bilden – wie bereits im ersten Kapitel dieses Werkes dargelegt – die Feuilletons von Max Falk. Diese jedoch erfordern eine eingehende Analyse, um zu verstehen, wie Falk es geschafft hat, den Eindruck zu erwecken, dass Johann Majláth die Kaiserin im Sinne der rebellierenden Ungarn beeinflusst haben soll. Es wäre die Aufgabe der Historiker gewesen, mithilfe der Quellenkritik die von Falk geschaffene Illusion zu widerlegen. Man muss festhalten, dass die Person Majláths aufgrund ihrer ungarischen Herkunft und nicht gründlicher Recherchen beurteilt wurde. Hätten die Elisabeth-Forscher auch nur einen Blick in die Arbeiten des Geschichtslehrers der Kaiserin geworfen, wäre ihnen sofort aufgefallen, dass Majláth unmöglich Stellung für die Revolutionäre von 1848 / 49 beziehen konnte – von einer Begeisterung für die Republik ganz zu schweigen.

Eine weitere wichtige Frage ist, ab wann Elisabeth wirklich ihre Aufmerksamkeit der ungarischen Angelegenheit widmen konnte. Mit ihrer Eheschließung gingen zahlreiche Änderungen einher, denen sie nicht gewachsen war und sie sich deshalb auf diese Probleme konzentrieren musste: fremde Umgebung, ungewohnte Sitten, Schwangerschaften, Entbindungen, Tod der Tochter, Streitereien mit der Schwiegermutter, Ehekrisen, Krieg in Italien, um nur einige zu erwähnen. Das kostete die Kaiserin viel Kraft und vor allem viel Zeit.[132]

Die erste Person, die Elisabeth in den ungarischen Angelegenheiten nachweislich beeinflusste, war Ida Ferenczy.[133] Die enge Freundschaft der beiden schuf Raum für vertrauliche Gespräche. Die ungarische Sprache ermöglichte der Kaiserin, die Geschichte aus Sicht der Ungarn kennenzulernen. Natürlich waren diese Darstellungen nicht unparteiisch, aber die in Österreich genauso wenig. Mit dem Wiener Hof kam Sisi schlecht zurecht, sie selbst fühlte sich dort durch den österreichischen und böhmischen Adel oft genug herabgesetzt, bevormundet, kritisiert und verletzt.[134] Unter solchen Umständen ist es kein Wunder, dass sie Idas Erzählungen über die Ungerechtigkeiten seitens Österreich uneingeschränkt Glauben schenkte. Fräulein Ferenczy konnte ferner auf eigene Erlebnisse zurückgreifen: Sie war 1848 zwar erst neun Jahre alt, aber schon groß genug, um sich zu erinnern. Die Gespräche über die Inhaftierten und Hingerichteten bekam sie ebenfalls mit. Die Einschränkungen nach der Niederschlagung der Revolution und des Freiheitskampfes betrafen die nachmalige Vorleserin auch persönlich.

Seit Anfang 1866 gab Graf Gyula Andrássy, ein politisch Gleichgesinnter von Ferenc Deák, der Kaiserin Nachhilfe in Politik und machte sie erfolgreich zur

---

132 Zu Elisabeths Lage am Wiener Hof wird hier auf die Standardliteratur von Corti 1935 und Hamann 1982 bzw. 2012 verwiesen.

133 Somogyi 1984. S. 10.

134 Diese allgemein verbreitete Behauptung gehört genauso überprüft wie Elisabeths Ungarnliebe, da die Quellenlage ebenfalls sehr lückenhaft ist. In diesem Rahmen jedoch kann es aufgrund der Thematik nicht erfolgen.

Max Falk.

Verbündeten in den ungarischen Angelegenheiten. Genauso wie bei Falk flossen hier die Informationen hauptsächlich mündlich. Andrássy konnte Elisabeth meistens nur geheim treffen: »Kommen Sie nur dann, wenn Sie dies ohne jedes Aufsehen tun können.«[135]

Der immer gut informierte politische Journalist Max Falk vervollständigte dann Elisabeths Bild über Ungarn. Er trug der Kaiserin »mündlich und in großen Zügen die Geschichte Ungarns [...] – die entfernter liegenden Perioden möglichst kurz, die neueren ausführlicher«[136] vor. Falk fand, »daß je mehr sie sich mit den Verhältnissen unserer Monarchie vertraut machte [...] ihre Sympathie sich in steigendem Maße Ungarn zuwandte«[137]. Mit der Zeit veränderten sich die Geschichtsstunden und »wir fingen an, hie und da auch von den Tagesereignissen zu sprechen, gingen dann schön langsam auf die Politik überhaupt über und mit ein paar vorsichtigen Schritten vorwärts waren wir bei den ungarischen Angelegenheiten angelangt«[138]. Unterstützung holte sich der Journalist bei József Eötvös, dessen Briefe Falk der Kaiserin zeigte. Eötvös, der davon wusste, nutzte die Gelegenheit »und so wurden dann in Form von an mich gerichteten Briefen vor Ihrer Majestät viele solche Dinge ausgesprochen, von denen sie auf andere Weise schwerlich Kenntniß erhalten hätte«[139]. Die direkte Korrespondenz nach dem Ausgleich zwischen Elisabeth und Eötvös – inzwischen ungarischer Kultusminister – berührte ebenfalls Themen der Tagespolitik. Beide sind sich sicher, dass das Reich durch den Ausgleich und die Königskrönung nicht nur seine alte Stärke wiedererlangen, sondern dies sogar überflügeln würde.[140]

135 Ida Ferenczy an Gyula Andrássy, 6. September o. J. In: Andrássy. Ung.

136 Falk 1898.

137 Falk 1893.

138 Falk 1898.

139 Ebd.

140 Szalay 1911. S. 32–41. Ung.

Auf Drängen der Kaiserin besorgte Falk mehrere verbotene historische Werke, denn: »Was alle wissen und lesen, allein ich darf das nicht wissen und lesen?«[141] Zu diesen Büchern gehörte *Die Geschichte des ungarischen Unabhängigkeitskampfes* Mihály Horváths. 1849 war Horváth Kultusminister und formulierte zusammen mit anderen die Unabhängigkeitserklärung Ungarns aus. Nach der Niederschlagung des Aufstandes flüchtete er ins Ausland und wurde in Abwesenheit zu Tode verurteilt. Im August 1866 bat der Gelehrte Elisabeth in einem Bittgesuch, seine Rückkehrpläne zu unterstützen. Horváth erhielt Amnestie und kehrte Anfang 1867 nach Ungarn zurück.[142] Sisi lud den alten Historiker kurz vor der Krönung zu einer Audienz in die Budaer Burg ein, sie wollte aus erster Hand Informationen: »Ich lese gerade über die Debrecziner Unabhängigkeitserklärung in Ihrem Buch; auch Sie waren daran beteiligt. Diesbezüglich will ich Sie als einen vornehmen Faktor des Ereignisses um Ihre Meinung bitten über die ganzen Umstände, die Sie zu diesem Entschluss veranlassten.«[143] Horváth beeindruckte Elisabeth so sehr, dass er ein regelmäßiger Gast in der Burg wurde, wenn die Kaiserin sich in Buda aufhielt.

Die Parteinahme für Ungarn war allgemein bekannt: Miss Throckmorton, die neue englische Gouvernante von Marie Valerie, hörte und las bereits vor ihrer Anstellung in den Zeitungen, »dass beim Hofe wegen meiner [Elisabeths, Anm.] ungarischen Einstellung Zwiespalt herrscht«. Die Gouvernante bekam den guten Rat, »bezüglich meiner ungarischen Gefühle darf sie mir, wenn sie mit mir auskommen will, niemals widersprechen«[144].

Die intensive Beschäftigung mit der ungarischen Geschichte und Politik ebbte nach dem Ausgleich ab. Dennoch informierte sich Elisabeth bis zu ihrem Lebensende regelmäßig über die aktuellen Ereignisse – auch wenn die Öffentlichkeit davon nicht mehr viel mitbekam. Falk, seit 1868 Redakteur der *Pester Lloyd*, versorgte seine ehemalige Schülerin durch Ida Ferenczy regelmäßig mit Nachrichten, außerdem wurde Falks Zeitung, *Pester Lloyd*, abonniert: »auch Ihre Majestät verfolgt mit Interesse jeden ungezeichneten Artikel«[145], wie Falk diese zu veröffentlichen pflegte.

---

141 Falk o. J. S. 29. Ung.

142 Hermann 2002. S. 1058.

143 Thaly 1898. S. 763. Ung.

144 Kaiserin Elisabeth an Ida Ferenczy, [Garatshausen,] 19. Juli [1869]. In: Tolnayné 1992. S. 50. Ung.

145 Ida Ferenczy an Max Falk, Ischl, 16. Juli 1868. In: Falk Bf. Ung.

Der Publizist hatte durch seine Kontakte zum Hof großen Anteil an der Image-Formung der Kaiserin. Bevor 1886 sein Artikel *Von der Königin* in Ungarn in Druck geht, hält er mit Elisabeths Hofstaat Rücksprache und wird ermahnt, »dass Sie alle Tatsachen oder Worte, die die andere Partei (ich meine die Österreicher) verletzen oder gegen Ihre Majestät gereizte Eifersucht hervorrufen könnten, in Ihrem Artikel zu unterlassen die Güte haben«[146]. Ida Ferenczy ist der Meinung, dass Elisabeth dringend eine positive Darstellung in der Zeitung bräuchte: »Was Ihre Majestät betrifft, sprechen Ihre Worte in Ihrem werten Brief mir ganz aus dem Herzen und ich freue mich außerordentlich, dass die vielen Loblieder, die bei uns über andere Königinnen gesungen werden, auch Sie ärgern – während die Blätter unserer angebeteten Königin nur in der Art gedenken, dass daraus nur die Böswilligkeit hervorgeht, was mir – und ich glaube auch Ihnen – weh tut. Demzufolge freue ich mich doppelt so sehr auf den Artikel unseres sehr geehrten Publizisten und des ehemaligen Ungarischmeisters Ihrer Majestät. Denn ich weiß, dass dieser der bestgeschriebene Artikel sein wird, welcher je über Ihre Majestät erschienen ist und ich bedanke mich dafür schon im Voraus!«[147]

Dass das Feuilleton *Vom königlichen Paare* ebenfalls Propagandazwecken diente, lässt sich aus einem weiteren Brief Ferenczys an Falk eindeutig entnehmen: »Meiner Meinung nach sind Sie sehr weise vorgegangen, als Sie – die Lügengeschichten widerlegend – dafür sorgten, dass das große Publikum über die falschen Nachrichten, die in der Vergangenheit verbreitet wurden, selbst urteilen soll. Ihre Wahrheitsliebe ermutigte Sie, die bösartigen, ränkevollen Anspielungen zu entlarven und dadurch haben Sie erneut Ihren Patriotismus und Ihre Loyalität gezeigt.«[148]

Franz Joseph hielt sich 1908 gerade in Budapest auf, als ihn die Meldung vom Max Falks Ableben erreichte: »Die Nachricht hat mich tief ergriffen. Es ist bemerkenswert, daß Falk gerade am Todestage seiner Schülerin gestorben ist.«[149]

Die Beziehungen zu den Ungarn wie Eötvös, Jókai, Falk und sicherlich noch zu einigen anderen, von denen wir heute bisher wenig oder überhaupt nichts wissen, formten Elisabeths Meinung. Die zwei bedeutendsten unter ihnen waren Ida Ferenczy und Gyula Andrássy.

---

146 Ebd. Ischl, 17. September 1886. Ung.

147 Ebd. Ung.

148 Ebd. Wien, 21. November 1893. Ung.

149 *PL* 11. September 1908. S. 4.

4. IDA FERENCZY

Herkunft

Ida Krisztina Ferenczy de Vecseszék wurde am 7. April 1839 in Kecskemét als achtes von elf Kindern der Edlen Gergely Ferenczy de Vecseszék und Krisztina Szeless de Kisjác geboren. Sie wuchs in einer liebevollen Familie auf, finanzielle Probleme hatte sie nicht, weil der Vater klug zu wirtschaften wusste. Von Tragödien blieben die Ferenczys nicht verschont, fünf der elf Kinder starben noch im Kindesalter.[150] Der einzige Sohn, der das Erwachsenenalter erlebte, war von schwacher Gesundheit und körperlich behindert.

Mit ihrem »farblosen Gesicht und dem schwarzen Haar, [...] von niedriger, kindlich zierlicher Gestalt«[151] galt Ida als nicht besonders hübsch. Sie genoss – den ländlichen Verhältnissen entsprechend – keine höhere Bildung, die Mutter nahm die Erziehung ihrer Töchter persönlich in die Hand, alles andere erlernte die nachmalige Vorleserin autodidaktisch. Für Geschichte und Geografie hegte Fräulein Ferenczy ihr Leben lang eine besondere Vorliebe. Sie war neun Jahre alt, als die Revolution 1848 ausbrach, noch zu jung, um das Geschehene voll zu begreifen, aber alt genug, um sich zu erinnern. Die auf die Freiheitsbewegung folgenden Repressalien betreffen sie auch persönlich: Man zieht sich in das Private zurück, das öffentliche Leben kommt beinahe gänzlich zum Erliegen. Versammlungen werden nicht geduldet, oft werden sogar die unschuldigen Faschingsbälle der Jugend verboten, sodass man sich am liebsten zu Hause mit Freunden und Bekannten trifft. Im Elternhaus bekommt Ida die Gespräche des Vaters mit seinen Gästen oft mit. Hier, in der Zurückgezogenheit der eigenen vier Wände, fühlt man sich vor Lauschern sicher. Es wird über Politik diskutiert, die Übergriffe der Gendarmerie besprochen, Nachrichten über die im Exil lebenden Ungarn ausgetauscht und

---

150 Péterné o. J.

151 Karafiáth 1935. S. 5. Ung.

Zukunftspläne geschmiedet. Beeinflusst von diesen Unterhaltungen wird aus Ida eine echte Patriotin.[152]

Im Mai 1855 stirbt die Mutter und lässt den Gatten mit vier minderjährigen Kindern zurück. Die 16-jährige Ida – als älteste zu Hause lebende, unverheiratete Tochter – übernimmt die Aufgaben der Mutter: die Pflege des kränklichen Bruders und die des inzwischen 60-jährigen Vaters, die Erziehung der beiden jüngeren Schwestern sowie die Führung des Haushaltes. Gewissenhaft kam der Backfisch seinen Verpflichtungen nach, was seinen Preis hatte. Ida erkrankte an einer schweren Lungenentzündung. Glücklicherweise erholte sich das junge Mädchen. Der Vater war darüber so erfreut, dass er seiner Tochter einen Pelzmantel und gefütterte Schuhe schenkte, damit sie sich nicht wieder erkältete. Idas Gesundheit wurde dennoch nachhaltig geschädigt und sie neigte von da an leicht zu Verkühlung.[153]

1857 war ein besonderes Jahr für Kecskemét, es bildete nämlich eine Station der Ungarnreise des Kaiserpaares. Wahrscheinlich sah Ida Ferenczy während dieser Rundreise in ihrem Geburtsort die Kaiserin das erste Mal: »Die Gemeinde Kecskemet, wo Ihre Majestäten anzuhalten und diesen Ort mit einem Besuche zu beehren geruhten, hatte alles aufgeboten, um die Feier dieses Tages würdig zu begehen. Ein Banderium der Stadt Kecskemet von 300 Mann, dann die Banderien der Bezirke Kiskörös, Dunavecse und Kalocsa geleiteten Ihre Majestäten. Am Hauptplatze floß von einer Tribüne aus mehreren Fässern Wein, auf der Promenade fand unter den Klängen der Nationalmusik ein Volksfest statt. Vor dem Absteigequartier war der Adel des ganzen Comitats, die Begrüßungs- und Huldigungsdeputation von Kecskemet, sowie die Deputationen der Bezirksgemeinden zur allerunterthänigsten Begrüßung versammelt.« Vermutlich befand sich die 18-jährige Ida Ferenczy als Mitglied einer der angesehenen Familien in einem der Empfangskomitees: »Vierundzwanzig junge Mädchen in weißer Kleidung, ebensoviel erwachsene Mädchen und 24 junge Bäuerinnen in Nationaltracht, geführt von einer Sprecherin, waren so glücklich, Ihren k. k. Majestäten ihre Huldigung darbringend, der Ortssitte gemäß Obst und Gebäcke bieten zu dürfen.« Ein bisschen näher durfte sich Ida der Kaiserin fühlen als »Se. Majestät den volkreichen Markt Kecskemet mit dem heutigen Tage zur selbständigen Stadt mit directer Unterordnung unter die Kreisbehörden zu erheben geruhten«.[154]

---

152 Ebd. S. 7.

153 Ebd. S. 7–8.

154 *Pr* 28. Mai 1857.

Nach dem hohen Besuch kehrte alles wieder zur Tagesordnung zurück, Ida ging ihren Pflichten nach, nur gelegentlich wurde der Alltag durch einen Aufenthalt in Buda unterbrochen. Dort lebte eine Tante, Maria Ferenczy, die ein großes Haus führte und sich in aristokratischen Kreisen bewegte. Hier lernte Fräulein Ferenczy unter anderem Graf Gyula Andrássy kennen.

Ida war zwar kurzzeitig mit einem Cousin verlobt, an eine Ehe schien sie jedoch nie ernsthaft gedacht zu haben.[155] Jahre später schwärmte sie für einen Gutsbesitzer namens Kálmán Szentkirályi aus Kecskemét. Elisabeth, die von der Schwärmerei wusste, verabschiedete sich von ihrer Vorleserin in ihrem Brief aus Bad Kissingen nach Kecskemét: »Nun Gott sei mit dir, meine liebe Ida, heirate während dieser Zeit weder deinen Kálmán, noch jemanden anderen, sondern bleib deiner besten Freundin treu.«[156]

Ida wird Vorleserin

Im November 1864, zuerst für eine dreimonatige Probezeit, wird Ida Ferenczy zur Gesellschafterin der Kaiserin Elisabeth berufen. Sie wechselt in dieser Funktion das Kammermädchen Emma Mendelényi ab, die bald darauf in die Kammer der Erzherzogin Gisela versetzt wird.[157] Darüber, wie es zu Idas Anstellung kam, gibt es keine gesicherten Kenntnisse. Am meisten verbreitet ist die Annahme, dass eine gewisse Gräfin Almássy, die den Auftrag erhielt, eine Liste mit möglichen Gesellschafterinnen für Elisabeth zusammenzustellen, den Namen Idas auf die Liste gesetzt haben soll. Diese Version scheint vor allem wegen der genannten Quelle, einer Verwandten und Erbin der Frau Ferenczy, glaubhaft.[158] Die Freundschaft zwischen Gräfin Almássy und Maria Ferenczy, Idas Tante, stützt diese Vermutung. In einer Variante wird erzählt, dass Maria Ferenczy Gyula Andrássy um Fürsprache bittet, damit Idas Name auf die Liste kommt.[159] Zu jener Zeit kannte aber Andrássy die Kaiserin noch nicht persönlich.

---

155 Karafiáth 1935. S. 8.

156 Kaiserin Elisabeth an Ida Ferenczy, K[laushof], 12. Juli [1865]. In: Tolnayné 1992. S. 28. Ung.

157 *ICL* 14. Juni 1870. 1. Emma Mendelényi heiratete 1871 Heinrich Ritter von Spindler, ein Mitglied der Kammer von Kronprinz Rudolf. In: Wurzbach Bd. 36. S. 170.

158 Corti 1935. S. 123–124; Karafiáth 1935. S. 10–11.

159 Karafiáth 1935. S. 11.

Die zeitgenössische Presse meinte zu wissen, dass Ida wegen Ihres Aussehens gewählt wurde: »Nebst den verschiedenen gewünschten Auskünften über die zahllosen Konkurrentinnen wurden auch Photographien derselben gesammelt und Ihrer Majestät vorgelegt. Das dritte Porträt, welches die Kaiserin zur Hand nahm, gefiel der hohen Frau; es war das des Frl. Ferenczy, auf welche die Allerhöchste Wahl fiel.«[160] Falk, der seit 1866 ein vertrauensvolles Verhältnis zu der Vorleserin pflegte, deutet an, dass der Kaiserin der mit abweichender Schrift eingetragene Name auf der ihr vorgelegten Liste auffiel und dadurch sich leiten ließ: »Ich weiß nicht, ob deshalb, weil ihr die abweichende Schrift auffiel oder aus anderen Gründen, es steht aber fest, Ihre Majestät wünschte das Bild jener auf siebtem Platz genannten Dame, und als es eintraf, gefielen der hohen Frau die interessanten Gesichtszüge, die offenen, klugen Augen, also der ganze geistreiche Ausdruck so sehr, dass sie das Original dieses Portraits zu sich rief und als Gesellschafterin einstellte.«[161]

Für Ida selbst ist die Wahl der Kaiserin eine Überraschung, von der sie von ihrem Schwager Sándor Herczeg erfährt. Letzterer wurde nach Kecskemét geschickt, um Fräulein Ferenczy zu überreden, das Angebot anzunehmen. Der Vater soll gesagt haben: »Einen Soldaten kann ich dem Kaiser nicht geben, ich gebe halt der Kaiserin meine Tochter!«[162] Wenn überhaupt, äußerte so etwas Idas Vater erst Jahre nach der Anstellung seiner Tochter. Gergely Ferenczy war ein Patriot, er kannte die politischen Verhältnisse im Land. 1861 wurde der erste ungarische Landtag seit 1848 ergebnislos aufgelöst, denn der Kaiser war nicht bereit, den Wünschen der Ungarn nachzugeben. Eine der strittigen Fragen war ausgerechnet die der Rekrutierung von neuen Soldaten. Laut Verfassung, die außer Kraft gesetzt war, beanspruchte der ungarische Landtag nämlich dieses Recht für sich und in dem absolutistisch regierten Kaiserreich nahm sich Kaiser Franz Joseph das Recht heraus. Die Ungarn blieben hartnäckig und warteten ab. »Wenn sie dulden muss, dann wird die Nation dulden, damit sie für die Nachkommen jene verfassungsmäßige Freiheit bewahrt, die sie von ihren Ahnen ererbt hatte«,[163] las Ferenc Deák, der führende ungarische Politiker der Zeit, in seiner Adresse an den Kaiser am

160 *FB* 4. Dezember 1864.

161 Falk o. J. S. 26. Ung.

162 Karafiáth 1935. S. 12. Ung.

163 Ferenc Deáks Adressentwurf, vorgetragen am 8. August 1861 auf der 63. Generalsitzung des Repräsentantenhauses des Landtags. In: Hajnik 1861. S. 278. Ung.

Das Kaiserpaar mit ihren beiden Kindern Gisela und Rudolf. Eine Fotomontage.

Ende des Landtags vor. Der Hoffnungsfunke, dass der Absolutismus endet, war wieder einmal erloschen. Man wusste zwar, dass Elisabeth Ungarisch lernt, aber mehr als diese Information hatte man nicht. Die Kaiserin hatte ja Ungarn seit 1857 nicht mehr betreten, Ungarisch sprechen hatte sie bisher niemand in der Öffentlichkeit gehört. Laut Ida Ferenczys Biograf sah die spätere Vorleserin in der Einladung die Möglichkeit, einen beharrlichen Kavalier während der dreimonatigen Probezeit loszuwerden.[164]

Am 12. November traf Ida in Schönbrunn ein,[165] von ihrer ersten Begegnung mit der Kaiserin erzählt sie: »Ich habe mir nie geträumt, dass eine so wunderbare Schönheit und so viel Liebreiz existieren könnten. Vor meinen Augen flimmerte es, entzückt und selbstvergessen bestaunte ich dieses feenhafte Wunder. Ich vergaß ganz, wo ich bin, warum ich dort bin, alles. Ihre samtbraunen Augen bezauberten mich. Ich starrte und starrte dieses wunderschöne Traumgebilde an und in jenem Moment fühlte ich, dass mein Schicksal besiegelt war und ich für mein ganzes Leben die Gefangene, die treue Dienerin dieses Traumgebildes bleiben werde. Die Erinnerung des väterlichen Hauses verblasste in mir immer mehr; mein bisheriges Leben war vergessen: Sowohl mein Körper, als auch meine Seele gerieten in den Bann dieses neuen Wunders [...] Königin Elisabeth kam mir immer näher. Der tiefe Eindruck, den sie auf mich machte, amüsierte sie offenbar auch; sie neigte sich lächelnd zu mir und sagte: ›Ich glaube, wir werden sehr gute Freundinnen. Jetzt reite ich aus, wenn ich nach Hause komme, lasse ich Sie rufen und Sie werden mir von Kecskemét erzählen.‹«[166]

Die neue Gesellschafterin lebt sich schnell ein: »Fräulein Ida versicherte uns, sie fühlte sich schon den dritten Tag vollkommen heimlich [sic!]; sie ist entzückt über ihre Kaiserin, die ungemein gnädig für sie ist, die sie auch dreimal des Tages rufen lässt. In der früh während des frisierens lässt sie sich vorlesen, dann geht Ida mit der Kaiserin spazieren und dann wird sie wieder für eine halbe Stunde in den Salon gerufen. Die Kaiserin ist mit ihr sehr zufrieden. Ida ist wirklich ein liebes Wesen, kindlich und bescheiden und ganz gemacht um die Aufgabe, die ihr gestellt wird auf das Beste zu lösen.«[167]

---

164 Karafiáth 1935. S. 11.

165 Gräfin Paula Königsegg an Karl Fürst zu Liechtenstein, Schönbrunn, 8. November 1864. In: Nl Corti. Abschrift.

166 Ida Ferenczy über ihr erstes Treffen mit der Kaiserin. Zit. nach Karafiáth 1935. S. 14–15. Auslassung im Original. Ung.

167 Gräfin Almássy an Fräulein Jeanette von Végh, Wien 19. November 1864. In: Nl Corti. Abschrift.

Nachdem die Probezeit abgelaufen war, musste Idas Position im Hofstaat der Kaiserin geklärt werden. Da Fräulein Ferenczy die Tochter eines einfachen Landadeligen war, konnte man sie nicht zur Hofdame ernennen. Sie fungierte als Gesellschafterin und Sprachlehrerin. Im März 1866 ernannte Kaiser Franz Joseph sie zur Ehrendame des freiweltlich adeligen Damenstiftes Maria Schul zu Brünn. Dies ging mit der Anrede *Frau* einher und bedeutete einen Aufstieg auf der gesellschaftlichen Rangleiter. Anschließend wurde sie formell Vorleserin Ihrer Majestät der Kaiserin Elisabeth. In der Hofhierarchie bekleidete Ida trotz dieser Rangerhöhung eine ziemlich niedrige Position, zu offiziellen Anlässen durfte sie ihre Herrin nicht einmal begleiten.

»Ida ist aber meine Freundin!«

Trotz der gesellschaftlich ungleichen Stellung entwickelte sich sehr rasch eine enge, ebenbürtige Freundschaft zwischen Elisabeth und ihrer Vorleserin. Die Sprachübungen im Ungarischen boten eine ausgezeichnete Gelegenheit, einander näher kennenzulernen: Man kann sich über allerlei unterhalten, Familie, Herkunft, Schicksalsschläge, Geschichte, Tagesneuigkeiten, die Themen sind unerschöpflich. Ungarisch wurde regelrecht zu einer Geheimsprache zwischen den beiden, die in der Wiener Hofburg – mangels Sprachkenntnissen – fast von niemandem belauscht werden konnte.

Das herzliche, vertrauensvolle Verhältnis spiegelt sich auch in Elisabeths Briefen an Ida wider. Sie teilen die kleinen Dinge des Alltags genauso wie große Schicksalsschläge. Von Bad Kissingen schreibt die Kaiserin: »Das Leben ist hier ziemlich langweilig. Eine amüsante Gesellschaft fand ich noch nicht, und habe auch keine Aussicht darauf. Ich spaziere viel, fast den ganzen Tag; wenigstens die [Hof]dame kann zufrieden sein; ich lese viel [...] Manchmal spiele ich Orgel, mein Lieblingslied, mit dem ich ... zu rufen pflegte.«[168] Von der Verwandtschaft der Kaiserin erhält Ida ebenfalls aus erster Hand Informationen: »Zum Frühstück sind meine Mutter und Sophie gekommen, und mit ihnen fuhr ich dann nach Possenhofen, wo schon die ganze Familie bei-

168 Kaiserin Elisabeth an Ida Ferenczy, K[laushof], 12. Juli [1865]. In: Tolnayné 1992. S. 27–28. Ung. Anm.: Die drei Punkte ohne die eckigen Klammern weisen hier auf die Auslassung im Original hin.

sammen war. Wie glücklich ich war vor allem Marie wiederzusehen, kannst du dir vorstellen, wir weinten beinahe vor Freude.«[169]

Idas Wohlergehen liegt Elisabeth sehr am Herzen: »Heute früh bekam ich deinen Brief; ich bin sehr, sehr glücklich, dass mit dir alles in Ordnung ist. Ich mache mir keine Sorgen mehr, und sehe ruhiger in die Zukunft. Wie sehr ich mich auf den Moment freue, wenn ich dich endlich wiedersehen werde, und du mir alles Wort für Wort erzählen kannst, was du mit deinem Kálmán gesprochen hast; aber o weh, es dauert noch lange bis dahin.«[170] Wie es den Briefen zu entnehmen ist, duzten sich die beiden Frauen, ein Privileg, das Elisabeth ansonsten nur Verwandten einräumte.

Die Kaiserin betrachtete die Vorleserin wie ein Familienmitglied. »Édes Idám!«, lautet häufig die Anrede in ihren Briefen. Oft wird dieser Ausdruck fälschlicherweise als »Süße Ida« übersetzt, was die Wörterbücher auf den ersten Blick auch bestätigen – aber nur in Bezug auf Geschmack und Duft. In menschlichen Beziehungen bedeutet das Wort einfach nur *teuer, lieb* oder *geliebt*. Und die Bedeutung, die hier gemeint ist, lässt sich nicht wirklich ins Deutsche übersetzen. Das Wort »édes« nämlich kommt im Ungarischen in Verwandtschaftsbezeichnungen vor und man betont damit die Blutsverwandtschaft im Gegensatz beispielsweise zu Halb- und Stiefschwester, -bruder, -mutter und hebt damit das besonders enge, ehrliche, vertrauliche und vertrauensvolle Verhältnis zwischen zwei Personen hervor. Elisabeth hing sehr an Ida, zog sie oft sogar ihrer eigenen kaiserlichen Verwandtschaft vor. Von Bad Kissingen schreibt sie ihrer Freundin: »Morgen Abend gehe ich von hier weg. Ich kann nicht behaupten, dass ich es recht gern tue, mich graust es vor den vielen Unannehmlichkeiten, die mich bei meiner Familie immer erwarten. Du bist der einzige glückliche Moment dabei und ich sehne mich danach unbeschreiblich.«[171]

Die meisten Briefe, die Elisabeth und Ida aneinander richteten, existieren heute nicht mehr: »Zwar verbrenne ich alle Deine Briefe, doch den hebe ich mir auf.«[172] Elisabeths Bekenntnis zu der Freundschaft mit Ida wird auch in einer Anekdote thematisiert. Während eines Gödöllő-Aufenthaltes schickt

---

169 Ebd. [Garatshausen,] Juli 1869. S. 46. Ung. Anm.: Sophie und Marie sind die Schwestern der Kaiserin.

170 Ebd. Waldhalle, 17. [Juli 1865]. S. 30. Ung.

171 Kaiserin Elisabeth an Ida Ferenczy, Kissingen, 8. Oktober 1865. In: Nl Corti. Abschrift. Ung.

172 Ebd. o. O. o. D. Abschrift.

Mariabesnyő, Wallfahrtstätte in der Nachbarschaft von Gödöllő und beliebtes Ausflugsziel von Kaiserin Elisabeth.

die Kaiserin ihre Vorleserin in die benachbarte Wallfahrtsstätte Máriabesnyő, um sich nach dem erkrankten Imre Iványka[173] zu erkundigen. Am nächsten Tag fragt Elisabeth nach dem Besuch. Ida aber erzählt ihr, dass sie nicht hinfahren konnte, weil die Friseurin Feifalik den Wagen der Kaiserin für einen Ausflug genommen hatte. Elisabeth stellt darauf die Friseurin zur Rede, was sich diese erlaubt, über ihren Wagen zu verfügen. In ihrer Not wehrt sich Feifalik damit, dass Frau Ferenczy diesen Wagen ja ebenfalls zu benutzen pflegt. »Das ist Frau Ferenczy! Aber merken Sie sich, wie gewogen und gnädig ich gegenüber Ihnen auch immer bin, sind Sie nur meine Friseurin. Ida ist aber meine Freundin!«[174]

Die enge Freundschaft bildete den Rahmen und die Basis für das Vertrauen, das Elisabeth in Ida setzte. Als das 25-jährige junge Fräulein vom niedrigen Adel in den Hofdienst berufen wurde, konnte man nicht ahnen, wie grundlegend sich damit Elisabeths Verhältnis zu Ungarn verändern würde.

---

173 Imre Iványka (1818–1896), Abgeordneter und aktives Gründungsmitglied des Ungarischen Roten Kreuzes sowie ehemals Sekretär des 1849 hingerichteten Ministerpräsidenten Lajos Batthyány.

174 Urspr. erschienen von D' Artagnan [Vay, Sándor (Sarolta)] in *Pesti Hírlap,* August 1895. Zit. nach Karafiáth 1935. S. 27–28. Ung.

Die Ungarn, die Elisabeth bis Idas Erscheinen traf, stellten keine Bedrohung für die höfische Ordnung dar, sie waren ja als Amt- beziehungsweise Würdenträger Nutznießer der absolutistischen Ordnung. Bei ihnen spielte der eigene gesellschaftliche Status eine wichtigere Rolle als die Zugehörigkeit zur ungarischen Nation. Durch ihre Stellung bekamen sie auch den nichtungarischen Blickwinkel mit. Ida Ferenczy hingegen wuchs unter Ungarn auf, sah die Welt aus deren Perspektive. In Wien angekommen war die Vorleserin auf sich gestellt, die einzige Unterstützung kam in der ungarnfeindlichen Atmosphäre der Hofburg von Elisabeth. Das brachte die beiden Frauen einander näher. Sowohl Elisabeth als auch Ida galten als Außenseiterinnen: Die Kaiserin kämpfte von Anfang an mit der strengen Etikette, den Beschränkungen, die ihre Position mit sich brachte. Die ununterbrochene Kritik löste nur noch mehr Widerstand bei ihr aus. Ida wurde wegen ihrer ungarischen Herkunft nicht gern gesehen, zumal sie nicht standesgemäß war.

Die Vorleserin war sehr verschwiegen, das Vertrauen der Kaiserin missbrauchte sie nie. Bereits zu Beginn ihrer höfischen Karriere versuchte man, ihr die Geheimnisse ihrer Herrin zu entlocken: Alle gingen leer aus. Viele der Briefe, die der Kaiserin zugedacht waren, adressierten die eingeweihten Vertrauten an die Vorleserin, die Inhalte wurden zusätzlich verschlüsselt. Außerdem zensierte Ida Elisabeths Briefe regelrecht. Die besonders brisanten Sendungen verbrannte sie, bei anderen Briefen schnitt sie die Stellen, die ihrer Meinung nach niemanden etwas angingen, einfach mit einer Schere heraus.[175] »Wie segenreich die Tätigkeit dieser Frau für unser Vaterland [Ungarn, Anm.] war, wird vielleicht nur eine spätere Zeit aufdecken, und womöglich auch sie nur zu einem kleinen Teil, weil die Bescheidenheit der Hauptperson die Quellen schon im Voraus in einer Weise versiegelte, dass aus ihnen nicht einmal ein zukünftiger Geschichtsschreiber schöpfen kann.«[176] Um Zwietracht zu stiften, bekommen sowohl Elisabeth als auch ihre direkte Umgebung regelmäßig anonyme Briefe, in denen eine von ihnen denunziert wird. »Ich bin das so gewöhnt, daß es mir nichts ausmacht«, sagte die Kaiserin zu ihrer Hofdame. »Ich hoffe, Sie sind klug genug dafür, daß so etwas Sie nicht verletzt. Ich bekomme auch Briefe, Ida auch.«[177]

---

175 Tolnayné 1992. S. 55.

176 Falk o. J. S. 27. Ung.

177 Marie Festetics, Wien, 25. März 1874. In: Walterskirchen / Meyer 2014. S. 141.

Was macht eine Vorleserin?

Die Bezeichnung Vorleserin ist im Fall von Ida Ferenczy irreführend. Man musste sie irgendwie in die höfische Hierarchie einordnen, aber diese Tätigkeit nahm einen geringen Anteil in ihrem Alltag ein. In den ersten Jahren fungierte sie hauptsächlich als Übungspartnerin für Ungarisch. Die Sprachstudien werden auch während Elisabeths Wochenbett tagtäglich fortgeführt. Die Kaiserin steht um 6 Uhr früh auf, nach der Morgentoilette und der Morgenandacht frühstückt sie mit ihrer Schwester, Marie von Neapel. Dann verbringt Franz Josephs Frau Zeit mit ihrer neugeborenen Tochter Marie Valerie, »sodann konversirt Ihre Majestät mit der Vorleserin Frl. v. Ferenczy in ungarischer Sprache; den Stoff hiezu bieten meist die ungarischen Journale, welche Allerhöchstdieselbe täglich mit besonderem Eifer und Interesse liest«. Ein zweites Mal am Tag sehen sich Elisabeth und ihre Vorleserin in den frühen Abendstunden: »Nach dem Diner pflegt die Kaiserin eine Stunde selbst zu lesen und eine zweite Stunde sich von der Vorleserin vorlesen zu lassen.«[178] Gelegentlich liest Ida auch in den späteren Jahren ihrer Herrin vor. »Wie es der Artikel verdient, habe ich ihn auch Ihrer Majestät vorgelesen«, schreibt im November 1893 Frau Ferenczy an Max Falk nach dem Erscheinen des Zeitungsartikels *Vom* königlichen Paare.[179] Das Vorlesen von Ida

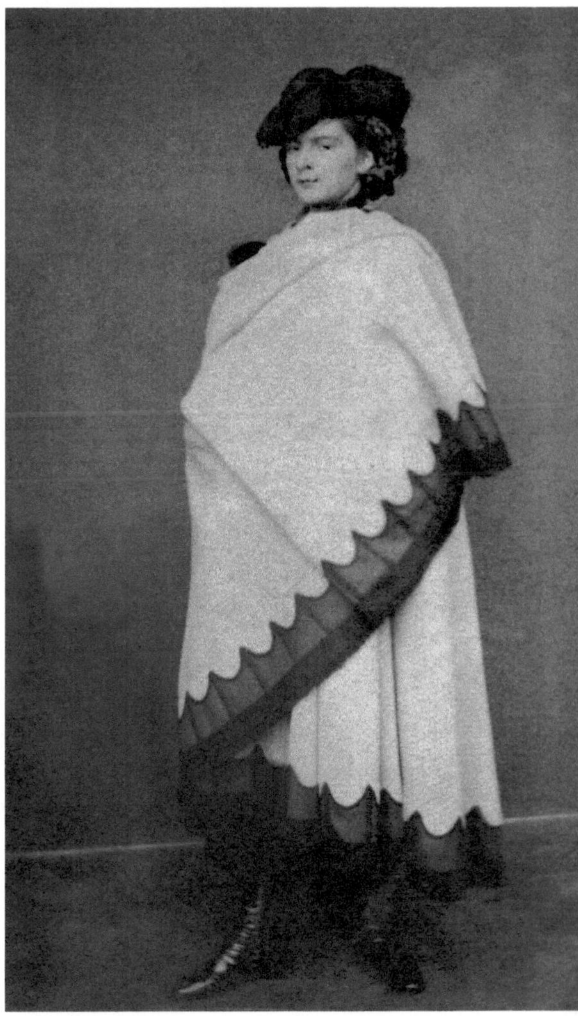

Marie von Neapel, eine Schwester von Kaiserin Elisabeth.

[178] *FB* Ab 22. Mai 1868.

[179] Ida Ferenczy an Max Falk, Wien, 21. November 1893. In: Falk Bf. Ung.

diente – man hatte ja keine Wiedergabegeräte – genauso der Unterhaltung wie das Klavierspielen und Singen.

Wahrscheinlich nahmen Sekretariatsaufgaben – oder noch moderner ausgedrückt Assistenztätigkeiten – die meiste Zeit bei Idas Arbeit in Anspruch. Sie erledigte die vertrauliche Korrespondenz für ihre Herrin, hielt so Kontakt mit ungarischen Politikern und anderen Freunden und Bekannten wie beispielsweise die Andrássys, Károlyis, Max Falk und Mór Jókai. Diese suchten die Vorleserin häufig auch persönlich auf, um vertrauliche Gespräche mit ihr zu führen: »Zu mir darf jeder kommen, und ich empfange jeden gern, aber ehrlich gesagt würde ich mich über Ihren Besuch auch freuen. [...] Es sei angemerkt, dass ich täglich von 3 bis 4 Uhr nachmittags empfange, aber Sie wünschte ich zu einer anderen Stunde zu sehen.«[180] Kleinere Besorgungen und Botengänge gehörten ebenfalls zu Idas Aufgaben: »Gerade habe ich von der Freundin [Katharina Schratt, Anm.] viele recht schöne Geschenke aus Glas bekommen. Geh bitte zu ihr und bedanke dich bei ihr in meinem Namen recht herzlich.«[181] Anweisungen für die Küche, Essensbestellungen, Absprachen mit Hoflieferanten musste sie ebenfalls weiterleiten: »Heute Abend möchte ich wieder eine kleine Flasche Milch von der Lippiza-Kuh, eine von der Aninger, davon, was mittags gemolken wurde.«[182]

»Die Freundin«, Katharina Schratt.

Die Terminvergabe für Audienzen bei der Kaiserin erfolgte in der Regel durch das zuständige Obersthofmeisteramt, aber Treffen, von denen die Öffentlichkeit nichts erfahren sollte, vereinbarte Ida. Oft waren die Räumlichkeiten der Vorleserin Schauplatz der Einladungen. Franz Joseph schickte Frau Ferenczy viele kurze schriftliche Anfragen, um die Schauspielerin Katharina Schratt in Idas Wohnung besuchen zu können: »Wenn Sie erlauben, kommt die Freundin [Kathari-

180 Ebd. Buda, 24. Februar 1868. Ung.

181 Kaiserin Elisabeth an Ida Ferenczy, o. O. o. D. In: Tolnayné 1992. S. 134. Ung.

182 Ebd. o. O. o. D. S. 138. Ung. Anm.: Lippiza und Aninger sind die Namen der Kühe.

na Schratt, Anm.] heute um ein Uhr.«[183] Interessant dabei ist, dass der Kaiser diese Nachrichten auf Ungarisch verfasste, wahrscheinlich um sich in der Wiener Hofburg etwas Privatsphäre zu verschaffen.

Ungefähr bis Mitte der 1870er-Jahre begleitet Ida ihre Herrin auf Reisen. Marie Festetics berichtet aus Meran, »daß die Kaiserin viel allein spazieren geht mit Ihrem großen Hund«, und »daß, wenn Sie jemanden mit nimmt, es die Ferenczy ist«.[184] Später blieb die Vorleserin in Wien, ihre schwache Gesundheit machte die immer anstrengender werdenden Auslandsaufenthalte unmöglich. Die enge Beziehung litt nicht unter den langen Trennungen, Elisabeth und Ida hielten per Brief Kontakt und worüber die Kaiserin nicht schrieb, erfuhr die Vorleserin aus den langen Briefen der mitreisenden Umgebung.

Ida Ferenczy.

In finanziellen Fragen verließ sich die Kaiserin ebenfalls auf ihre Freundin. Nach dem Deutsch-Französischen Krieg machte sich Elisabeth Sorgen, was aus ihr werden würde, wenn sie – genauso wie die französische Kaiserin – vertrieben würde. Sie hatte ja kein Vermögen, um sich zu versorgen. Auf Anraten Idas bat sie ihren Mann von da an, dass er ihr bei Anlässen wie Geburtstage und Weihnachten keinen Schmuck schenken möge, sondern in dem Wert des vorgese-

183 Franz Joseph an Ida Ferenczy, o. O. o. D. In: Tolnayné 1992. S. 114. Ung.

184 Marie Festetics, Meran, 2. Jänner 1872. In: Walterskirchen / Meyer 2014. S. 49.

henen Geschenkes Geld geben soll.[185] Der Grundstein von Elisabeths Vermögen wurde 1875 mit Kaiser Ferdinands Tod gelegt. Dieser verstarb kinderlos und bestimmte Franz Joseph zu seinem Universalerben. Sofort verdreifachte Elisabeths Gemahl die Apanage seiner Frau, ferner schenkte er ihr zwei Millionen Gulden zur persönlichen Verfügung.[186] Diese Summen legte die Vorleserin für ihre Herrin mithilfe des Bankhauses »Rothschild« in Wertpapiere und Sparbücher an.

Nach der Genfer Tragödie

Am 10. September 1898 wurde Kaiserin Elisabeth in Genf ermordet. Frau Ferenczy fiel die Aufgabe zu, Elisabeths Hinterlassenschaft zu ordnen: »Meine schwarze Tasche soll Ida – wie wir es abgesprochen haben – nach meinem Tode aufschneiden. Wertvolles enthält sie nicht.«[187] In dieser befanden sich in einer Metallkassette die handschriftlichen, noch nicht ausgedruckten Gedichte der Kaiserin, die die Vorleserin Herzog Carl Theodor in Bayern, Elisabeths Bruder, aushändigen sollte. Der Sohn des Letzteren übersandte dann 1951 die Handschrift und 59 Exemplare der gedruckten Gedichte dem Schweizer Bundespräsidenten. Dies entdeckte 1977 die Historikerin Brigitte Hamann im Schweizer Bundesarchiv zusammen mit den Exemplaren von Fürst Rudolf Liechtenstein.[188] Ida übernahm außerdem gemeinsam mit Erzherzogin Marie Valerie die Auswahl der Erinnerungsstücke für Verwandtschaft, Amts- und Würdenträger sowie Freunde der Kaiserin. »Bitte, liebe Ida, wenn noch möglich, tauschen Sie das Glas für Liechtenstein aus, welches lieber Carmen Sylva [rumänische Königin, Anm.] bekommen sollte, und Liechtenstein sollte ein Petschaft erhalten.«[189]

Mit Elisabeths Tod löste sich auch der Hofstaat auf. Die Mitglieder standen jedoch nicht ohne alles da, sie hatten Anrecht auf eine Pension und durften nach wie vor in der Hofburg wohnen – theoretisch. Elisabeth prophezeite einmal ihrer Vorleserin: »Du solltest für dich vorsorgen, denn wenn ich ster-

---

185 Karafiáth 1935. S. 23–24.

186 Hamann 1982. S. 336.

187 Kaiserin Elisabeth an Ida Ferenczy, o. O. o. D. In: Tolnayné 1992. S. 142. Ung.

188 Hamann 1987. S. 15–16; Tolnayné 1992. S. 142.

189 Erzherzogin Marie Valerie an Ida Ferenczy. In: Tolnayné 1992. S. 23. Ung.

Nach dem »Rollen« zogen Ida Ferenczy und Marie Festetics in die Reisnerstraße 28 bzw. 30 um.

be, rollst du innerhalb einer halben Stunde die Treppe hinunter!«[190] Sie behielt Recht, auch wenn das »Rollen« ein paar Monate später anfing. Elisabeths exklusive ungarische Umgebung mochte man in Wien nicht und unter einem Vorwand – man brauche die Räumlichkeiten – setzte man sie schnell vor die Tür. Alles geschah hinter dem Rücken des Kaisers: »Ferenczy, gebrochen durch die Behandlung, welche sie und alle Getreuen Mamas durch den Hof erfahren. Papa wird natürlich alles anders dargestellt«,[191] notierte Marie Valerie in ihr Tagebuch.

Ida zog zusammen mit Marie Festetics Anfang Mai 1899 in zwei benachbarte Wohnungen in der Reisnerstraße.[192] Als der Kaiser von dem Vorfall erfuhr, stellte er Frau Ferenczy die sogenannte Hofvilla in Schönbrunn zur Verfügung. Ihr jeweiliges Heim widmete die ehemalige Vorleserin dem Gedenken der Kaiserin: »Jeder Gegenstand, jedes Bild, sogar die Luft, mit der die Zimmer hier gefüllt sind, als ob all das über die verblichene Königin erzäh-

---

190 Kaiserin Elisabeth an Ida Ferenczy. Zit. nach Karafiáth 1935. S. 24. Ung.

191 Erzherzogin Marie Valerie, [Schönbrunn,] 7. Oktober 1898. In: Schad 2005. S. 316.

192 Meldezettel Ida Ferenczy, Wien, 29. März 1899. In: Wiener Stadt- und Landesarchiv.

len würde.«[193] Nicht nur die Erinnerungsstücke erzählten, auch Ida Ferenczy erzählte gern ihren zahlreichen Besuchern von ihrer Herrin: »Es gab keinen unter ihren ungarischen Bekannten, der sie nicht besucht hätte, wenn er sich in Wien aufhielt. Ihr Salon war immer voll von der Creme der Wiener Gesellschaft, denn jene pedantische, ansonsten strenge ›Große Frau‹ eroberte jeden mit ihrer feinen, entzückenden, lieben Art, mit ihrem vornehmen, aber zugleich liebenswürdigen Wesen. Ihre Bekannten schwärmten für sie, aber genauso freute sich der Gärtner, der Jäger oder auch der Küchengehilfe aus dem ehemaligen Hofpersonal, wenn einer von ihnen sie traf.«[194]

Man unterhielt sich bei diesen Besuchen viel über die Kaiserin, aber Ida überschritt nie eine gewisse Grenze, nicht einmal in dem privatesten Kreis ihrer Familie: »Irgendeine wundersame, abergläubische Angst befiel die Greisin«, erzählte eine ihrer Verwandten. »Ich glaube, Tante Ida gelobte einmal, dass sie nichts erzählt, zumindest nicht für die Öffentlichkeit und sie tat es auch nicht.«[195] Dennoch hinterließ die ehemalige Vorleserin eine umfangreiche Sammlung an Briefen und Fotos, die unter dem Namen Farkas-Archiv bekannt ist. Leider gewährt der gegenwärtige Besitzer niemandem Einsicht in das Material.

Am 28. Juni 1928 stirbt Frau Ida Ferenczy, ehemals Vorleserin Ihrer Majestät der Kaiserin, 89-jährig an Lungenentzündung in Wien. Ihre Leiche wurde in der Loretto-Kapelle der Augustinerkirche aufgebahrt. Von dort aus wurde sie in ihre Heimat Kecskemét überführt und beerdigt. Die ungarische Regierung betrachtete sie als Tote der Nation und ihre Heimatstadt übernahm das Begräbnis. In der Trauerrede würdigte man ihre Leistungen: »In der historischen Zeit, in der sie lebte, war sie […] der Schutzengel der Nation.«[196]

193 Vay 1910. Ung.

194 Karafiáth 1935. S. 32–33. Ung.

195 Aufgrund der mündlichen Mitteilung von Frau László Farkas, einer Verwandten Ida Ferenczys, Marius Karafiáth gegenüber. Zit. nach ebd. S. 39. Ung.

196 Trauerrede des Vertreters der ungarischen Regierung. Zit. nach Karafiáth 1935. S. 37. Ung.

5. DER ZWEITE BESUCH IN UNGARN

1866 war für das Habsburgerreich ein ereignisreiches Jahr, das weitreichende Auswirkungen auf die Zukunft der Monarchie hatte. In Kaiserin Elisabeths Leben kann man es ebenfalls als Wendepunkt ansehen. Aus der unsicheren 19-Jährigen, die 1857 Ungarn besuchte, war inzwischen eine selbstbewusste Frau geworden. Sie befand sich auf dem Höhepunkt ihrer Schönheit und wusste diese für ihre Zwecke einzusetzen. Ihr Verhältnis zum Wiener Hof gestaltete sich bis 1866 auch nicht immer einfach, aber dieses Jahr war eine regelrechte Kampfansage gegen all die Werte, die der Hof vertrat und auch Elisabeth als Kaiserin traditionell vertreten sollte: Sie ließ sich nicht mehr vorschreiben, wo sie sich aufhalten sowie wer zu ihrer Umgebung gehören sollte. Sie nahm die Erziehung ihrer Kinder in die Hand. Ihre Sympathie für Ungarn wurde ebenfalls für jeden offensichtlich.

Politische Tauzeit

Nachdem die Reise 1857 wegen der Familientragödie abgebrochen worden war, musste man auf den nächsten Besuch Elisabeths in Ungarn beinahe neun Jahre warten. Kaiser Franz Joseph kam auch erst 1864 wieder – das erste Anzeichen einer Bewegung in der ungarischen Angelegenheit. Die Kriegsniederlagen und Gebietsverluste von 1859 in Italien zwangen den Herrscher zu Veränderungen an seiner absolutistischen Regierung, obwohl er das noch ein ganzes Jahr hinauszögerte. Noch im Sommer 1860 war er fest entschlossen, »keine Beschränkung der monarchischen Gewalt durch eine Konstitution zu gestatten und lieber allen Stürmen entgegentreten zu wollen«[197]. Die verheerende finanzielle Lage des Reiches zwang ihn bald dazu, seine starre Haltung aufzugeben und im Herbst 1860 wurde das »Oktoberdiplom« erlassen, eine Verfassung, die absolutistische und föderalistische Elemente vereinte. Aufgrund dessen wurden die Regierungsbehörden von 1847 in Ungarn wieder-

197 Protokoll der Ministerkonferenz, Wien, 29. Juni 1860. In: Malfèr 2007. S. 285.

hergestellt und die Einberufung des Landtages stellte das Diplom ebenfalls in Aussicht.

In Ungarn regte sich Widerstand gegen das Oktoberdiplom, die Deutschliberalen in der westlichen Reichshälfte waren damit auch nicht glücklich. Franz Joseph beauftragte seinen frisch ernannten Staatsminister Anton Ritter von Schmerling, das Diplom zu überarbeiten, das Ende Februar 1861 erlassen und unter dem Namen »Februarpatent« bekannt geworden war. Es sah ein Parlament für das gesamte Reich mit zwei Kammern vor, wobei der Kaiser die Mitglieder des Herrenhauses bestimmte und die Landtage das Abgeordnetenhaus beschickten. Für die Ungarn war diese Verfassung genauso unannehmbar wie das Oktoberdiplom, das »Ungarn [...] jenes uralten verfassungsmäßigen Rechtes endgültig berauben will, dass es auf dem eigenen Landtag über die Fragen der Steuern und der Militärstellung [...] bestimmen darf«.[198] Für April 1861 wurde der ungarische Landtag einberufen, damit er die neue Verfassung annimmt und das neu ins Leben gerufene Reichsparlament beschickt. Es herrschte Einigkeit darüber, keine Gesandten für das Reichsparlament zu wählen. Damit hätte man ja praktisch akzeptiert, dass Ungarn lediglich eine Provinz des Habsburgerreiches würde und man hätte gleichzeitig auf seine Sonderrechte verzichtet. Das konnte und wollte man in Ungarn nicht hinnehmen.

Anton Ritter von Schmerling.

Die Frage war nur, in welcher Form dies dem Herrscher mitgeteilt werden sollte: als Adresse oder als Beschluss? Um diese Problematik formierten sich die beiden

[198] Ferenc Deák über das Oktoberdiplom. In: Kónyi, Manó: Deák Ferencz beszédei. Budapest: Franklin 1903. Bd. 3. S. 37. Zit. nach Takács 2003. S. 146. Ung.

großen Parteien, die Adress- beziehungsweise Beschlusspartei. Die Diskussion war nicht eine rein formal-juristische. Es ging im Grunde darum, ob man Franz Joseph als legitimen König von Ungarn anerkennt. Da der Kaiser mit der Stephanskrone noch nicht gekrönt wurde, so war er laut Beschlusspartei nach den Gesetzen Ungarns kein legitimes Staatsoberhaupt und eben deswegen gab es mit ihm über nichts zu verhandeln. Für die Altkonservativen, die dritte bedeutende Gruppe im Landtag, war die Legitimität des Monarchen kein Thema. Sie forderten eine Rückkehr zu den Zuständen von 1847, also zu denen vor der Revolutionszeit. Franz Joseph ging sogar das zu weit. Die Adress- und Beschlusspartei betrachtete 1848 als Ausgangspunkt für jegliche Verhandlungen. Für die ersteren stellten die Aprilgesetze von 1848 die Maximalforderung dar, während die Beschlusspartei diese als Minimum ansahen. Nachdem der Anführer der Beschlusspartei Graf László Teleki sich am Vorabend der Abstimmung wegen der Form der Antwort umgebracht hatte, wollte seine Partei die Verantwortung für die eventuelle Vereitelung der Verhandlungen nicht übernehmen. So konnte sich die Adresspartei unter Führung von Ferenc Deák durchsetzen, obwohl sie in der Minderheit war. Der Kaiser war nicht bereit, auf dieser Grundlage zu diskutieren und löste den Landtag ohne Ergebnis auf.[199]

Die absolutistische Regierungsform, wegen ihres Übergangscharakters nun »Provisorium« genannt, wurde in Ungarn wiedereingeführt, ebenso die Militärgerichtsbarkeit, während in der cisleithanischen Reichshälfte das Februarpatent in Kraft trat. Diese Lage war weder für die österreichische noch für die ungarische Seite auf Dauer haltbar. Beide Seiten sehnten eine Lösung herbei, den ersten Schritt erwartete man vom Monarchen, der laut der ungarischen Altkonservati-

Ferenc Deák.

[199] Gergely 1996.

ven bereits Anfang 1864 dazu gewillt gewesen wäre, »wenn er die Sicherheit darüber hätte, dass dem ersten Schritt von hier [von Kaiser Franz Joseph, Anm.] ein zweiter und dritter, wirksamer Annäherungsschritt von dort [von ungarischer Seite, Anm.] folgen würden«.[200]

Als im September 1864 Franz Joseph Ungarn einen kurzen Besuch abstattete, dementierte die *Neue Freie Presse* die Vermutung des Journals des Débats, »daß das Wiedererscheinen des Monarchen auf ungarischem Boden politische Bedeutung zu gewinnen bestimmt sei«.[201] Tatsächlich kam der Kaiser, um sich militärische Anlagen wie Gestüte, Festungen und Manöver entlang der Bahnstrecke zwischen Wien und Budapest anzusehen. Er empfing aber auch die führende Elite des Militärs, der Geistlichkeit und Politik.[202] Nach dem Aufenthalt in Komárom verbreitete sich die Nachricht, dass nach dem Hofdiner über den Landtag beraten worden wäre. Man dementierte es zwar später nicht, aber »von competenter Quelle geht uns die berichtigende Mittheilung zu, daß beim Diner in Komorn kein Toast (also auch kein Toast auf den Landtag) ausgebracht wurde«[203]. Gleichwohl bestreitet man die Diskussion über das Thema nicht. Kaum vier Monate später, Ende Dezember 1864, begannen hinter den Kulissen die Verhandlungen. Baron Antal Augusz, ein Vertrauter von Franz Joseph und Erzherzog Albrecht, suchte Ferenc Deák heimlich in Budapest auf, um diesen zu befragen, wie die festgefahrene Situation seiner Meinung nach gelöst werden kann.[204]

Wenige Wochen danach setzte der Ministerrat den Ausgleichsprozess auch offiziell in Gang, indem er die Einberufung des ungarischen Landtags vorschlug. Obwohl man sich in Wien nur sehr widerwillig mit der Sache beschäftigte: »Bereits jetzt arbeiten die bürokratischen Kreise daran in der Hoffnung, dass die Verhandlungen des Landtages nicht zum Erfolg führen, was ihr geheimer Wunsch sei.«[205]

Franz Joseph verhandelte mit Deák durch Augusz als Vermittler weiter und als sie sich in den Grundsätzen einig wurden, trat Deák vor die Öffentlich-

---

200 Pál Sennyey an Pál Sommsich, Wien, 24. Februar 1864. Zit. nach Katus 2003. S. 170.

201 *NFP* Mb 19. September 1864.

202 Berichte über die Reise in den Zeitungen *NFP, Pr, WZ* vom 19. bis 24. September 1864.

203 *NFP* Ab 24. September 1864.

204 Katus 2003. S. 170; Hanák 1984. S. 111; Redlich 1928. S. 280–281.

205 Aus dem Tagebuch von Menyhért Lónyay, Februar 1865. Zit. nach Kónyi Bd. 3. 1903. S. 337–338. Ung.

keit.[206] Am 16. April 1865 erschien in der *Pesti Napló* anonym Ferenc Deáks sogenannter Osterartikel mit dem Titel *Noch ein paar Worte zu dem Artikel der ›Botschafter‹ vom 9. April,*[207] in welchem er seine Vorstellungen über einen Kompromiss zwischen Österreich und Ungarn skizziert. Ab Juni 1865 wurde die aktive Annäherung endgültig für jedermann offensichtlich. Auf Franz Josephs wenig bekannten Blitzbesuch Ende April in Pressburg infolge Deáks Osterartikels[208] reagierte das anwesende Publikum sehr enthusiastisch. Ungarn kam dem Kaiser entgegen und lud ihn zu der bevorstehenden landwirtschaftlichen Ausstellung im Juni ein. Von dem Ereignis berichtete Mary Elizabeth Stevens, die englische Gouvernante der Familie Andrássy, ihrer Mutter und ihrer Schwester: »Der Besuch des Kaisers in Pest rief hier große Aufregung hervor. Armer Mann, glaubt mir, er tut mir leid! Anfangs empfingen ihn die Ungarn sehr kühl, aber sie erwärmten sich für ihn nach und nach, und ich denke, er erweckte jetzt in den Menschen einen besseren Eindruck als bei seinem letzten Besuch [Kaiserreise von 1857, Anm.]. Er hat vieles versprochen, aber wir werden sehen, ob er seine Versprechen hält oder nicht.«[209] Dem Aufenthalt folgten bedeutende politische Änderungen auf Landes- und Reichsebene, indem in Ungarn die Militärgerichtsbarkeit beendet und die zivile Statthalterei wiedereingeführt wurde.[210] Anstelle von Hermann Zichy beziehungsweise Móric Pálffy ernannte der Kaiser Graf György Majláth zum ungarischen Hofkanzler und Baron Pál Sennyey zum Tavernikus (Präsidenten der ungarischen Statthalterei), welche später dank ihrer Position neben Deák und Andrássy wichtige Rollen bei den Ausgleichsverhandlungen spielten. Außerdem entließ der Herrscher wegen der innen- und außenpolitischen Krisen den Staatsminister Anton Ritter von Schmerling. Sein Nachfolger wurde Richard Graf Belcredi, ein Anhänger konservativ-föderalistischer Ideen. So wurde der Weg für weitere Verhandlungen mit Ungarn frei.

Ob und wie Elisabeth die Annäherung zwischen Ungarn und Franz Joseph

---

206 Katus 2003. S. 170–171.

207 Auszugsweise Erstveröffentlichung auf Deutsch: [Deák, Ferenc:] Zur Situation. Teil 1–3. In: *De* 7., 8. und 9. Mai 1865. Anm.: Der Artikel in der *Botschafter*, auf den im ungarischen Titel Bezug genommen wird, kritisiert den ungarischen »Sonder-Zug«. Diese Zeitung war Anton Schmerlings Sprachrohr. Vgl. Hanák 1984. S. 135.

208 Ausführlich über den Besuch in Pressburg: Przibram 1910. S. 134.

209 Mary Elizabeth Stevens an ihre Mutter und ihre Schwester, [Tiszadob,] 17. Juni 1865. In: Cieger [2007]. S. 143. Übers. aufgrund der ung. Ausg.

210 Manhercz 2010. S. 36–37.

Kronprinz Rudolf in ungarischer (links) sowie österreichischer Uniform. Elisabeth missfiel die militärische Erziehung ihres Sohnes sehr, aber welche Bedeutung seiner Uniform beigemessen wurde, zeigen die beiden Aufnahmen. Welche wohl das Original war?

in dieser frühen Phase unterstützte, ist den überlieferten Quellen nicht zu entnehmen. Mit Sicherheit lässt sich nur sagen, dass ihre Kenntnisse über Ungarn durch die Ungarischstudien und vor allem durch die Freundschaft mit Ida Ferenczy seit Ende 1864 wesentlich erweitert wurden. Zu dieser Zeit kannte sie aber weder Falk noch Andrássy oder Eötvös persönlich. Franz Josephs geheime Verhandlungen mit Deák fingen fast gleichzeitig mit der Anstellung von Ida Ferenczy an. Deáks Osterartikel las die Kaiserin wahrscheinlich bereits kurz nach dessen Erscheinen im Original, ihre Reaktion darauf ist nicht bekannt. Ab Juni 1865 beanspruchte aber Rudolfs schlechter Gesundheitszustand Elisabeths Aufmerksamkeit, eine einschneidende Folge der brutalen Erziehungsmethoden von Gondrecourt. Zu dieser Zeit hielt sich die Kaiserin mit ihren Kindern in Ischl auf, von da aus reiste sie zu einer Kur nach Bad Kissingen, auf die ihr Arzt Dr. Fischer bestand. Dennoch machte sie sich große Sorgen um ihren Sohn. »Jetzt bin ich wieder ganz in Ordnung, nur entsetzlich traurig«,[211] schreibt sie ihrer Vorleserin. Im August eskaliert die Situation und Elisabeth stellt ihrem Mann ein Ultimatum: »Ich wünsche, daß mir vorbehalten bleibe unumschränkte Vollmacht in allem, was die Kinder betrifft, die Wahl ihrer Umgebung, den Ort ihres Aufenthaltes, die komplette Leitung ihrer Erziehung, mit einem Wort, alles bleibt mir ganz allein zu bestimmen, bis zum Moment ihrer Volljährigkeit.«[212] Franz Joseph gibt nach und die Kaiserin beginnt mit der Organisation der Erziehung der Kinder, ihre persönliche Vorliebe für Ungarn macht sich dabei ebenfalls bemerkbar.

Gleichzeitig begannen die Vorbereitungen für die Einberufung des ungarischen Landtages. Aus diesem Anlass wollte das Kaiserpaar im Dezember gemeinsam nach Ungarn reisen: »Zur Eröffnung des Landtages in Ofen werde ich mit Sisi hinuntergehen, aber wahrscheinlich nur kurz bleiben, um vielleicht später wieder hinzugehen.«[213] Diesem Umstand kam deshalb eine besondere Bedeutung zu, denn am ersten Landtag nach dem Regierungsantritt eines Monarchen fand in der Regel die Krönung statt. Es war zwar nicht der

---

[211] Kaiserin Elisabeth an Ida Ferenczy, K[laushof], 12. Juli 1865. In: Tolnayné 1992. S. 27. Ung. Anm.: Aus dem Brief wurden die auf diesen Satz folgenden Zeilen von der Vorleserin herausgeschnitten. Die Annahme, dass die zitierte Bemerkung sich auf Rudolfs Zustand bezieht, beruht auf den Anmerkungen der Herausgeberin.

[212] Kaiserin Elisabeths Brief ohne Aufschrift, Ischl, 24. August 1865. Zit. nach Corti 1935. S. 132.

[213] Kaiser Franz Joseph an seine Mutter, Schönbrunn, 7. November 1865. In: Schnürer 1930. S. 347.

erste Landtag seit Franz Josephs Thronbesteigung, aber der erste, an dem er erschien. Abgesehen von den Formalien, mit denen eine solche Zeremonie einherging, mussten vor der Krönung noch etliche andere inhaltliche Fragen geklärt werden.

Letztlich begab sich Franz Joseph allein nach Ungarn, weil Elisabeth zu ihrer Familie nach München fuhr. Als der Kaiser am 14. Dezember 1865 in Budapest ankam, erfuhr er einen warmherzigen Empfang und wurde bei dieser Gelegenheit zusammen mit seiner Frau zu einem Besuch nach Budapest eingeladen, was er auch im Namen seiner Gattin annahm. Zusätzlich fuhr am 8. Januar eine Delegation der beiden Häuser des Landtages nach Wien, um Elisabeth nachträglich zum Geburtstag zu gratulieren und sie persönlich nach Ungarn einzuladen.[214] Dass die Kaiserin den Deputierten in ausgezeichnetem Ungarisch antwortete, hinterließ tiefen Eindruck und weckte Hoffnungen: »Seit Menschengedenken geschieht es das erste Mal, dass die Königin von Ungarn zu den Vertretern des Landes in ungarischer Sprache spricht; in diesem Umstand sehen wir auch einen der gewichtigen Faktoren, durch welchen das Herrscherhaus und das Schicksal der Nation mit den Fäden des Einverständnisses und der Liebe eng miteinander verbunden werden.«[215] Im Vorfeld dieses Besuches wird Elisabeth das erste Mal als Schutzengel der Nation, »der seit Jahren neue Bande des Friedens und der Liebe zwischen Vaterland und Krone flicht«,[216] bezeichnet.

Das zweite Mal in Ungarn

Am 29. Januar 1866 betrat Elisabeth das zweite Mal ungarischen Boden. Diesmal gab es keine monatelangen Vorbereitungen, auf ein offizielles Programm für den Aufenthalt verzichtete man ebenfalls, denn »da er sich hier zuhause fühle«, wünschte Franz Joseph, »dass die Steifheit der festlichen Formalitäten unbeachtet bleibe«[217]. Der Empfang war wesentlich herzlicher als 1857. Sogar Ferenc Deák, der sich in der Regel vor jeglicher öffentlichen Repräsentation fernhielt, erschien bei der Ankunft des Kaiserpaares am Pester Bahnhof – ein

---

214 Ausführlich über diese Audienz vgl. Kapitel »Mein letzter, einziger Freund« – Kaiserin Elisabeth und Gyula Andrássy.

215 *VU* 14. Januar 1866. S. 19. Ung.

216 *Pr* 29. Januar 1866. O. S.

217 *VU* 4. Februar 1866. S. 56. Ung.

Elisabeth hält Cercle in der Burg zu Buda.

eindeutiges Signal für seine Landsleute. Als der Separathofzug anhielt und Franz Joseph in ungarischer Husarenuniform ausstieg, begrüßte man ihn mit »himmelstürmenden« Éljen-Rufen. Noch mehr Erfolg konnte die Kaiserin verbuchen: »als hinter dem Kaiser das reizende Antlitz der Fürstin auftauchte, folgte den vorherigen Freudenbekundungen solcher donnernde Ausbruch,

dass die ersteren diesem gegenüber wie sanfte Rufe erschienen.«[218] Das Interesse der Bevölkerung war so groß, dass die Fahrt vom Bahnhof in Pest bis zur Burg in Buda geschlagene zwei Stunden dauerte, obwohl außer den Begrüßungsreden der Bürgermeister von Pest und Buda und die Antwort des Kaisers darauf kein Programm geboten wurde: »Um 2 Uhr waren all die Straßen, durch welche der Zug sich bewegen sollte, von einer dichtgedrängten Masse so stark durchfluthet, daß es den stämmigen Stadthusaren und ihren noch stämmigeren Rossen schwer wurde, die Straße auch nur in der Breite eines Wagens frei zu erhalten.«[219]

Elisabeths Bevorzugung ist nicht nachvollziehbar. Das Einzige, was sie in dem Moment aufweisen konnte, waren ihre Ungarischkenntnisse. Vielleicht wirkte noch die Neuigkeit nach, denn sie sprach erst drei Wochen vor ihrer Ankunft in Buda das zweite Mal in der Öffentlichkeit Ungarisch. Der Einfluss der verschwiegenen Ida Ferenczy war zu diesem Zeitpunkt noch nicht allgemein bekannt, die anderen ungarischen Mitglieder im Hofstaat der Kaiserin bis Januar 1866 schienen bezüglich Ungarn nicht ins Gewicht zu fallen.[220] Allein Gerüchte über Elisabeths ungarische Gesinnung blieben übrig.[221] Ihr Vorteil war, dass sie keine regierende Herrscherin war. Franz Joseph saß bereits 17 Jahre auf dem Thron, man konnte genug Erfahrungen mit ihm sammeln.

---

218 Ebd.

219 *Pr* Ab 30. Januar 1866. O. S.

220 Vgl. Kapitel »Von den ersten Versuchen bis zu intensiven Ungarischstudien«.

221 Hamann 1982. S. 222.

Die verhaltene Freude ihm gegenüber zeugte von Zweifeln. 1865 brachte zwar einige positive Veränderungen, aber diese waren noch immer weit hinter den ungarischen Forderungen und wer weiß, ob sie nicht wieder rückgängig gemacht werden wie viereinhalb Jahre zuvor. Dem stürmischen Empfang wird Elisabeth nicht gerecht: »Ihre Majestät fühlte sich von der Reise noch zu sehr angegriffen«[222], um sich kaum wenige Stunden später die Stadtbeleuchtung anzusehen – im Gegensatz zu ihrem Mann. Freilich dauerte die Bahnfahrt sechseinhalb Stunden, aber von einer ungarnbegeisterten Kaiserin hätte man mehr erwarten können. Andere vermuteten, dass die Ankunft in der ungarischen Hauptstadt die Erinnerung an den tragischen Tod ihrer erstgeborenen Tochter geweckt hatte und sie sich deshalb zurückzog.[223]

Am nächsten Tag besuchte das Kaiserpaar mehrere Institute, fuhr mit dem Wagen in das Stadtwäldchen mit anschließendem Spazierritt und schaute abends die ersten anderthalb Akte der Galavorstellung im Nationaltheater an. »Der Liebreiz und die Gnädigkeit der Allerhöchsten Frau entzückte auch hier jeden.«[224] Nach dem Galadiner am 31. Januar hielt die Kaiserin einen anderthalbstündigen Cercle, an dem über 80 Damen vorgestellt wurden und sie gewann mit ihrem freundlichen Auftreten – in ungarischer Kleidung und Sprache – die Frauen für sich.[225] Elisabeth zeichnete vor allem Gyula Andrássys Frau, Katinka, mit ihrer Aufmerksamkeit aus. »Die Kaiserin war sehr gnädig, mit ihr sprach sie am längsten (wie dies später auch die Zeitungen schrieben), sie fragte nach ihrem Mann, ihren Kindern, ihren Verwandten; sie erkundigte sich, wann sie (Katinka Andrássy, Anm.) das letzte Mal in Wien war und sie fragte noch auch viel anderes.«[226]

Nicht jeder freute sich über die Anwesenheit des Herrscherpaares, es kam gleich in den ersten Tagen zu einem Eklat, als die jungen Magnaten dem kaiserlichen Gefolge die Karten zu ihrem Ball verweigerten, »weil die jungen Cavaliere keine Officiere dulden wollten«[227]. Die Väter reagierten sofort und verboten ihren Söhnen die Teilnahme, viele Aristokratinnen blieben ebenfalls fern. Dennoch war der Ball gut besucht, unter anderem von den Abgeordne-

222 *De* 31. Januar 1866.

223 *Pr* Ab 1. Februar 1866.

224 *VU* 4. Februar 1866. S. 56. Ung.

225 Ebd. 57; ebd. 25. März 1866. S. 140.

226 Mary Elizabeth Stevens an ihre Mutter und ihre Schwester, [Pest,] 3. Februar 1866. In: Cieger [2007]. S. 194. Übers. aufgrund der ung. Ausg.

227 *Pr* 1. Februar 1866.

ten der Beschlusspartei (Gegner des Ausgleichs). Wenn man bedenkt, dass Gräfin Ilona Keglevich, die Tochter des hingerichteten Ministerpräsidenten Batthyány, die Aufgaben der Ballmutter übernahm, durfte eine derartige Provokation des Hofes keine große Überraschung gewesen sein.

Der Ungarnaufenthalt Anfang 1866 stimmte mit den Interessen des Hofes überein, denn die Verhandlungen über eine Aussöhnung zwischen dem Kaiser und Ungarn liefen bereits. In diesem Sinne empfingen Anfang Februar Kaiser und Kaiserin in der Burg zu Buda getrennt die Gesandten des Magnaten- und Abgeordnetenhauses. Elisabeth trug ein ungarisches Kleid, stand unter einem Baldachin und lehnte sich an den Thronsessel. Auf die Ansprache des Fürstprimas erwidert sie auf Ungarisch mit einem reizenden Akzent: »Ein inniger Wunsch meines Herzens ist dadurch in Erfüllung gegangen, daß Ich mit Meinem erlauchten Gemal die Hauptstadt Ungarns besuchen konnte, denn ich empfinde eine aufrichtige Neigung und eine warme Theilnahme für das edle Ungarnland und verweile gern in seiner Mitte. Darum ist es Mir auch sehr angenehm, die herzliche Begrüßung der Stände und Abgeordneten des Landes entgegenzunehmen, und Ich erwidere dieselbe mit dem innigen Wunsche, daß der Allmächtige Ihre Wirksamkeit, deren Tragweite weit über die Grenzen des Landes hinausreicht, mit seinem reichsten Segen begleiten möge!« Bei ihrem Segenswunsch »faltete Sie die Hände und glänzten Thränen in Ihren Augen«.[228] Die Wirkung blieb nicht aus, die Deputation stand tief ergriffen da, dem Primas und einigen Abgeordneten liefen ebenfalls die Tränen. Diese Szene wird von den Zeitgenossen mehrmals mit der von Kaiserin Maria Theresia verglichen, welche sich 1741 während des österreichischen Erbfolgekrieges für Unterstützung an die ungarischen Stände wendete. Sie erschien am ungarischen Reichstag in Pressburg in Trauerkleidung, auf dem Arm mit ihrem sechs Monate alten Sohn, dem späteren Kaiser Joseph II. Nach ihrer beeindruckenden Ansprache konnte sie mit der Zusage von 20000 Soldaten abreisen.

Elisabeths Rede maß man vor allem wegen der Sprache, in der sie vorgetragen wurde, eine besondere Bedeutung bei: Nur wer Ungarisch spricht, seine Gedanken und Gefühle in dieser Sprache ausdrücken kann, ist in der Lage, die Wünsche, Hoffnungen und Gedanken der Ungarn vollkommen zu verstehen. Damit erfüllte sie eine typisch weibliche Rolle, sie sprach bei den Menschen das Herz, das Gefühlsmäßige an. Dadurch wirkte sie besänftigend und versöhnlich. Ferner trug die Kaiserin zur Hoffähigkeit des Ungarischen

---

[228] Zit. nach *De* 2. Februar 1866.

bei: »Ein Teil der Hofdamen, die Damen der höheren Gesellschaft müssen in dem höchsten Kreis nicht mehr gezwungenermaßen auf Französisch oder in einer anderen Sprache konversieren, es ist geradezu ihre Pflicht, in der Muttersprache zu konversieren.«[229] Bei der Annäherung zwischen Land und Herrscher spielte die Kaiserin eine bedeutende Rolle: »Sisi ist mir von großer Hilfe durch ihre Höflichkeit, ihrer maßhaltenden Takt und ihre gute ungarische Sprache, in welcher die Leute aus schönem Munde manche Ermahnung lieber anhören.«[230]

Das Fehlen eines offiziellen Programms hatte für Franz Joseph den Vorteil, dass er seinen Staatsgeschäften nachgehen konnte – seine wichtigsten Mitarbeiter reisten mit nach Budapest, andere pendelten zwischen Wien und Ungarn. Elisabeth hingegen hatte viel Freizeit, so ging sie morgens im Burggarten spazieren (das Wetter war ziemlich mild), las, ritt aus oder ging in die Reitschule, spielte Klavier und führte Konversation auf Ungarisch. Im Nationaltheater wurde sie ein regelmäßiger Gast. Ihre Repräsentationspflichten erfüllte die Kaiserin, indem sie wohltätige Einrichtungen, wie das Kloster der Englischen Fräulein oder das Institut der Grauen Schwestern, aufsuchte. Das Programm war jedoch bei Weitem nicht so dicht gedrängt wie 1857.[231]

Als guter Gastgeber lud das Kaiserpaar Vertreter der Aristokratie, des Militärs und der Politik mehrmals zur Hoftafel ein. Elisabeth unterhielt sich fortwährend ungarisch über Literatur sowie Politik und bezauberte die Anwesenden, »indem Sie das Gespräch mit zarter Delikatesse von öffentlichen Dingen auf das Familienleben hinüber zu spielen weiß, und über dies Alles mit eben so viel Theilnahme wie Verständniß spricht«[232]. Wahrscheinlich während einer dieser Hoftafeln äußerte die Kaiserin die viel zitierten Worte über Ungarn zu Andrássy: »Ich rede mit Ihnen vertraulicher und sage Ihnen, was ich nicht jedem sagen würde: Sehen Sie, wenn die Angelegenheiten des Kaisers in Italien schlecht laufen, das tut mir sehr weh; aber wenn seine Angelegenheiten in Ungarn schlecht laufen, das tötet mich.«[233]

---

229 *PN* 4. Februar 1866. Ung.

230 Kaiser Franz Joseph an seine Mutter, Ofen, 17. Februar 1866. In: Schnürer 1930. S. 351.

231 Zu den Aktivitäten des Kaiserpaares vgl. die Tages- und Wochenzeitungen während des Budapest-Aufenthaltes vom 29. Januar bis 5. März 1866, z. B. *De, Pr, CsK, FL, MV, PN, Sür, VU* usw.

232 *De* 9. Februar 1866. O. S.

233 Aus dem Tagebuch von István Gorove, 24. Februar 1866. Zit. nach Kónyi Bd. 3. 1903. S. 602. Ung.

Das Kaiserpaar besuchte am 6. Februar 1866 den Bürgerball in Pest.

Da der Besuch in die Faschingszeit fiel, veranstaltete man zwei Bälle am Hof. Genau wie 1857 hatte man sich für diese Lösung statt eines Hofballs entschieden, diesmal war der ausschlaggebende Grund die begrenzte Größe der Räumlichkeiten. Um jeden einladen zu können, verteilte man die Gäste auf zwei Bälle. Die erste Veranstaltung fand am 3. Februar statt, von den 680 geladenen Gästen sagten lediglich 53 Personen ab,[234] was man nicht auffällig nennen kann. Die ungarische Presse äußerte sich sehr positiv über das Ereignis, hob die Liebenswürdigkeit der Gastgeber hervor. Elisabeth unterhielt sich mit ausgewählten Damen, beispielsweise Baronin Sennyey (Frau des Statthalters), die durch ihre Toilette und Schönheit aus der Menge herausstach. Gräfin Katinka Andrássy durfte sich für die Dauer der Unterhaltung sogar auf den Divan neben der Kaiserin setzen. Auch mit mehreren Herren unterhielt sich die Kaiserin, darunter mit einigen Politikern.[235] Der zweite Ball am Hof fand ohne Elisabeth statt, denn sie war über eine Woche krank. Sie hatte

---

234 Liste für den ersten Hofball in Ofen. Samstag, den 3. Februar 1866. In: Folliot-Crenneville.

235 *De* 6. Februar 1866.

Gräfin Katinka Andrássy.

Migräne, Schwächeanfälle und Husten. Die Gäste waren natürlich sehr enttäuscht über ihre Abwesenheit. An der Hofsoiree Ende Februar mit 400 Personen nahm sie aber wieder teil.[236]

Die Hofpartei war über den Aufenthalt und den Ball am Hof in Budapest missgestimmt, was sich in kleinlichen Kommentaren äußerte. So bezeichnete Crenneville, der Generaladjutant des Kaisers, die Nationaltracht der ungarischen Aristokraten als »schmutzige Costumes, einzelne höchst lächerliche Attilas« und ärgerte sich über »die eleganten, wenngleich halbnackten Toiletten« der Damen. Den ungarischen Tschardas, der auf der Tanzordnung des Balles stand, fand er schamlos und schrieb seiner Frau: »doch würde ich als épouseur kein Mädchen heiraten, das so tanzt oder mich von meiner Frau trennen, wenn sie sich öffentlich mit einem fremden Mann so vergäße, wie beim sogenannten anständigen Csárdás des gestrigen Hofballes.«[237] Diese Zeilen zeugen von absoluter Intoleranz und Respektlosigkeit fremden Sitten gegenüber, es ist ein Armutszeugnis für einen engen Mitarbeiter des Herrschers eines Vielvölkerstaates mit unterschiedlichsten Sitten und Bräuchen. Es ist verwunderlich, dass unter solchen Umständen allein die Ungarn so energisch gegen eine Bevormundung von Wien rebellierten.

Hinter der Missgunst des Hofes steckte jedoch noch vielmehr, man fürchtete in Wien, Franz Joseph »könnte hier Konzessionen machen, ein Ministerium bewilligen etc«[238]. Andererseits argwöhnten einige Zeitgenossen,

[236] *Pr* 28. Februar 1866.

[237] Crenneville an seine Frau, 4. Februar 1866. Zit. nach Hamann 1982. S. 228–229.

[238] Kaiser Franz Joseph an seine Mutter, Ofen, 17. Februar 1866. In: Schnürer 1930. S. 350.

dass der Hof durch seine Anwesenheit Druck auf den ungarischen Landtag ausüben und so das Ergebnis der Verhandlungen beeinflussen wollte.[239] Der Kaiser hätte gern gesehen, wenn es noch während seines Ungarnaufenthaltes zu einer Einigung in der Frage des Ausgleichs gekommen wäre. Während Elisabeth und Franz Joseph repräsentierten, berieten die Magnaten und Abgeordneten über die Adresse an den Kaiser. Dort bestand man nach wie vor auf die Gesetze von 1848 als Grundlage, was für den Herrscher ohne gewisse Änderungen unannehmbar war. Der Kaiser konnte die Debatten des Landtags in den Zeitungen verfolgen. Nach Ferenc Deáks Rede fragte ihn Andrássy bei der Hofsoiree, was er von dieser hielt. »[…] ich sage nicht, dass darin keine Annäherung enthalten ist, dennoch finde ich, dass Deák viel von den Ansichten der Linken [früher Beschlusspartei, Anm.] übernommen hat. – Ich gebe zu, dass darin sich zur Annäherung Türchen befinden, aber nur Türchen«, meinte Franz Joseph. Andrássy erwiderte darauf, es sind »Tore, Euer Majestät«.[240]

Baronin Mária Sennyey (hier in ihrem Krönungskleid) übernahm während des Ungarn-Aufenthaltes des Kaiserpaares die Aufgaben der Obersthofmeisterin. Sie war erst 19 Jahre alt.

[239] Manhercz 2010. S. 45.

[240] Zit. nach Wertheimer Bd. 1 1910a. S. 243.

Je länger sich der Aufenthalt hinzog, umso nervöser wurde man in der österreichischen Hauptstadt. Immerhin verbrachte das Kaiserpaar fünf Wochen in Budapest. Die Schuld an dem langen Aufenthalt wurde Elisabeth gegeben. Die Sympathiebekundungen für Ungarn, »welche nie weder dem hiesigen [österreichischen, Anm.] Adel und den Wienern, noch viel weniger anderen Provinzen zu Theil wurden«[241], nahm man ihr sehr übel. Wie sich herausstellte, war die Aufregung der Wiener diesmal umsonst: Bevor der Monarch mit seiner Gattin Budapest verließ, erteilte er den ungarischen Forderungen eine entschiedene Abfuhr. Den Streitpunkt bildeten die Gesetze von 1848, auf die man von ungarischer Seite beharrte, aber welche in manchen Punkten die Rechte des Herrschers und die Interessen der Gesamtmonarchie verletzten. Die Fronten schienen sehr verhärtet: „Von der Stimmung des Landes [Ungarn, Anm.] sind zweierlei Nachrichten im Umlauf. Nach der einen glaubt niemand mehr seit dem kaiserlichen Reskript an einer Versöhnung und in dieser Hinsicht akzeptiert bereits jeder die Situation, […], nach der anderen glaubt man, dass man seit den Kriegsnachrichten[242] noch starrsinniger bezüglich der Bedingungen der Versöhnung sein wird.“[243]

Elisabeth reiste trotzdem nicht mit leeren Händen ab, für ihre Kinder besorgte sie landestypische Geschenke. Rudolf erhielt ein Regiment Spielzeugsoldaten, die die Uniform des Pester berittenen Banderiums trugen, Gisela bekam zwei Puppen mit ungarischer Bauerntracht.[244] Und ein noch größeres Geschenk hatte sie in ihrem Gepäck: Sie gewann das Herz vieler Ungarn, knüpfte Freundschaften mit der gesellschaftlichen und politischen Elite des Landes, vor allem mit Graf Gyula Andrássy. Mit ihm unterhielt sie sich bereits in Budapest bei den verschiedensten Gelegenheiten länger und nachdem die Kaiserin nach Wien zurückgekehrt war, fing mithilfe von Ida Ferenczy eine rege Korrespondenz zwischen den beiden an.

---

241 Folliot-Crenneville, Wien, 9. Februar 1866, zit. nach Hamann 1982. S. 230.

242 Hinweis auf die bevorstehende Auseinandersetzung zwischen Österreich und Preußen.

243 Aus dem Tagebuch von István Gorove, 4. April 1866. Zit. nach Kónyi Bd. 3. 1903. S. 649. Ung.

244 *Pr* 3. März 1866.

Am 26. Februar 1866 nahm Elisabeth mit ihrem Mann an der Schlusssteinlegung des Elisabeth-Armenhauses zu Pest teil.

6. »MEIN LETZTER, EINZIGER FREUND« – KAISERIN ELISABETH UND GYULA ANDRÁSSY

Herkunft

Graf Gyula Andrássy wurde am 8. März 1823 in dem oberungarischen Lambsdorf (ung. Oláhpatak, slowak. Vlachovo) geboren. Er war das dritte von vier Kindern und der zweitgeborene Sohn seiner Eltern, Graf Károly Andrássy de Csíkszentkirály et Krasznahorka und Gräfin Etelka Szapáry de Szapár, Muraszombat et Szécsisziget. Als einzige Erbin ihres reichen Vaters brachte Etelka ein erhebliches Vermögen in die Ehe. Die Andrássys lebten zwar bis dahin auch im Wohlstand, aber mit Etelkas Hintergrund konnten sie nicht konkurrieren.[245]

Gyula Andrássy und seine Geschwister wuchsen in Oberungarn auf, unterrichtet von einem Privatlehrer in ungarischem Geist. Der Vater gab seine liberale Einstellung an die Söhne weiter. Nach dem Gymnasium studierte Andrássy Jura, anschließend begab er sich auf eine Studienreise durch Europa. Seine Kinder- und Jugendjahre fielen in die sogenannte Reformzeit, die von politischen, gesellschaftlichen, sozialen und kulturellen Veränderungen gekennzeichnet war und der das nationale Erwachen voranging. Man war bereits seines Ungarnseins bewusst, sprach, schrieb und kleidete sich ungarisch und wollte nun den großen Rückstand zu den modernen westeuropäischen Staaten wie Frankreich und England abbauen. Zahlreiche Änderungen und Modernisierungen wurden in den Jahren 1825 bis 1848 auf den Weg gebracht, politisch gesehen war die Diskussion über die Abschaffung der Leibeigenschaft und über die damit einhergehenden Freiheits- und Besitzrechte von größter Bedeutung. Die Namen der damals führenden Politiker sind bis heute allgemein bekannt: Lajos Kossuth hatte besonders radikale Ansichten, wäh-

[245] Diószegi 1993.

rend Ferenc Deák und István Széchenyi für gemäßigte Veränderungen eintraten. Der kaum 24 Jahre alte Andrássy stellte sich 1847 auf dem ungarischen Reichstag auf die Seite Kossuths.

1848, während der Revolution und des darauffolgenden Freiheits- und Unabhängigkeitskrieges, agierte Graf Andrássy auf politischer wie auf militärischer Ebene. Er bekleidete verschiedene Posten, so war er Obergespan im Komitat Zemplén, gleichzeitig nahm er an den ungarischen Reichstagen teil. Bereits beim ersten bewaffneten Konflikt zeichnete sich der junge Ordonanzoffizier auf dem Schlachtfeld von Pákozd aus. Einen Monat später traf man ihn in Schwechat schon als Major und Divisionschef. Von seinem besonderen Engagement zeugte auch, dass man ihn im Mai 1849 zum Titularhusarenoberst ernannte. Zwischen den Schlachten war Andrássy auf der politischen Bühne aktiv. Ende Mai 1849 wurde er als Gesandter des unabhängigen Ungarns nach Konstantinopel entsendet. Obwohl das Osmanische Reich ihn als diplomatischen Vertreter nicht anerkannte, wies es Andrássy trotz mehrmaliger österreichischer Forderungen nicht aus. Das Land wurde Ziel zahlreicher Ungarn und Polen, die nach der Niederschlagung des Freiheitskrieges aus Angst vor den Repressalien ins Exil gingen. Andrássy unternahm mithilfe seiner diplomatischen Verbindungen alles, damit die Flüchtigen nicht ausgeliefert wurden. Als das Osmanische Reich die Exilanten nach Kleinasien internieren wollte, siedelte Andrássy nach Paris um. Währenddessen liefen im Österreichischen Kaiserreich die Prozesse und Verurteilungen wegen Beteiligung an der »Rebellion«. Das Militärgericht von Pest verurteilte 1851 den Grafen zusammen mit 35 weiteren Personen in Abwesenheit zum Tode und erhängte ihn symbolisch, indem es seinen Namen auf einer schwarzen Tafel an einen Galgen nagelte.[246] In den Pariser Salons brachte dies dem feschen Andrássy den Beinamen »le beau pendu«, der schöne Gehenkte, ein.

Exil und Rückkehr

Die Jahre der Emigration von 1849 bis 1857 verbrachte Graf Andrássy in Paris und London. Der finanzielle Hintergrund seiner Familie ermöglichte ihm und seinen ebenfalls geflüchteten Brüdern ein gesichertes Einkommen und damit ein bequemes Leben. Ihre persönlichen Güter wurden zwar beschlagnahmt, die Mutter (der Vater verstarb schon 1845) unterstützte ihre drei Söhne aber

246 Hermann / Jónás 2002. S. 1027–1029.

tatkräftig und traf sich mit ihnen regelmäßig in der Schweiz. Sein Schicksal zu ertragen, fiel dem jungen Grafen nicht immer leicht: »Ich schreibe beinahe gar nicht und denke so wenig als möglich – das ist das einzige Mittel – in unseren Zeiten und Verhältnissen, sich ein bisschen gesunden Verstand aufzubewahren.«[247] Dennoch beschäftigte er sich nach wie vor mit Politik: »will Preußen Deutschlands Unabhängigkeit bewahren, es zuerst damit anfangen muß, seine Suprematie in Deutschland herzustellen und daß dieses schwerlich mit österreichischer Hilfe geschehen kann.«[248] Er liest während des Exils viel, vor allem wenn er sich in London aufhält[249] und schreibt in französische Blätter Artikel über Ungarn, um so die Aufmerksamkeit wach zu halten.[250] Sein Radikalismus mäßigt sich in diesen Jahren wesentlich, der jugendliche Tatendrang wird durch die gewonnene Lebenserfahrung gebremst. Immer mehr entfremdet sich Andrássy von Kossuths Ansichten. Er ist überzeugt, dass Ungarn den Ausgleich mit Österreich suchen muss.

Sogar in den höchsten Kreisen ist Andrássy ein gern gesehener Gast, er überzeugt mit seinem Auftreten: »Mit dem dichten und wuchernden Urwald seines braunen Haares, zu dem sich ein ähnlicher schwarzer Schnurrbart und ein ebenso dichter Bart gesellt, welche dem kleinen blassen, beinahe wie Elfenbein wirkenden Gesicht einen Ebenholzrahmen geben, mit seiner in den Schultern leicht gekrümmten Gestalt, den sich sorglos bewegenden Armen, dem lässigen Gang, würdest du ihn für blasiert halten. Aber seine kleinen Augen sprühen die lebhaften Funken eines niemals schlummernden Geistes, auf seiner Stirn flammt das Sankt-Elms-Feuer des Gedankens und der Begeisterung immer wieder auf.«[251] Wegen seines Aussehens und den auffälligen Manieren nannten ihn neidische Österreicher den Zigeunerprimas.[252] Als Gesellschafter ist er ebenso beeindruckend mit seiner »anspruchslosen Natürlichkeit, als ob er sich entschuldigen wollte, dass er einen zum Lachen bringt, denn er wollte denjenigen, den er der Lächerlichkeit preisgab, nicht verletzen«[253]. Bei Gräfin Katalin Kendeffy de Malomvíz hinterließ Gyula Andrássy 1856 auf den Pariser Faschingsbällen einen tiefen Eindruck, der auf

247 Gyula Andrássy an Arthur Seherr-Thoß, Paris, 13. März 1855. In: Falk 1897.
248 Ebd.
249 Ebd. London, 11. Mai 1855.
250 *VU* 23. Februar 1890. S. 118.
251 Ebd. S. 122. Ung.
252 Károlyi 1967. S. 20.
253 *VU* 23. Februar 1890. S. 122. Ung.

Gegenseitigkeit beruhte, sodass der Graf um ihre Hand anhielt und die beiden noch im gleichen Jahr heirateten.[254]

Anlässlich der Ungarnreise des Kaiserpaares 1857 wurden die Bedingungen für die Rückkehr der Exilanten gelockert, auch Graf Andrássy ersuchte Ende Juni erfolgreich um Begnadigung. Noch vor der Rückkehr »[...] verspreche ich mit gegenwärtigem Revers an Eidesstatt, als getreuer Unterthan, Se. k. k. apost. Majestät Franz Joseph, Kaiser von Österreich, [...] fortan den in Österreich bestehenden Gesetzen Folge zu leisten und überhaupt durch loyale Erfüllung aller meiner Pflichten, mich [...] würdig zu bezeigen«[255]. An den geleisteten Eid hält sich Andrássy zwar, aber angekommen in Ungarn nutzt er die legalen Möglichkeiten, um seiner oppositionellen Meinung kund zu tun: Er weist den ihm von oben angebotenen Posten des Obergespans im Komitat Zemplén zurück. Seine Absage begründet er damit, dass er als Abgeordneter dafür keine Zeit habe. Im ungarischen Reichstag wird er Ferenc Deáks Verbündeter in der Frage des Ausgleichs: »wir wollen Alle, sagt der Redner, die 1848 Gesetze, nicht mehr und nicht weniger. [...] Österreich habe die Wahl auf dieser Grundlage seine Interessen mit den unserigen in Einklang zu bringen, oder Gewalt zu gebrauchen.«[256]

Erstes Zusammentreffen mit Elisabeth

Kaiserin Elisabeth und Graf Gyula Andrássy lernten sich am 8. Januar 1866 in Wien persönlich kennen. Eine Deputation aus Mitgliedern des ungarischen Ober- beziehungsweise Unterhauses suchte die Kaiserin auf, um ihr zum Geburtstag die Glückwünsche des Landes zu überbringen und gleichzeitig eine Einladung nach Ungarn auszusprechen – Franz Joseph wurde bereits im Dezember während seines Ungarnaufenthaltes eingeladen. Unter den 16 Gesandten befand sich auch Graf Andrássy als Vizepräsident des Abgeordnetenhauses.

Elisabeths Vorliebe für Ungarn lässt sich an der Inszenierung der Audienz eindeutig erkennen. Diese wurde in dem Appartement der Kaiserin abgehalten, unter den vier diensttuenden Kammerherren waren drei Ungarn (die Grafen Kálmán Nákó, János Waldstein und Gyula Széchenyi), von den

---

254 Wertheimer Bd. 1. 1910a. S. 81–85.

255 Andrássys Revers, Paris, 16. Juli 1857. Zit. nach: Wertheimer Bd. 1. 1910a. S. 90.

256 *Vl* 24. Mai 1861.

Graf Gyula Andrássy in ungarischer Magnatentracht.

acht Palastdamen waren vier gebürtige Ungarinnen, bei den anderen vier waren die Ehemänner Ungarn. Außer dem Obersthofmeister-Ehepaar Königsegg waren noch der Minister Graf Móric Esterházy und der ungarische Hofkanzler Graf György Majláth anwesend.[257] Die Erscheinung der Kaiserin enthielt die gleiche Botschaft: »Ihre Majestät trug ein prachtvolles ungarisches Kostüm: ein weißes Spitzenschürzchen, ein schwarzes Leibchen, an welchem die reichen ungarischen Verschnürungen in funkelnden Diamanten ausgeführt waren, ein Mieder, dessen Spangen gleichfalls sämmtlich in Brillanten erstrahlten, auf dem Haupte ein ungarisches Häubchen mit Spitzen, über der Stirne eine herrliche Diamantenkrone.«[258] Noch mehr beeindruckt als von Elisabeths Äußerem waren die Deputierten von ihrer Antwort auf die Glückwünsche und die Einladung. Die Kaiserin bedankte sich für die Glückwünsche und die Einladung nach Ungarn nämlich in sehr gutem Ungarisch, wobei sie sich ohne Vorlage, in freier Rede äußerte.

Die Deputierten wurden anschließend zur Hoftafel am gleichen Abend geladen. Bei der offiziellen, formellen Audienz hatte Andrássy keine Gelegenheit, mit Elisabeth ein Wort zu wechseln, dazu bekam er während des Cercles, der der Hoftafel folgte, Möglichkeit, als »Se. Majestät der Kaiser sowohl wie Ihre Majestät die Kaiserin mit jedem Mitgliede der Deputation einzeln längere Zeit zu konversiren geruhten«[259]. Leider wurde der Inhalt des Gespräches nicht überliefert. Andrássy kehrte mit der Gesandtschaft nach Ungarn zurück, das Kaiserpaar folgte ihnen drei Wochen später für einen fünfwöchigen Aufenthalt in Budapest. Hier unterhielten sich die Kaiserin und der

---

[257] *De* 9. Jänner 1866; *VU* 14. Januar 1866. S. 19.

[258] Ebd.

[259] Ebd.

Graf mehrmals – bei offiziellen Anlässen wie Audienzen, Hofbällen und bei sonstigen für das Kaiserpaar oder die Kaiserin veranstalteten Programmen. Mithilfe von Ida Ferenczy kam es auch mehrmals zu privaten Treffen zwischen den beiden. Nachdem Elisabeth nach Wien zurückgekehrt war, fing sie eine rege Korrespondenz mit Andrássy an.

Elisabeths und Andrássys Korrespondenz

Der Briefwechsel zwischen der Kaiserin und Andrássy bestand praktisch bis zum Tode des Letzteren im Jahre 1890. Leider ist davon nur ein Bruchteil öffentlich zugänglich und vermutlich liegt noch ein Teil unentdeckt in öffentlichen wie privaten Sammlungen. Die Tatsache, dass die beiden die Briefe meistens nicht direkt aneinander adressierten und Decknamen benutzten, erschwert die Suche und die Zuordnung. Am Anfang lief die Korrespondenz durch Ida Ferenczy. An sie adressierte Andrássy seine Nachrichten, die Vorleserin formulierte in der Regel die Antwort in Elisabeths Namen. In den späteren Jahren nahm Ida an den ausgedehnten und strapaziösen Reisen der Kaiserin nicht mehr teil, sodass der Kontakt oft durch den Obersthofmeister Nopcsa gehalten wurde.[260] Direkt aneinander schrieben sich Elisabeth und Andrássy bei offiziellen oder unverfänglichen privaten Anlässen. Andrássy als ungarischer Ministerpräsident und später als Minister des kaiserlichen Hauses war für die Kaiserin der erste Ansprechpartner bei offiziellen Angelegenheiten.

In den Briefen verwenden die jeweiligen Verfasser Decknamen, damit Außenstehende den Inhalt nicht verstehen. So wird Elisabeth als die »Schwester« oder »Cousine« von Ida bezeichnet, während Andrássy »unser Freund« genannt wird. Dieser unterzeichnete die Briefe gelegentlich mit »Laura«.[261] Andrássy titulierte die Vorleserin wegen dieser Dienste »meine spezielle Obersthofmeisterin«.[262]

Briefe mit brisanten Informationen vertraute man möglichst nicht der regulären Post an: »deshalb habe ich diesen Mann von mir geschickt, der die

260 Der Andrássy-Biograf Wertheimer bekam im Familienarchiv von Andrássy in die Korrespondenz von Ferenc Nopcsa und Gyula Andrássy Einsicht. Wertheimer 1913a. Bd. 3. S. 411–419.

261 Tolnayné 1992. S. 31, 33. Ung.

262 Gyula Andrássy an Ida Ferenczy, Buda, o. D., um 1867–1868. In: Tolnayné 1992. S. 37. Ung.

Antwort nur mir persönlich aushändigen wird«.[263] Wenn man den offiziellen Postweg benutzen musste, dann versuchte man zumindest Aufmerksamkeit zu vermeiden: »Was Ihren letzten Brief betrifft, ich hätte darauf sofort geantwortet, aber der Ort, wo ich wohne, ist sehr bekannt, eine hiesige Briefmarke an Ihre Adresse hätte die Aufmerksamkeit der Postmeister sehr schnell erregen können«,[264] so wartete Andrássy lieber ab und sendete erst von anderswo den Brief ab. Ein großer Teil der Korrespondenz lief durch ein gewisses Ehepaar Molnár. István Molnár de Parnó war früher Oberstuhlrichter in Komitat Zemplén, von wo aus die Bekanntschaft mit Andrássy stammt. Seit dem Ausgleich war er Ministerialrat in Budapest.[265] Andrássy gab seine Nachricht in einem geschlossenen, an die Vorleserin oder direkt an die Kaiserin adressierten Umschlag István Molnár, der diesen an seine Frau weiterreichte. Letztere steckte den Brief in einen weiteren Umschlag, dann schickte sie das Ganze unter dem eigenen Namen als Absender an Ida Ferenczy, die den inneren Umschlag ihrer Kaiserin aushändigte.[266] Nachdem man die Nachricht gelesen hatte und es für notwendig erachtete, verbrannte man den Brief sofort.[267]

Vertrauliche Treffen wurden ebenfalls mittels verschlüsselter Nachrichten ausgemacht. So richtete Ida Ferenczy Andrássy aus, dass die Kaiserin mit ihm »oben, auf dem schönen, neu verlegten Weg unter dem erinnerungswürdigen Felsen« spazieren zu gehen wünscht, aber der Graf soll nur dann kommen, wenn er es »ohne jedes Aufsehen« einrichten kann.[268]

Gemeinsame Interessen

Aufgrund ihrer jeweiligen gesellschaftlichen Stellung hätten sich Elisabeth und Andrássy früher oder später auf jeden Fall kennengelernt. Dass sie sich ausgerechnet im Januar 1866 das erste Mal persönlich trafen, war dem ge-

---

263 Ebd. Pest, [1867]. S. 33. Ung.

264 Gyula Andrássy an Ida Ferenczy, o. O., 1. September 1870. In: Andrássy. Ung.

265 Molnár István (parnói). In: Szinnyey 1891–1914.

266 Die Vermittler der Briefe zwischen Andrássy und Ferenczy konnten aufgrund dreier Briefe identifiziert werden: Gyula Andrássy an Ida Ferenczy, Buda, o. D. In: Andrássy; Ida Ferenczy an Gyula Andrássy, Ischl, 6. Juli 1867. In: Andrássy; Gyula Andrásssy an Ida Ferenczy, 21. April [1873]. In: Tolnayné 1992. S. 81 (hier vor allem die Fußnote 2 zum Brief).

267 Gyula Andrássy an Ida Ferenczy, Pest, [1867]. In: Tolnayné 1992. S. 33.

268 Ida Ferenczy an Gyula Andrássy, Ischl, 6. September 1873. In: Andrássy. Ung.

meinsamen Interesse an Ungarns politischer Lage zu verdanken. Die intensiven Ungarnstudien der Kaiserin bildeten dabei den Ausgangspunkt. Von ungarischer Seite sah man darin die Möglichkeit, eine hohe Fürsprecherin für die Durchsetzung seiner Wünsche zu gewinnen. Andrássy war mit seiner Intelligenz und seiner geistreichen Art für die Vermittlerrolle ausgezeichnet geeignet. Auf dem oben geschilderten Weg entfaltete sich ab 1866 eine rege Korrespondenz zwischen Elisabeth und dem Grafen Andrássy.

Graf Gyula Andrássy. Genau wie Elisabeth war er sehr eitel, laut seiner Enkelin trug er sogar ein Korsett.

Kaiserin Elisabeth mischte sich in die Politik nicht ein – bis auf den ungarischen Ausgleich. So lautete die allgemein verbreitete Meinung, was die Forschungen so nicht ganz bestätigen. Mehrmals versuchte Elisabeth ihrem Gemahl, dem Kaiser, gegenüber ihre Ansichten über politische Fragen kundzutun, was er jedoch nicht gerne sah. Ferner blieb sie mit ihren Versuchen erfolglos. Dennoch, sie informierte sich regelmäßig, sie las die Zeitungen, unterhielt sich darüber, wenn auch nicht öffentlich. Sie äußerte ihre Meinung in ihren Gedichten[269] und in Sachen Politik war Andrássy Elisabeths Gesprächspartner. Ihr Briefwechsel enthält zahlreiche diesbezügliche Passagen. Vor allem schreibt der Graf über Politik, meistens auf Elisabeths ausdrücklichen Wunsch: »Es sind bereits Wochen vergangen, seitdem Sie die Güte hatten, mich zu unterrichten, dass Ihre Schwester [Elisabeth, Anm.] auf einen Brief von mir wartet, in dem ich sie über die jetzige politische Lage informiere.«[270] Und Andrássy erzählte ausführlich über unga-

[269] Z. B.: Die Gedichte *Kremsier* und *Schönbrunn*. In: Hamann 1987. S. 76–78.

[270] Gyula Andrássy an Ida Ferenczy, Wien, 19. Juli o. J., um 1876. In: Andrássy. Ung.

rische Parteipolitik, die Politik von Beust und die Arbeit der Delegation, den Deutsch-Französischen Krieg sowie über die Balkankrise.[271]

Besonders unterhaltsam fällt der Bericht über seine Ernennung zum Außenminister aus. Man bekommt einen tiefen Einblick in Andrássys Taktik – oder wie er sie nennt – in die »Intrige, in deren Folge ich Ihr Nachbar [Ida Ferenczys beziehungsweise Elisabeths Nachbar in Wien, Anm.] geworden bin«. Als Franz Joseph sich in Vác, Ungarn, aufhielt, verkündete Andrássy seine Meinung über Hohenwarts Politik und riet dem Kaiser, sich von seinem cisleithanischen Ministerpräsidenten zu distanzieren, um keinen persönlichen Schaden davonzutragen. Anschließend zog sich der Politiker auf seine Güter zurück, um sich zu erholen. Mehrmals wurde er von Ministerkollegen und von Beust gebeten, zurückzukehren, er weigerte sich jedoch, an den weiteren Diskussionen teilzunehmen. Als Beust ihm drohte, Esterházy an Stelle von Hohenwart zu ernennen, parierte Andrássy damit, dass er dann abdanken würde. Dem Befehl des Kaisers musste er aber folgen, so erschien er endlich am Wiener Hof. »Nach langen Diskussionen, als der Kaiser sich zwischen unserer Sichtweise und der von Hohenwart hätte entscheiden müssen, entließ er Beust und mich mit sehr kaltem Gesicht und gab keinerlei Antwort.« Andrássy wartete die Entscheidung des Kaisers gar nicht ab, sondern bat selbst um Audienz und bot seinen Rücktritt als ungarischer Ministerpräsident an, mit einer glaubhaften Begründung, »ohne dass das Ganze eine politische Färbung bekommt.« Als Andrássy schon dachte, dass er entlassen sei, teilte ihm der Kaiser mit, dass er sich für ihn entschieden habe. Zu dieser Zeit hielt sich Elisabeth in Meran auf, was Andrássys Ansicht nach von Vorteil war, »da ich nicht bezweifele, wenn sie hier wäre, hätten wir in den Blättern gelesen, es sei ihr Werk, sie gab die Regierung der Monarchie in die Hände eines Ungarn«. Denn »Wenn Ihr Freund mit diesem halsbrecherischen Unternehmen scheitert, verliert auch Ihre Majestät ihre Glaubwürdigkeit, auch wenn sie nur Ratschläge gibt oder ihre Meinung äußert. So aber kann der Kaiser nur sich selbst die Schuld geben, wenn er sich falsch entschieden hat oder einen Moment gewählt hat, der den Erfolg sogar bei größtem Kraftaufwand unmöglich machen würde.«[272]

Nicht nur schriftlich, sondern auch bei persönlichen Begegnungen ist Poli-

---

271 Gyula Andrássy an Ida Ferenczy, Buda, o. D., [um Mai 1869]; o. O., 15. Juli 1871; o. O., 1. September 1870; Wien, 19. Juli o. J., [wohl 1876]. In: Andrássy; sowie Wien, 20. Juli [1876]. In: Tolnayné 1992. S. 97.

272 Gyula Andrássy an Ida Ferenczy, Wien, 17. November 1871. In: Andrássy. Ung.

tik ein Thema zwischen der Kaiserin und Andrássy. Den Sommer 1869 verbringt Elisabeth am Starnberger See, wo Andrássy sie besucht. Anschließend berichtet sie ihrer Vorleserin: »Unser Freund sagt, es kann sein, dass der französische Kaiser sein Militär zurückzieht, aber ich glaube trotzdem nicht, dass es dem König von Neapel recht wäre, zurückzukehren.«[273] Die persönliche Betroffenheit spielte hier wohl die Hauptrolle beim Gespräch, Elisabeths Schwester Marie war ja die Ehefrau des Ex-Königs von Neapel. Andrássy selbst sucht auch die Gelegenheit, sich persönlich mit der Kaiserin über Politik auszutauschen.[274] Durch diese Gespräche und Briefe prägte er Elisabeths Bild nicht nur über Politik im Allgemeinen, sondern auch über Ungarn.

Andrássy als Berater

Graf Andrássy genießt nicht nur in politischen Fragen das Vertrauen der Kaiserin, in der Gestaltung ihrer ungarischen Umgebung unterstützt er sie ebenfalls. Im Herbst 1869 sorgt er dafür, dass Graf Miklós Esterházy – auch »Sport-Niki« genannt – zur Reitjagd, an der das Kaiserpaar teilnimmt, als Master eingeladen wird, »denn ich habe gehört, dass sie [die Kaiserin, Anm.] sich für Eszterházy interessiert oder ihn zumindest kennen lernen möchte«.[275] Marie Festetics hätte vielleicht die Stelle der Hofdame bei der Kaiserin nicht angenommen, wenn Andrássy sie nicht überzeugt hätte: »Es ist Ihre Pflicht, dieses Opfer für das Land zu bringen«,[276] argumentierte er. Loyalität und ungarische Nationalität allein reichten jedoch für eine Fürsprache von ihm nicht aus. So bezweifelte er die Eignung Ágnes Eötvös', Witwe des ehemaligen ungarischen Kultusministers und Ungarischlehrers von Elisabeth, für die vorgesehene Aufgabe: »wenn Ihre Majestät jemanden kennt, der unter Frau Eötvös die Erziehung der kleinen Erzherzogin [Marie Valerie, Anm.] richtig zu führen in der Lage ist, dann würde ich die Wahl empfehlen.«[277]

---

273 Kaiserin Elisabeth an Ida Ferenczy, [Garatshausen,] 31. Juli [1869]. In: Tolnayné 1992. S. 54. Ung.

274 Gyula Andrássy an Ida Ferenczy, o. O. 1. September 1870. In: Andrássy.

275 Gyula Andrássy an Ida Ferenczy, [Buda,] 10. Oktober [1868]. In Tolnayné 1992. S. 42. Ung. Anm.: Die Jahresangabe wurde von der Herausgeberin ermittelt, was jedoch aufgrund des Briefinhaltes nicht stimmen kann. Das Schreiben entstand erst 1869, also ein Jahr später.

276 Marie Festetics, Ofen, 4. Juli 1871. In: Walterskirchen / Meyer 2014. S. 42.

277 Gyula Andrássy an Ida Ferenczy, [Gödöllő,] 30. Oktober [1874?]. In: Tolnayné

Nach der Geburt der jüngsten Tochter Marie Valerie hielt sich die Kaiserin auffällig oft fern von der Residenzhauptstadt Wien – wahrscheinlich um zu vermeiden, dass ihre Schwiegermutter Erzherzogin Sophie Gelegenheit hat, sich in die Erziehung der Kleinen einzumischen. Um von Elisabeth ein positives Bild in der Öffentlichkeit zu vermitteln, riet Andrássy ihr, sich häufiger in Wien und Budapest aufzuhalten: »denn es käme nicht gut an, wenn die Leute sagen könnten, dass Ihre Majestät sich das ganze Jahr über von beiden Hauptstädten fernhält.«[278] Als er erfuhr, dass die Kaiserin den ganzen Winter mit ihrer Tochter in Meran verbringen will, erinnert er sie an ihre Pflichten. Elisabeth war ja nicht nur Mutter, die sich nur um ihre Kinder zu kümmern hatte, sondern auch »die Kaiserin eines großen Reiches und die Königin von Ungarn«. Als solches würde sie nicht nur respektiert, sondern auch angebetet, meinte Andrássy und fragte: »um diese Gefühle zu bewahren, ist es nicht ein geringes, ein sehr geringes Opfer wert?« Er schlug vor, dass Elisabeth ihre Tochter noch vor Wintereinbruch nach Meran bringen und sie selbst sich den Winter über in Wien und Budapest aufhalten sollte – in beiden Städten gleich viel Zeit verbringend. Um die Kaiserin zu besänftigen, fügte er noch hinzu: »Ich weiß, es gibt nichts Langweiligeres als sich Ratschläge anzuhören, wenn man selbst weiß [was zu tun ist], aber das Durchführen einem schwer fällt.«[279] Die Empfehlungen blieben unberücksichtigt, sogar den Winter darauf verbrachte Elisabeth in Meran. Andrássy hielt es jedoch davon nicht ab, weiterhin Kritik zu üben, wenn er es für angebracht erachtete.

Gelegentlich gab der Graf der Kaiserin für offizielle Programme Empfehlungen: »Ich bitte Sie sehr, machen Sie einen Plan, was alles Ihre Majestät in Pest-Buda machen kann und Institute welcher Art Sie besuchen kann oder besser gesagt besuchen soll.«[280] »Damit die Blätter nicht sticheln«, ritt einmal Andrássy sogar selbst von seinem Landsitz aus nach Bartfeld wegen eines möglichen Kuraufenthaltes der Kaiserin und wollte anschließend persönlich über seine Erfahrungen berichten. Er befürwortete ausdrücklich das Vorhaben, dass Elisabeth einen ungarischen Badeort aufsucht.[281] Zur Kur in Bartfeld kam es erst fünf Jahre nach Andrássys Tod.

Andrássy nahm man übel, »dass ich mich in alles einmische, was Ihre

1992. S. 89. Ung.

278 Gyula Andrássy an Ida Ferenczy, Tiszadob, 15. April 1871. In: Andrássy. Ung.

279 Ebd. o. O. 1. September 1870. Ung.

280 Ida Ferenczy an Gyula Andrássy, Meran, 22. Februar 1871. In: Andrássy. Ung.

281 Gyula Andrássy an Ida Ferenczy, o. O. 24. September o. J. In: Andrássy. Ung.

Meran. Hier verbrachte Elisabeth die Winter 1870/71 und 1871/72.

Majestät betrifft und in jede Richtung intrigiere«.[282] Und diese Kritik kam nicht nur aus österreichischen Kreisen, sondern aus dem eigenen Land: »vom Grafen G … … A … … haben wir gedacht, dass seine Genialität ihm ermöglicht, über den kleinlichen Hofintrigen zu stehen, aber wir täuschten uns, er mischte sich sehr wohl in alles ein und das kann so nicht bleiben«, sagte 1874 László Hunyady zu Jácint Rónay, dem Erzieher des Kronprinzen und der Erzherzogin Marie Valerie. Hunyady und seine Gleichgesinnten wollten Andrássys Einfluss schmälern, indem sie dafür sorgten, dass die Umgebung der Kaiserin umgestaltet wird: »Vorerst muss die Hofdame Gräfin M … … F … … entfernt werden, sie spioniert in den inneren Kreisen des Hofes für G … … A … …, sie kann nicht bleiben und es ist bereits eine andere Hofdame an ihrer Stelle vorgesehen.« Die Abkürzungen des diskreten Rónays lassen sich einfach auflösen: Es geht im Gespräch um Andrássy und Marie Festetics. Hunyady hielt die anderen Mitglieder des Hofstaates entweder für nützlich bei dieser Angelegenheit oder dachte, dass diese keine Bedeutung haben.[283]

---

282 Ebd.

283 Tagebucheintrag vom 10. Dezember 1874. In Rónay, Jácint: Naplótöredékek. Hetven év reményei és csalódásai. Bd. 6. Pressburg 1887. S. 77–79. Zit. nach Tolnayné 2009. S. 63–64. Ung. Hunyadys Name wurde in Rónays Tagebuch ebenfalls abgekürzt, Tolnayné konnte die Person nicht identifizieren. Dies gelang mir aufgrund eines Zeitungsartikels *BH* 20. April 1889. S. 4.

Eine platonische Freundschaft

Über die Art der Beziehung zwischen Elisabeth und Andrássy wird bis heute gerätselt. Die gängigen Argumentationen sprechen gegen eine Liebesbeziehung, dieser Ansicht schließe ich mich ebenfalls an. Es gibt bisher keine einzige zuverlässige Quelle, die auf das Gegenteil hinweisen würde. Den Beteiligten selbst waren die Gerüchte über eine Liebesaffäre bekannt, und sie bemühten sich, denen keinen weiteren Grund zu geben. Während ihres Aufenthaltes in Garatshausen im Sommer 1869 berichtete Elisabeth ihrer Vorleserin von dem bevorstehenden Besuch Andrássys. Die Kaiserin vermisste Ungarn, deshalb freute sie sich auf das Treffen besonders, »sei dennoch nicht beunruhigt, ich werde ihm trotzdem nicht um den Hals fallen«,[284] beeilte sie sich ihre Freundin zu beruhigen. Andrássys Familie ärgerte sich über den Klatsch noch Jahrzehnte nach dem Tod beider Betroffener: »meine Eltern stritten alles empört und leidenschaftlich ab, und die kleinste Anspielung darauf war très mal vue« – erinnert sich eine Enkelin.[285] Wie hätte es auch zu einer Liebesbeziehung kommen sollen? Elisabeth konnte nirgends ohne Begleitung hingehen.

Ein einziges Mal, nach einer Jagd, verbrachten sie wenige Minuten wirklich zu zweit, was sie dem Kaiser zu verdanken hatten: »Gestern war es vollkommen dunkel, als wir heimkamen – es regnete«, erzählte Andrássy der Vorleserin. »Ihre Majestäten mussten noch bis zum Bahnhof reiten. Zufällig stand meine Mietkutsche dort, ich habe sie Ihren Majestäten angeboten. Seine Majestät der Kaiser nahm sie an, aber nur für die Königin [Kaiserin Elisabeth, Anm.]. Und so war ich der Glückliche, der sie zum Bahnhof begleiten durfte. Als wir am Bahnhof ankamen, war es voller Menschen, die auf Ihre Majestäten warteten. Sie können sich vorstellen, wie komisch diese schauten, als die Königin aus einem Fiaker stieg und ich sie in den Saal begleitete. Erst als der Kaiser und Erzherzog Wilhelm ankamen, schienen sie sich zu beruhigen.« Selbstironisch kommentierte Andrássy diese besondere Ehre: »Sehen Sie, was für ein alter Herr Ihr Freund geworden ist. Man vertraut ihm die schönen Frauen an, um sie zu transportieren – in der Nacht und im Dunklen.«[286]

---

284 Kaiserin Elisabeth an Ida Ferenczy, [Garatshausen], 19. Juli [1869]. Tolnayné 1992. S. 50. Ung.

285 Károlyi 1967. S. 19.

286 Gyula Andrássy an Ida Ferenczy, [Buda,] 5. Dezember [1872]. Tolnayné 1992. S. 78–79. Ung.

Eine Karikatur des englischen Magazins Vanity Fair von Andrássy aus dem Jahr 1877.

Die Beziehung war zweifellos sehr eng, sie bewunderten und respektierten sich gegenseitig. Elisabeth tat die Anerkennung ihrer inneren Werte, die am Wiener Hof nicht geschätzt wurden, sehr gut. Ebenso freute sie sich, dass sie als Gesprächspartnerin für wichtige Themen wie Politik ernst genommen wurde und sie nicht wie eine nützliche Repräsentantin lediglich oberflächliche Kommentare abgeben durfte. Neben ihren eigenen Ansichten, die denen von Andrássy ähnlich waren, spielte wahrscheinlich diese Wertschätzung eine große Rolle dabei, dass Elisabeth alles tat, um den Ausgleich zustande zu bringen.[287]

So gut die Beziehung Andrássys zu Elisabeth war, so wenig schätzte der Graf den Kaiser. Diese Einstellung wurde in dessen Familie von Generation zu Generation weitergegeben: »Für Elisabeth [...] empfanden wir tiefe Verehrung. In unserer Erinnerung lebte sie als außerordentlich kluge Frau, als Engel der Ungarn, als Ausbund der Tugend fort. Das galt nicht für Kaiser Franz Joseph. Ihn hielten wir für einen bösartigen, alten Narren, der aus Herzlosigkeit und Selbstsucht das Leben seiner Frau verbittert habe.« Vor allem die Reaktion des Kaisers auf den Tod seines Sohnes stieß Andrássy vor den Kopf. Ihn »hatte die Nachricht so erschüttert, daß er kein Wort herausbringen konnte. Doch der Kaiser wendete sich, als sei nichts geschehen, sofort politischen Fragen zu und erledigte seine Arbeit wie ein Automat.«[288] Andrássy hatte mit Franz Josephs politischen Ansichten und seinem Konservatismus lange vor Rudolfs Tod Probleme. In der Frage der Militärgrenze warf er 1870 dem Kaiser sogar Mangel an nötigem Verstand für die Sache vor. Während Andrássy, obwohl es ihn »enorme Geduld« kostete, seine anderen Gesprächspartner von seinem Standpunkt überzeugen konnte, »ist das Problem nur, dass der Kaiser, der seit gestern hier ist, noch nie klar in dieser Frage gesehen hat, und – wie ich mich heute erneut überzeugte – auch nie klar sehen wird«.[289] Diese sehr direkte Formulierung zeigt, wie eng und vertraulich die Beziehung zwischen Andrássy und Elisabeth war.

Mit Kritik hielt sich der Graf der Kaiserin gegenüber genauso wenig zurück. So warf er ihr die Reitleidenschaft vor: »es interessiert sie nichts, was nicht vier Beine hat, oder sie verwendet zumindest ihren ausgezeichneten Verstand dazu, das sich selbst glauben zu machen.« Ihm nahm die Kaiserin solche Äußerungen nicht übel, wahrscheinlich weil er gleichzeitig ihre guten

287 F. Dózsa 2009. S. 6.

288 Károlyi 1967. S. 19.

289 Gyula Andrássy an Ida Ferenczy, Buda, 7. Januar o. J. In: Andrássy. Ung.

Eigenschaften zu würdigen wusste: »Sie ist empfänglich für alles, was schön und edel ist [...] sie ist voller Menschenkenntnis wie wenige Männer – mit einem Wort: sie ist eine der interessantesten Frauen. Noch dazu ist sie lieb und gut.«[290]

Für Elisabeth war Andrássy beinahe wie ein Familienmitglied. Seine Söhne spielten mit dem gleichaltrigen Kronprinzen zusammen,[291] die kleine Marie Valerie war dem Ehepaar ebenfalls vertraut: »Meine Frau ist ganz vernarrt in sie, geht viel zu ihr. Ich war nur zweimal bei ihr, ich kann sagen, sie gewann ganz mein Herz.«[292] Die Erzherzogin, die als Erwachsene die Gerüchte über ihre Mutter und den hübschen Grafen wahrscheinlich auch kannte, und eifersüchtig auf die ungarische Umgebung war, erwiderte diese Freundschaft später nicht: »Seine zuwidere Familiarität ekelt mich so an, dass ich diesem Menschen gegenüber fast unwillkürlich einen kalten, ja beinahe höhnischen Ton anschlage.«[293]

In den schwersten Stunden ihres Lebens standen sich die Kaiserin und der ungarische Graf gegenseitig zur Seite. Als Andrássys Mutter 1876 verstarb, tröstete die Kaiserin ihren Freund: »Niemand anders kann bes-

Kaiserin Elisabeth nach einem Gemälde von József Árpád Koppay.

[290] Ebd. Wien, 19. Juli o. J. Ung.

[291] Károlyi 1967. S. 19.

[292] Gyula Andrássy an Ida Ferenczy, Buda, 7. Januar o. J. In: Andrássy. Ung.

[293] Erzherzogin Marie Valerie, 12. November 1884. In: Schad 2005. S. 56.

ser begreifen, was Sie leiden werden. Trost zu bringen in so einem Moment, ist unmöglich, aber dass das treue Herz einer wahren Freundin mit Ihnen fühlt, davon können Sie überzeugt sein.«[294] Diese ehrliche Anteilnahme »bereitete mir eine Freude, von der ich nicht gedacht hätte, dass ich in diesen schweren Minuten fühlen könnte«.[295] Nach dem Selbstmord Rudolfs, des Sohnes der Kaiserin, stellte Andrássy persönlich Nachforschungen über die Umstände an, außerdem übernahm er die Aufgabe, Marie Larisch mitzuteilen, dass ihre Anwesenheit am Hof unerwünscht ist.[296] Kronprinz Rudolf brachte sich zusammen mit der 17-jährigen Mary Vetsera um. Elisabeths Nichte, verheiratete Gräfin Larisch, verwickelte sich in die Geschichte, indem sie den beiden ermöglichte, sich geheim zu treffen.[297] Ihre eigene Rolle in der sogenannten Mayerling-Affäre stellte die Gräfin naturgemäß ganz anders dar, ebenso den Ablauf des Treffens mit Andrássy.[298] Bei den vielen Halbwahrheiten, die sie in ihren Büchern äußerte, ist es jedoch oft schwer zu entscheiden, wie viel Glauben man ihr schenken kann.

Seit 1881 kränkelte Andrássy, vor allem seine Nieren bereiteten ihm Probleme. 1886 zog er renommierte Mediziner der Monarchie heran, um herauszufinden, was ihm fehlte. Die Ärzte waren sich nicht einmal untereinander einig. Andrássy, der chirurgische Eingriffe verabscheute, verweigerte gewisse Untersuchungen.[299] Die Kaiserin ließ sich vom Gesundheitszustand ihres Freundes regelmäßig durch Obersthofmeister Nopcsa unterrichten.[300] Dafür und für das ungebrochene Vertrauen in seine Person war er sehr dankbar, sogar die Gedichte der Kaiserin durfte er lesen: »Du weißt, welch hohe Meinung ich immer von ihrem Verstand und Herz hatte, aber seit ich einige ihrer Gedichte gelesen habe, ist diese Meinung zur höchsten Bewunderung gewachsen und wenn ich bedenke, dass neben so viel Verstand, der dem größten Manne zur Ehre gereichen würde, auch so viel Herz Raum hat, dann kann ich nur

---

294 Kaiserin Elisabeth an Gyula Andrássy, Gödöllő, 10. November 1876. Zit. nach Wertheimer 1913a. Bd. 2. S. 453. Ung.

295 Gyula Andrássy an Kaiserin Elisabeth, Budapest, 16. November 1876. In: Andrássy. Ung.

296 F. Dózsa 2009. S. 12.

297 Hamann 1978. S. 431–436.

298 Wallersee 1913. S. 234–238.

299 Wertheimer 1913a. Bd. 3. S. 410–411.

300 Diese Briefe sind zur Zeit unauffindbar, Wertheimer zitiert in seiner Andrássy-Biografie mehrere davon. Wertheimer Bd. 3. 1913a. S. 411–419.

Auf dieser interessanten Fotomontage sind Kronprinz Rudolf mit seiner Geliebten Mary Vetsera zu sehen, in einem Fiaker, gelenkt von Joseph Bratfisch, dem Vertrauten des Thronfolgers.

Eine Seltenheit: Statue von Kronprinz Rudolf in Budapest Sie wurde 1908 in Anwesenheit seiner Witwe Kronprinzessin Stephanie eingeweiht.

kurz sagen, dass auf der Welt eine zweite solche Frau nicht existiert.« Andrássy bedauerte nur, »daß nur so wenig Menschen wissen, was sie ist«[301].

1889 war der Zustand des Kranken zeitweise dermaßen schlecht, dass er nicht einmal mit Stock im Zimmer herumlaufen konnte. Endlich stimmte der Graf zu, die bisher verweigerten Untersuchungen durchführen zu lassen. Man diagnostizierte Papillom in der Blase. Auf Anraten der Ärzte wartete man zuerst etwas ab, wie sich die Krankheit entwickeln würde. Andrássy schien es besser zu gehen, eine Kur in mildem Klima wurde empfohlen. Die Wahl fiel auf die französische Riviera, als Zwischenstation hielt sich Andrássy seit Ende Dezember 1889 an der kroatischen Küste auf, wo sein Gesundheitszustand sich rasant verschlechterte.[302]

Am 23. Jahrestag seiner Ernennung zum ungarischen Ministerpräsidenten, dem 18. Februar 1890 erlag Graf Gyula Andrássy im kroatischen Fischerdorf Volosko seinem jahrelangen Krebsleiden. Elisabeth schickte der Witwe ein Telegramm: »Ihre Familie hat viel verloren, aber genauso bedauern der König und das Vaterland diesen Verlust. Ich jedoch verlor meinen treuesten Freund.«[303] Die Öffentlichkeit konnte von dem Verstorbenen in der Ungarischen Akademie in Budapest, in der der Sarg aufgestellt wurde, Abschied nehmen. Elisabeth betete am Fuß der aufgebahrten Leiche und anschließend legte sie ihren Kranz mit je 100 weißen Kamelien und Rosen sowie 300 Maiglöckchen zum Fußende ab. Zu ihrer Tochter sagte die Kaiserin, »erst jetzt wisse sie, was sie an Andrássy gehabt; zum ersten Mal fühle sie sich ganz verlassen, ohne jeden Ratgeber und Freund«.[304]

---

301 Gyula Andrássy an Ferenc Nopcsa, Hesdát, 6. August 1889. Zit. nach Wertheimer Bd. 3. 1913a. S. 413. Ung.

302 Ebd. S. 415–419.

303 Kaiserin Elisabeth an die Witwe Gyula Andrássys nach Volosca. Zit. nach *VU* 23. Februar 1890. S. 127.

304 Erzherzogin Marie Valerie, 21. Februar 1890. In: Schad 2005. S. 216.

7. SOMMER 1866

Zurück in Wien

Am 5. März 1866 kehrte das Kaiserpaar nach fünfwöchigem Aufenthalt von Budapest nach Wien zurück. Franz Joseph hatte alle Hände voll zu tun, denn eine Auseinandersetzung mit Preußen wegen der Vorherrschaft im Deutschen Bund ließ sich nicht mehr vermeiden. Der Konflikt schwelte schon länger, der preußische König, Wilhelm I., fand in der Frage der gemeinsam mit Österreich verwalteten Herzogtümer Schleswig und Holstein einen geeigneten Vorwand. Der Kaiser duldete nämlich in Holstein die Nebenregierung des dänischen Königs, was Preußen missfiel. Es war nur eine Frage der Zeit, wann die Situation eskalieren würde. Im Süden war die Lage auch nicht besser, die österreichische Herrschaft in Norditalien stand der Einheitsbewegung Italiens im Wege.

Die unsichere Lage brachte Elisabeths Vorhaben durcheinander: »Wegen meinen Reiseplänen bin ich noch sehr unentschlossen, so lange es so kriegerisch aussieht, will ich doch nicht weggehen und ich glaube, wir haben wenig Aussicht auf Frieden. Es ist ein aufreibender Zustand und wäre fast die traurige Gewissheit noch besser, als dieses hinwarten«,[305] schrieb sie an ihre Mutter. Den geplanten Kuraufenthalt im ungarischen Füred am Balaton sagte die Kaiserin ebenfalls ab, denn »der Krieg vor der Thüre und so mag ich den Kaiser nicht verlassen«.[306]

Neben der unsicheren politischen Lage belasteten Elisabeth auch private Sorgen. Die Verlobung ihrer Schwester Sophie, Braut von Ludwig II., dem bayerischen König, ging in die Brüche. Für die Auflösung des Bundes hatte sie Verständnis, denn »wenn Sophie ihn nicht genug gerne hatte, so hat sie freilich ehrlich und gescheit gehandelt, denn später, wenn sie es bereut hätte und

---

305 Kaiserin Elisabeth an ihre Mutter, Wien, 13. April 1866. In: Nl Corti. Abschrift.

306 Ebd. Schönbrunn, 1. Mai 1866. Abschrift.

die Heirath schlecht ausgefallen wäre, das würde schrecklich traurig gewesen sein«.[307] Was Ludwig II. betraf, ärgerte sich die Kaiserin viel mehr darüber, dass er die Staatsgeschäfte in dieser schweren politischen Lage vernachlässigte. »Wollte er sich doch ein wenig mehr kümmern um die Regierung, jetzt wo so schlechte Zeiten sind!«,[308] beschwerte sie sich bei ihrer Mutter.

Krieg auf zwei Fronten

Um klare Verhältnisse zu schaffen, marschierte Preußen Anfang Juni 1866 in Holstein ein. Als Reaktion rief Kaiser Franz Joseph den Bundestag gegen Preußen wegen verbotener Selbsthilfe auf. Österreich bekam Recht und gewann Unterstützer im Deutschen Bund. Die bewaffneten Auseinandersetzungen fanden Ende Juni und Anfang Juli statt. Gleichzeitig zu den Kämpfen in Böhmen und Mähren erklärte Italien Österreich den Krieg, sodass ein Teil der Armee im Süden gebunden war.

Im Norden stand das österreichische Militär den zahlenmäßig leicht überlegenen Truppen von Preußen und seinen Verbündeten gegenüber. Auch technisch gesehen war die kaiserliche Armee im Nachteil: Preußen verfügte über modernere Waffen, aber auch in der Kommandostruktur und Taktik zeigte es sich im Gegensatz zu den Österreichern einheitlich. Franz Joseph übertrug Feldzeugmeister Ludwig Benedek das Oberkommando über die Nordarmee, obwohl dieser es nicht annehmen wollte, da ihm die Erfahrung und vor allem gründliche Kenntnisse auf den nördlichen Kriegsschauplätzen fehlten. Die seit Jahren andauernde Finanzkrise des Staates wirkte sich auf das Militär in Form von massiven Einsparungen ebenfalls aus, was der Feldzeugmeister immer wieder beklagte.[309]

Dass Benedeks Einwände berechtigt waren, zeigte sich bei der entscheidenden Schlacht am 3. Juli in der Nähe von Königgrätz. Österreich und Sachsen unterlagen Preußen und seinen Verbündeten. In dem blutigen Gemetzel waren die Verluste der kaiserlichen Truppen viermal so hoch wie die des Gegners. Allein über 1300 Offiziere wurden getötet oder verletzt, von den einfachen Soldaten ganz zu schweigen. Zusätzlich wurden noch über 22000 Soldaten gefangen genommen.

---

307 Ebd. Wien, 22. April 1866. Abschrift.

308 Ebd. Wien, 26. Mai 1866. Abschrift.

309 Aumüller 2004.

Feldzeugmeister Ludwig Ritter von Benedek.

Der ursprünglich für den Posten des Oberbefehls der Nordarmee vorgesehene Feldmarschallleutnant, Erzherzog Albrecht, befehligte die Südarmee in Italien. Die hier erzielten Erfolge auf Land (Schlacht von Custozza) und auf Wasser (Seeschlacht von Lissa) konnten in Anbetracht der Geheimverträge zwischen Italien und Preußen nicht verwertet werden und Österreich musste – wie in einem Geheimvertrag zuvor vereinbart – Venetien an Frankreich abtreten. Wenige Monate später reichte Frankreich das Gebiet an Italien weiter.

Elisabeth, die fürsorgliche Landesmutter

Die Kaiserin blieb während des Konflikts in Österreich, abwechselnd hielt sie sich in Wien, Schönbrunn und Bad Ischl auf. Die Verhandlungen der beiden Kriegsparteien zogen sich hin, »die Verhältnisse werden nicht besser und man muss sich nur wundern, dass es überhaupt noch so lange dauert«,[310] berichtete Elisabeth Anfang Juli ihrer Mutter. Franz Josephs Tage waren mit Staatsgeschäften ausgefüllt, »der Kaiser hat keine Zeit herzukommen [nach Ischl, Anm.], so besuche ich ihn, man ist auch ruhiger, wenn man näher ist und gleich alles erfährt was geschieht«.[311]

Um auf dem Laufenden zu sein, las Elisabeth die Tagespresse. Frustriert stellte sie dabei fest, »dass einen die Zeitungen noch viel nervöser machen. Die Hauptsachen erfährt man doch darinnen nur hinterher und die meisten Neuigkeiten sind Lügen, viel Geschwätz und Combinationen, die an dem Gang der Ereignisse nichts ändern. Aber natürlich liest man sie doch immer, schon weil man für nichts anderes jetzt Sinn hat.«[312]

Ausnahmsweise fand man in Wien nichts an Elisabeths Benehmen zu bemängeln, sie besuchte regelmäßig die Verwundeten in den Lazaretten, nahm an Gottesdiensten für die Kriegsverwundeten und -toten teil, worüber in den Blättern begeisterte Berichte erschienen: »Der Eindruck, den die Herzensgüte der erhabenen Monarchin machte, war ein überwältigender; allseitig flossen Thränen des Entzückens und der Rührung über die Gesichter der tapferen Krieger.«[313] Auch am Hof wurden Elisabeths Bemühungen gewürdigt: »Die Kaiserin erbaut und erstaunt alle Welt, durch die wahrhaft mütterliche Art mit der sie sich der Pflege der Verwundeten und der Spitäler annimmt; es war Zeit, qu'elle se reconstitue les coers du public [dass sie die Herzen des Volkes wiedergewinnt, Anm.]; sie ist auf besten Wege«,[314] erzählte Therese Fürstenberg, Erzherzogin Sophies Hofdame, ihrer Mutter. Und ihre Begeisterung steigerte sich noch in den nächsten Tagen: »Die Kaiserin ist den ganzen

---

310 Kaiserin Elisabeth an ihre Mutter, Schönbrunn, 2. Juli 1866. In Nl Corti. Abschrift.

311 Ebd. Ischl, 22. Juni 1866. Abschrift.

312 Ebd. Ischl, 26. Juni 1866. Abschrift.

313 *De* 3. Juli 1866. Weitere Berichte s. z. B. in: *Pr*; *De* Ausgaben im Juni und Juli 1866.

314 Therese Fürstenberg an ihre Mutter, Anfang Juli 1866. Zit. nach Walterskirchen 2013. S. 200–201.

Elisabeth besucht die verwundeten Soldaten in Wien.

Tag in den Spitälern und wirklich die Vorsehung, in alles eingehend, für alles sorgend, liebevoll und mütterlich. Gott sei gelobt, Endlich!«[315]

Elisabeth richtete auch selbst ein Spital in Laxenburg ein – wie 1859 während des Österreichisch-Italienischen Krieges.[316] Dennoch, die Ungarnbegeisterung wirkte sich auf ihre Krankenbesuche aus, sie widmete den ungarischen Soldaten mehr Aufmerksamkeit als den anderen, »die armen Kerle haben ja hier Niemand, der mit ihnen sprechen kann und da sind sie froh, wenn man ihren Familien von ihnen Nachricht schreibt«.[317] Ob es den Soldaten slowakischer, kroatischer oder anderer Nationalitäten besser erging, sei dahin gestellt. Und Verwandtschaft hatten die meisten von ihnen in Wien sicherlich auch keine, genauso wenig wie die meisten österreichischen Militärangehörigen.

Nicht nur in der Rolle der Kaiserin machte sich Sisi Sorgen, sondern auch privat, denn ihre Brüder beteiligten sich als Offiziere auf österreichischer Seite (das Königreich Bayern war ein Verbündeter des Kaiserreiches) ebenfalls

315 Ebd. Schönbrunn, 7. Juli 1866.

316 Kaiserin Elisabeth an ihre Mutter, Ischl, 22. Juni 1866. In Nl Corti. Abschrift.

317 Ebd. Wien, 5. Juli 1866. Abschrift.

Königin Elisabeth von Preußen, Tante und Patin von Kaiserin Elisabeth.

an den Kriegshandlungen: »Ich ängstige mich namenlos um die Brüder und wünsche mir auch oft, wären sie doch lieber alle Schwestern.«[318] Die Auseinandersetzungen zwischen Österreich und Preußen brachten durch die verwandtschaftlichen Beziehungen ebenfalls familiäre Schwierigkeiten mit sich. Elisabeth, die Witwe des preußischen Königs Friedrich Wilhelm IV., war eine Schwester von Herzogin Ludovika in Bayern sowie von Erzherzogin Sophie und damit die Tante deren Kinder, Kaiser Franz Joseph I. und Kaiserin Elisabeth. »Ich bedauere die arme Tante Elise. Sie muss sich wirklich schämen, diesem Lande anzugehören«,[319] schrieb Sisi ihrer Mutter. Ihrem Ärger über die Situation mit Preußen macht sie mit noch deutlicheren Worten Luft: »Es wäre wirklich eine Gnade Gottes, wenn der König von Preussen auf einmal stürbe, da würde viel Unglück erspart werden.«[320]

Über die Niederlage in der entscheidenden Schlacht bei Königgrätz ist Elisabeth entsetzt und ratlos. »Was jetzt noch alles geschehen wird, habe ich keine Idee [...] Das beste ist jetzt keine Zeit mehr zum denken zu haben, immer in Bewegung sein. Die Vormittage bringe ich in Spitälern zu [...] Nachmittags komme ich oft zum Kaiser in die Burg [...]. Er ist so von Geschäften überhäuft, dass es wirklich seine einzige Erholung ist, wenn wir abends ein wenig zusammen beim offenen Fenster sitzen.«[321] Man befürchtete, dass Preußen und seine Verbündeten weiter vorrücken und dabei bis nach Wien kommen könnten. Die Lage war so ernst, dass der Hof anfing zu packen, um die Werte in Sicherheit zu bringen. Die Ministerien beabsichtigte man auch nach Buda zu verlagern. Die Gehälter der staatlichen Angestellten wurden für drei Monate im Voraus ausbezahlt.[322]

Trotz all der erwähnten Probleme traf die Niederlage Österreich unerwartet, deshalb war sie umso erschütternder. Die Beliebtheit des Kaisers sank auf einen Tiefpunkt, man hoffte auf die Rückkehr des liberalen Erzherzogs Maximilian, des Bruders von Franz Joseph, derzeit Kaiser von Mexiko. Die Kaiserin machte sich Sorgen um die Zukunft ihres Sohnes und schrieb Graf Latour, Rudolfs Erzieher: »Wie schrecklich es Ihnen und Pálffy sein muß, jetzt in Ischl ruhig auszuhalten, das begreife ich nur zu gut, aber Gott wird es

318 Ebd. Ischl, 26. Juni 1866. Abschrift.

319 Kaiserin Elisabeth an ihre Mutter, Ischl, 16. Juni 1866. In: Nl Sexau. Abschrift.

320 Kaiserin Elisabeth an ihre Mutter, Schönbrunn, 2. Juli 1866. In: Nl Corti. Abschrift.

321 Ebd. Wien, 5. Juli 1866. Abschrift.

322 *PN* 12. Juli 1866; *Pr* 12. Juli 1866.

Ihnen lohnen, daß Sie dieses schwere Opfer bringen und das arme Kind [Rudolf, Anm.] nicht verlassen, dessen Zukunft eine so traurige ist. Unser armer Kaiser, er wird wirklich hart geprüft.«[323]

Elisabeth bewahrte in dieser verzweifelten Situation Haltung. Sie war der Überzeugung, dass man diesen Schlag mit Würde tragen sollte: »Gott gebe nur, daß kein Friede geschlossen wird, wir haben nichts mehr zu verlieren, also lieber in Ehren ganz zugrunde gehen.«[324] Diese Würde und den Glauben an ihren Mann als Kaiser zeigte sie auch demonstrativ: Sie fügte sich in die von ihr erwartete Rolle, indem sie den Verwundeten Trost spendete, bei der Pflege half und für die Soldaten betete. Durch ihr Verhalten beeinflusste Elisabeth die Stimmung in der Bevölkerung.[325]

Es war nämlich zu befürchten, dass neben dem Krieg auf zwei Fronten innenpolitische Unruhen ausbrechen könnten, vor allem auf ungarischer Seite. Hinter den Kulissen verhandelte Franz Joseph bereits seit anderthalb Jahren mit Deák. Auch Zugeständnisse an Ungarn und den Absolutismus wurden gemacht, die Gespräche gerieten aber ins Stocken. Und ausgerechnet in diesem prekären Stadium der Verhandlungen stachelte Preußen, um seinen Gegner zu schwächen, die Exil-Ungarn auf, die wegen ihrer Rolle in den Jahren 1848 / 49 aus dem Kaisertum Österreich geflohen sind. Der ehemalige General György Klapka stand mit seiner Legion vor den Grenzen und wartete auf eine Chance, um einen Aufstand anzuzetteln. Die Rechnung ging aber nicht auf. Von ungarischer Seite reifte die Ansicht seit der Waffenniederlage von Világos im August 1849 nach und nach, dass Ungarn allein, das heißt als eigenständiger Staat, nicht in der Lage wäre, seine Unabhängigkeit auf Dauer zu wahren. Der Kossuth'schen Emigration gelang 1859 während des italienischen Krieges nicht, internationale Unterstützung für ein unabhängiges Ungarn zu mobilisieren. Der polnische Aufstand von 1863 wurde auch niedergeworfen. Die aktuelle Niederlage gegen Preußen versprach langfristig betrachtet auch nichts Gutes für ein selbstständiges Ungarn.[326] Dennoch, Franz Joseph konnte nicht sicher sein, ob die Ungarn zu ihm halten würden. In dieser Situation reiste die Gattin des Monarchen nach Budapest. Seit ihrem

---

323 Kaiserin Elisabeth an Graf Latour, Erzieher des Kronprinzen, Wien, 4. Juli 1866. Wien, Staatsarchiv. Zit. nach Corti 1935. S. 150.

324 Ebd.

325 Somogyi 1984. S. 11.

326 Hanák 1967. S. 82.

Besuch am Jahresanfang hatte Elisabeth viele Bewunderer in Ungarn, und mit ihrem nächsten Schritt überzeugte sie noch mehr Menschen.

Flucht nach Ungarn

Am 9. Juli reiste Elisabeth mit einer kleinen Suite nach Budapest ab, für zwei Tage, »um die dort untergebrachten Verwundeten der österreichischen Armee zu besuchen«[327]. In Marchegg, an der Grenze zu Ungarn, wurde sie von Primas Scitovsky und Tavernikus Sennyey empfangen. Bei ihrer Ankunft in Budapest war die ganze Stadt auf den Beinen, niemand ließ es sich nehmen, die Kaiserin zu begrüßen. Der Klerus, die Vertreter der Stadt, der Magnatentafel, des Abgeordnetenhauses mit Andrássy, alle eilten zum Bahnhof. Der ansonsten sehr zurückhaltende Ferenc Deák war ebenfalls anwesend, denn er »hielte es für Feigheit, sich von der Kaiserin jetzt im Unglück abzuwenden, nachdem wir ihr entgegen gingen, als die Angelegenheiten der Dynastie gutstanden«.[328]

Fürstprimas János Scitovsky war bereits Anfang 1866 der Wortführer der Delegation, die Elisabeth nach Ungarn einlud.

Von dort aus fuhr Elisabeth »durch die dichtgefüllten Straßen, von den herzlichsten Ovationen der ganzen Bevölkerung bis zur Hofburg begleitet«.[329] Kaum drei Stunden später suchte sie die Verwundeten im

327 *NFP Ab* 9. Juli 1866.

328 Kónyi, 3. S. 763. Zit. nach Wertheimer 1910a. Bd. 1. S. 258–259. Ung.

329 *NFP* Mb 10. Juli 1866.

Orczy-Garten auf.[330] Die meiste Zeit verbrachte die Kaiserin in den Spitälern, spendete den Patienten Trost und erbat sich von den Ärzten ausführliche Informationen.[331] Am 11. Juli fuhr die Kaiserin bereits nach Wien zurück. Am Bahnhof erschien wieder ein zahlreiches Publikum, Elisabeth unterhielt sich länger mit Andrássy und dem Ehepaar Sennyey. Sie verabschiedete sich mit den Worten: »Bald komme ich mit meinen lieben Kindern in mein geliebtes Ungarn, denn nirgends fühle ich mich so sicher wie hier.«[332] Zwei Tage später löste sie ihr Versprechen ein.

Diesmal kam die Kaiserin mit einem Gefolge aus über 50 Personen und ihrer Tochter Gisela sowie ihrem Sohn Rudolf. Die Trennung vom Kaiser auf dem Bahnhof in Wien war nach den Zeitungsberichten recht tränenreich, Gattin und Kinder lagen Franz Joseph »laut schluchzend« in den Armen.[333] Ein besonders symbolträchtiger Moment war, als der Kaiser seine Hand zurückzog, »welche die Kaiserin zum Abschiede noch küssen wollte«.[334] Elisabeth fuhr nach Ungarn, um dem Willen ihres Mannes Folge zu leisten. Der galante, ritterliche Ehemann sorgte auf diese Weise für die Sicherheit seiner Familie vor dem drohenden Krieg in Wien. Nicht weniger ritterlich kamen sich die Ungarn vor: »Die Auswirkungen der schwerwiegenden Ereignisse sowie die Strapazen der Reise sah man Ihrer Majestät dieses Mal mehr an als letztes Mal, aber man sah ihr gleichzeitig auch die Freude darüber an, dass sie ihre Kinder vor den harten Ereignissen in Sicherheit bringen konnte«,[335] und sie nahmen Elisabeth begeistert in ihrem Kreis auf.

Die kaiserlichen Kinder wurden während des Aufenthaltes in der sogenannten Kochmeister'schen Villa in den Budaer Bergen untergebracht. Elisabeth wohnte zwar ebenfalls dort, verbrachte aber auch in der Burg regelmäßig viel Zeit. Sie nahm Gisela und Rudolf gelegentlich zu Ausflügen in das nahe gelegene Gebirge mit.[336] Die Kinder lebten zurückgezogen, täglich, nach dem Abendessen, fuhren sie aus, Rudolf machte regelmäßig Ausflüge in den Stadtwald. Währenddessen bildete das schaulustige – vor allem junge – Publikum Spailer entlang der bekannten Strecken und begrüßte Rudolf und Gisela mit

---

330 Berichte über die Abfahrt nach bzw. Ankunft in Budapest in: *NFP* 9. und 10. Juli 1866; *De* 10. Juli 1866; *PN* 10. Juli 1866.

331 Berichte über den Aufenthalt in Budapest in: *PN* 11. und 13. Juli 1866.

332 Ebd. 13. Juli 1866. Ung.

333 Ebd. 17. Juli 1866; *Pr* 14. Juli 1866.

334 *NFP* Mb 14. Juli 1866.

335 *PN* 14. Juli 1866. Ung.

336 *De* 24. Juli 1866. *NFP* Ab 26. Juli 1866.

lebhaften Ovationen. Nicht einmal im Garten konnten sie unter sich sein: »Die k. Kinder spielten über einige Tage im Garten Ball; durch den Zaun beobachteten zahllose Menschen jene fröhliche Laune, mit der sich die k. Kinder diesem wirklich kindlichen Zeitvertreib widmeten.«[337]

Nach wie vor besuchte Elisabeth oft die Spitäler,[338] ritt regelmäßig in der Reitschule der Burg, machte Ausflüge zu Pferd[339] und lud bei Gelegenheit »eine große Anzahl ungarischer aristokratischer Damen«[340] zum Diner ein. Ende Juli stattete sie Wien einen kurzen, fünftägigen, Besuch ab und kehrte anschließend nach Ungarn zurück.[341]

Neben ihren Aktivitäten, welche die Tagespresse in ausführlichen Artikeln verfolgte, versuchte die Kaiserin im Hintergrund die ungarische Angelegenheit voranzubringen. Der ungarische Landtag, der an einer Lösung arbeitete, wurde auf Anordnung von allerhöchster Stelle wegen des Krieges bereits am 26. Juni vorübergehend geschlossen. Ferenc Deák unterstützte diese Entscheidung, denn er befürchtete, dass die Zugeständnisse – falls Ungarn dem Kaiser welche unter solchen Umständen abringen könnte – nicht von Dauer wären. Andrássy war gegen die Vertagung des Landtags und wünschte, dass Franz Joseph die ungarische Verfassung wieder in Kraft setzte. Seiner Ansicht nach würde dies der Monarchie bei den Friedensverhandlungen eine stärkere Position verschaffen, denn das würde zeigen, dass die innenpolitischen Probleme zumindest zum Teil gelöst wären.[342] Andrássy stand mittels der Vorleserin Ferenczy seit dem Ungarnbesuch des Kaiserpaares am Jahresanfang mit Elisabeth in Korrespondenz und unterrichtete sie bestimmt über seinen Standpunkt. Dass der Graf die Kaiserin von seinen Ansichten bezüglich Ungarn überzeugte und zu seiner Verbündeten machte, ist allgemein bekannt, genauso wie Elisabeths Vermittlungsversuche zwischen dem Monarchen und den ungarischen Untertanen.[343]

Franz Joseph stand mit den politischen Führern Ungarns, dem Hofkanzler György Majáth und dem Tavernikus Pál Sennyey in regelmäßigem Kontakt,

---

337 *PN* 21. Juli 1866. Ung.

338 Áldor 1866. S. 462–463.

339 *De* 24. Juli 1866.

340 Ebd. 27. Juli 1866.

341 *NFP* Mb 31. Juli 1866; *PN* 3. und 4. August 1866.

342 Kónyi Bd. 4. 1903. S. 5–6.

343 Hamann 1982. S. 239.

letzteren empfing er am 30. Juni,[344] aber offensichtlich ging es Elisabeth beziehungsweise Andrássy nicht weit genug und sie wollten, dass der Kaiser direkt mit Deák, dem Anführer der Adress-Partei, verhandeln sollte. Dieser zog sich nach Ankunft der Kaiserin in Budapest auf das Landgut seines Schwagers zurück – er wollte ja, dass Franz Joseph sich erst einmal auf den Krieg mit Preußen beziehungsweise Italien und dessen Folgen konzentrieren konnte. Andrássy und die Kaiserin jedoch hatten ihre eigenen Pläne und nachdem Elisabeth bei ihrem Mann auf taube Ohren gestoßen war, schrieb sie György Majláth an: »[…] ich bin aufrichtig mit Ihnen. Vor allem eine Bitte, seien Sie mein Stellvertreter beim Kaiser, übernehmen Sie mein Amt, dem Kaiser die Augen zu öffnen über die Gefahr, in die er sich unwiderbringlich stürzt, wenn er noch immer keine Konzessionen an Ungarn machen will. Seien Sie unser Retter, darum beschwöre ich Sie jetzt im Namen unseres armen Vaterlandes und meines Sohnes und zähle dabei auch auf die Freundschaft, die Sie, wie ich mir vielleicht einbilde, doch ein wenig für mich fühlen. Das Zugeständnis, zu dem ich den Kaiser zu bewegen trachtete, das er mir aber leider noch nicht machte, ist, die jetzigen Regierungsmänner zu entfernen und als Minister des Äußern Gyula Andrássy zu ernennen. Dies wäre eine Konzession an Ungarn, ohne sich durch Nachgeben jetzt zu kompromittieren. Seine Popularität im Lande würde beruhigend und vertrauenerweckend wirken und das Königreich ruhig halten, bis endlich die Verhältnisse erlauben, daß die inneren Zustände geregelt werden […] Ist der Kaiser dazu durchaus nicht zu bewegen, so sollte er wenigstens Andrássy zum Minister Ungarns machen; für jetzt ist ja das größte Bedürfnis, daß das Land beruhigt und durch einen Mann, der ihm die Bürgschaft einer besseren Zukunft gibt, dahin gebracht wird, daß es alle Kräfte, über die es nur zu gebieten vermag, dem Kaiser stellt […] In Ihre Hände lege ich nun alles […] Wären nur Sie allein immer gewesen, wie anders stünde jetzt alles, aber da wir nun einmal so weit sind, so gehen Sie wenigstens nicht, ohne den Einfluß des Grafen Esterházy [Móric Esterházy, Minister ohne Portefeuille, Anm.] gebrochen zu haben, ohne das Resultat erzielt zu haben, daß der vom Kaiser entfernt ist, dessen wohlgemeinter, aber verderblicher Rat so viel Unglück über uns bringt. Ohne Rückhalt habe ich mich an Sie gewendet. Mein Vertrauen kann ich nur ganz oder gar nicht geben. Bringen Sie das zuwege, was mir nicht gelang, dann werden Millionen Sie segnen, mein Sohn aber täglich für Sie beten, wie für seinen größten Wohltäter. Ich vertraue diesen Brief nicht der Post an. Sie können den Überbringer so lange

344 *Pr* 1. Juli 1866.

behalten, als Sie wollen, lassen Sie ihn aber nicht ohne Antwort zurückkommen. Isten áldja meg. [ung. für Gott segne Sie, Anm.] Elisabeth.«[345]

Der Brief spiegelt Andrássys großen Einfluss auf Elisabeth eindeutig wider. Nach dem Treffen mit dem Kaiser antwortete Majláth der Kaiserin, dass Franz Joseph die Notwendigkeit der Verhandlungen einsehe, aber eine einseitige, nur für Ungarn vorteilhafte Lösung nicht infrage käme. Außerdem sollte man den Anschein vermeiden, dass die Maßnahmen auf Druck der äußeren Verhältnisse ergriffen wurden.[346] Elisabeth ließ die Sache nicht auf sich beruhen, sondern bedrängte ihren Mann weiter, noch am gleichen Tag schrieb sie ihm:

»Eben komme ich zurück von Königseggs, wo ich eine Unterredung mit Andrássy hatte, natürlich allein. Er sprach seine Ansichten klar und deutlich aus. Ich habe sie verstanden und die Überzeugung gewonnen, daß wenn du ihm vertraust, aber ganz, so sind wir, und nicht Ungarn allein, sondern die Monarchie, noch zu retten. Du mußt aber jedenfalls selbst mit ihm reden, und zwar gleich, denn jeder Tag kann die Verhältnisse so gestalten, daß er es am Ende gar nicht mehr übernehmen würde; in so einem Moment gehört auch wirklich viel Aufopferung dazu, es zu tun. Spreche also gleich mit ihm. Du kannst es ohne Rückhalt tun, denn diese Versicherung kann ich Dir geben, Du hast keinen Mann vor Dir, der um jeden Preis eine Rolle spielen will, nach einer Position hascht, im Gegenteil, er stellt eher seine jetzige Stellung, die eine schöne ist, aufs Spiel. Aber wie jeder Ehrenmann, ist auch er bereit, in dem Moment, wo der Staat dem Schiffbruch nahe ist, alles, was in seiner Macht steht, zur Rettung beizutragen; was er hat, seinen Verstand, seinen Einfluß im Land wird er Dir zu Füßen legen. Zum letzten Mal bitte ich Dich im Namen Rudolfs, versäume den letzten Moment nicht [...]

Ich habe Andrássy gebeten, Dir die Wahrheit ganz offen zu sagen, Dich von allem in Kenntnis zu setzen, wenn es auch leider nicht erfreulich ist. Ich bitte Dich, telegraphiere mir gleich nach Erhalt meines Briefes, ob Andrássy abends mit dem Zug nach Wien fahren soll. Ich bestelle ihn auf morgen wieder zu Paula [Königsegg, Hofmeisterin der Kaiserin, Anm.], wo ich ihm dort die Antwort sage. Sagst Du ›nein‹, willst Du in der letzten Stunde nicht einmal mehr einen uneigennützigen Rat hören, dann handelst Du wirklich un.lich an

---

345 Kaiserin Elisabeth an György Majláth, o. D., unverändert abgesandter Entwurf. Scheinbar 14. Juli 1866 geschrieben. In: Archiv von Erzherzog Franz Salvator, Schloss Wallsee. Zit. nach. Corti 1935. S. 154–155.

346 Ebd. 1935. S. 155.

uns allen. Meiner ferneren B … und Sk. [Bitten und Sekkaturen] bist Du dann für immer enthoben, dann bleibt mir nichts mehr übrig, als mich mit dem Bewußtsein zu beruhigen, daß ich, was immer auch geschehe, Rudolf einmal ehrlich sagen kann: ›Ich habe alles getan, was in meinen Kräften stand. Dein Unglück habe nicht ich am Gewissen.‹«[347]

Nun appellierte Elisabeth nicht nur daran, dass der Kaiser an das Wohl der Monarchie denken sollte, sondern sprach auch den Vater an: Er sollte sich überlegen, welche Zukunft den eigenen Sohn erwarten würde, wenn er nicht zum Handeln bereit wäre. Franz Joseph gab nach, und ließ Deák[348] und Andrássy kommen. Bevor der Graf nach Wien reiste, hielt er Rücksprache mit seiner Verbündeten: »Gerade eben habe ich die Antwort bekommen, dass der Kaiser Sie in Wien erwartet. Den Rest heute Nachmittag um halb fünf mündlich wieder bei Gräfin Königsegg.«[349] Der Kaiser betrachtete dieses Treffen als Vorfühlen, ob eine Verhandlung überhaupt Sinn machen würde: »Heute erwarte ich also G[yula] A[ndrássy]. Ich werde ihn ruhig anhören und reden lassen und ihn dann fest auf den Zahn fühlen, um zu sehen, ob ich Vertrauen zu ihm fassen kann. Der Alte [Deák, Anm.] ist nicht mehr in [Buda]Pesth und muß daher auf dem Lande geholt werden, so daß er erst Morgen oder Übermorgen hier sein kann. Mir ist es auch lieber, A[ndrássy] zuerst allein sprechen zu können, denn der Alte ist zwar sehr weise, hat aber nie viel Courage gehabt.«[350] Die Audienz dauerte anderthalb Stunden, seine Meinung änderte Franz Joseph angesichts des Gesprächs aber nicht. »Ich fand ihn [Andrássy, Anm.] übrigens wie früher immer, zu wenig präcis in seinen Absichten und ohne die nothwendige Rücksicht auf die übrigen Theile der Monarchie. Er begehrt sehr viel und biethet für den jetzigen, entscheidenden Augenblick zu wenig. In dieser Beziehung erkenne ich seine große Offenheit und Nüchternheit an und diese Anerkennung spreche ich mit voller Überzeugung aus; er ist ein braver, ehrlicher und höchst begabter Mann, aber ich fürchte er hat weder die Kraft, noch findet er im Lande die Mittel, um sei-

---

347 Kaiserin Elisabeth an Kaiser Franz Joseph, 15. Juli 1866. Eigenhändiges Briefkonzept. In: Archiv von Erzherzog Franz Salvator, Schloss Wallsee. Zit. nach ebd. S. 155–156. Auflösung der Abkürzungen aufgrund Hamann 1982. S. 241.

348 Chiffriertes Telegramm von Kaiser Franz Joseph an Kaiserin Elisabeth, Wien, 15. Juli 1866. In: Nostitz-Rieneck. Bd. 1. 1966. S. 38.

349 Kaiserin Elisabeth an Gyula Andrássy, 16. Juli 1866. In: Andrássy-Familienarchiv. Zit. nach Wertheimer Bd. 1. 1910a. S. 262. Ung.

350 Kaiser Franz Joseph an Kaiserin Elisabeth, Wien, 17. Juli 1866. 5 Uhr früh. In: Nostitz-Rieneck. Bd. 1. 1966. S. 38.

ne jetzigen Absichten durchzuführen und dann wird er nach seiner eigenen konstituionellen Theorie abtreten und ich bin vis a vis der äußersten Linken oder des Belagerungszustandes. Vor Allem muß ich aber noch mit dem Alten reden, dann mit Beiden zusammen, ehe ich einen Entschluß fassen kann.«[351]

Einen Tag nach Andrássys Audienz machte sich inkognito auch Ferenc Deák auf den Weg zum Kaiser und da er erst am Abend ankam, nahm er in Meidling unter dem Pseudonym »Advokat Ferenczi« Unterkunft – laut dem Elisabeth-Biografen Corti ein klarer Hinweis auf die Rolle Ida Ferenczys in der Sache.[352] Wer Ferenc Deáks Charakter und seine Korrektheit kennt, wird feststellen müssen, dass diese Plumpheit absolut untypisch für ihn gewesen wäre. Vielmehr griff Deák auf seinen eigenen Vornamen Ferenc zurück, von dem er den relativ verbreiteten Nachnamen Ferenczi im Ungarischen ableitete. Ferner gibt es bisher keine Anzeichen dafür, dass er mit Elisabeth in regelmäßiger Korrespondenz gestanden hätte – im Gegensatz zu Andrássy. Außerdem war Deák ja dafür, die Verhandlungen mit dem Kaiser während des Krieges ruhen zu lassen. Warum hätte er dann plötzlich auf ein Treffen mit dem Monarchen drängen sollen? Ganz zu schweigen von dem Umstand, dass er sich gerade zu einem Sommeraufenthalt nach Pusztaszentlászló (circa 220 km von Budapest und 210 km von Wien entfernt) zurückzog – kurz nach Elisabeths Ankunft in Budapest und wenige Tage vor deren Brief an György Majláth.

Nach der Audienz am 19. Juli äußerte sich Franz Joseph zwar positiv über das Gespräch mit Deák, seine Bedenken konnten aber auch diesmal nicht zerstreut werden: „Gestern war um 7 Uhr Früh richtig der Alte bei mir und wir sprachen eine Stunde sehr eingehend und offen über alle denkbaren Eventualitäten. Ich habe ihn nie so ruhig, so klar und so aufrichtig gefunden. Viel klarer wie A[ndrássy] und viel mehr der übrigen Monarchie Rechnung tragend. Ich habe aber durch ihn denselben Eindruck erhalten, wie durch A[ndrássy]. Sie begehren alles im weitesten Sinne und bieten keine sicheren Garantien des Gelingens, sondern nur Hoffnungen und Wahrscheinlichkeiten und versprechen kein Ausharren im Falle sie ihre Absichten im Lande nicht durchsetzen können und von der Linken überflügelt werden und dann wäre ich gegenüber Madarász und Patai[353] etc. […] oder dem Belagerungsstande.» Wie man sieht,

---

351 Kaiser Franz Joseph an Kaiserin Elisabeth, Wien, 18. Juli 1866. ½ 6 Uhr früh. In: Ebd. S. 41.

352 Corti 1935. S. 159.

353 László Madarász und József Patay waren Mitglieder des radikalen linken Flü-

sowohl Deák als auch Franz Joseph sind sich dessen bewusst, dass die Anzahl der Versöhnungswilligen in Ungarn zwar eine erhebliche ist, ihre Mehrheit aber im Fall einer möglichen Einigung nicht sicher ist. Ebenfalls bestätigt der Kaiser, dass die seit bereits Ende 1864 laufenden Verhandlungen seiner Ansicht nach ohne den Krieg bald zu einer Lösung geführt hätten: »Deák hat mir eine hohe Achtung für seine Ehrlichkeit, Offenheit und dynastische Anhänglichkeit eingeflößt und mich in meiner Überzeugung bestätigt, daß wenn der unglückliche Krieg nicht dazwischen gekommen wäre, ich mich in nicht zu langer Zeit mit dem Landtage auf dem eingeschlagenen Wege verständigt hätte; allein Muth, Entschlossenheit und Ausdauer im Unglücke ist dem Manne nicht gegeben.« Dass es zwischen Andrássy und Deák über die Gestaltung der Verhandlungen Differenzen gab, lassen die folgenden Zeilen des Kaisers vermuten: »Mit A[ndrássy] wollte er [Deák, Anm.] durchaus nicht zusammenkommen und um 11 Uhr ist er wieder in aller Stille abgereist. Heute will ich wieder mit A[ndrássy] sprechen, um den Faden der Verhandlungen nicht abreißen zu lassen, da wenn die äußere Situation einmal entschieden ist, mit ihm doch etwas zu machen sein wird.“[354] Nach dem Gespräch weist Franz Joseph Andrássy an, sich mit Deák über die Details zu verständigen: »Heute kommt A. zu mir und da werde ich ihn auffordern mit D. zu sprechen und über mehrere wichtige Punkte klar zu werden und bestimmte Ansichten auszusprechen, ohne deren Feststellung die ungarische staatsrechtliche Frage, mit Beziehung auf die anderen Theile der Monarchie gar nicht gelöst werden kann. Endlich müßen die Leute sich klar werden, was sie wollen und wie sie es durchführen können, ohne mich bei der ersten Schwierigkeit, auf die sie stoßen würden, sitzen zu lassen.«[355]

Andrássy reiste nach Pusztaszentlászló, um mit Deák zu reden. Dort erfährt er, was dieser mit dem Kaiser besprochen hat, und er unterrichtet die Kaiserin darüber umgehend: »Gestern Abend bin ich von [Puszta]Szentlászló zurückgekehrt, und heute beabsichtige ich, nach Wien zu reisen. Ich beeile mich, Ihrer Majestät durch Sie zu melden, dass ich mit dem Alten Herrn [Deák, Anm.] sehr zufrieden war. Er will zwar in das Ministerium nicht eintreten, was auch nicht nötig ist – aber er behauptete entschieden, dass er all das, was

gels der Beschlusspartei und damit Gegner eines Ausgleichs zwischen Österreich und Ungarn.

354 Kaiser Franz Joseph an Kaiserin Elisabeth, Wien, 20. Juli 1866. 6 Uhr früh. In: Nostitz-Rieneck. Bd. 1. 1966. S. 44–45.

355 Kaiser Franz Joseph an Kaiserin Elisabeth, 22. Juli 1866. ½ 6 Uhr früh. In: Ebd. S. 48.

ich tun würde, voll und ganz unterstützen wird. Nun hängt also alles von der Entscheidung in Wien ab. Es gibt nicht einmal den kleinsten Vorwand, dass sie sich auf das Ungewisse nicht verlassen können. Trotz der großen Last, welche auch der Alte allein mir aufbürdet, wäre ich glücklich, denn unser Vaterland könnte alles Gute seinem Schutzengel [Kaiserin Elisabeth, Anm.] verdanken. Ich wollte zu Ihnen hinaufgehen, aber da ich vermute, dass jetzt alle meine Schritte verfolgt werden, wollte ich nicht unnötigerweise den Weg weisen, auf dem jetzt die Vorsehung seine Wirkung entfaltet. Wenn aber Ihre Majestät irgendeinen Befehl hätte, würde ich entweder zu Ihnen herüberkommen – oder würde dahin kommen, wo ich Sie treffen könnte. Sobald ich aus Wien zurück bin, melde ich mich.«[356]

Gleich nach dem Brief an Ida Ferenczy fasste Andrássy für den Kaiser schriftlich zusammen, was er mit Deák besprochen hatte. Anschließend fuhr er nach Wien und trug Franz Joseph das Geschriebene vor und wies ihn noch darauf hin, wie wichtig es wäre, direkt nach dem Friedensvertrag – der Vorfriede von Nikolsburg wurde zwei Tage zuvor, am 26. Juli, geschlossen – die ungarische Verfassung wieder in Kraft zu setzen.[357] Franz Joseph versprach, gründlich über die Sache nachzudenken. Mit Elisabeth traf sich Andrássy – auf deren Einladung – kaum 24 Stunden später in Schönbrunn. Als er die Einladung erhielt, notierte er die inzwischen berühmten Worte über die Rolle der Kaiserin: »So viel ist sicher, wird ein Erfolg erreicht, wird das Land der gütigen Vorsehung, welche über es wacht, mehr zu verdanken haben als es ahnt.«[358] In der deutschen Version des zitierten Werkes ist von einer »schönen Vorsehung«[359] die Rede. Da Wertheimer nicht angibt, ob Andrássy in ungarischer oder deutscher Sprache seine Notizen machte, lässt es sich nicht mit Sicherheit ermitteln, welcher Ausdruck der richtige ist, obwohl Einiges für ein ungarisches Original spricht.[360]

---

356 Gyula Andrássy an Ida Ferenczy, o. O. o. D. [Budapest, 26. Juli 1866]. In: Andrássy. Ung.

357 Andrássys Vortrag an Kaiser Franz Joseph, Wien, 28. Juli 1866 samt Kommentar des Herausgebers. In: Kónyi Bd. 4. 1903. S. 7–8.

358 Andrássys Tagebuchartige Aufzeichnungen, 30. Juli 1866. In: Andrássy Archiv. Zit. nach Wertheimer Bd. 1. 1910a. S. 269. Ung.

359 Wertheimer Bd. 1. 1910b. S. 223.

360 Wertheimer schrieb seine Andrássy-Biografie ursprünglich in Ungarisch im Auftrag der Ungarischen Akademie der Wissenschaften. Außerdem sprach Andrássy im Gegensatz zu manch einem ungarischen Zeitgenossen auf Muttersprachenniveau Ungarisch, was vermuten lässt, dass er seine Notizen grundsätzlich in seiner Muttersprache verfasste. Ferner gibt es im Staatsarchiv des

Die Verhandlungen zwischen dem Kaiser und den versöhnungswilligen Ungarn gerieten ins Stocken, die Fortschritte waren nicht nennenswert. Anfang August reiste Andrássy wieder von Wien ab, Elisabeth aber bedrängte ihren Mann weiter und weigerte sich nach Wien und nach Österreich generell zurückzukehren. Franz Joseph vermisste seine Frau und hätte gern gesehen, wenn sie mit den Kindern nach Wien zurückgekehrt wäre. Ihm fehlte mitten in den Friedensverhandlungen mit Preußen und neben den zahlreichen anderen Problemen als Folge des Krieges die Geduld für das kapriziöse Verhalten seiner Gemahlin: »Innigsten Dank für Deinen Brief vom 5. [August], den ich Gestern in der Stadt erhielt und dessen ganzer Inhalt nur den Zweck hat, mir mit einer Menge Gründen zu beweisen, daß Du mit den Kindern in Ofen bleiben willst und wirst. Da Du einsehen mußt, daß ich jetzt im Augenblicke eines wiederbeginnenden Krieges in Italien und der Friedensverhandlungen mit Preußen nicht von hier weg kann, daß es gegen meine Pflicht wäre, mich auf Deinen ausschließlich ungarischen Standpunkt zu stellen und diejenigen Länder, welche in fester Treue namenlose Leiden erduldeten und gerade jetzt der besonderen Berücksichtigung und Sorgfalt bedürfen, zurückzusetzen so wirst Du begreifen, daß ich Euch nicht besuchen kann. Wenn Du die hiesige Luft ungesund findest, so wird es so sein, in Ischl könnte ich Euch jetzt eben so wenig besuchen, wie in Ofen und so muß ich mich eben trösten und mein langgewöhntes Alleinsein wieder mit Geduld tragen. In dieser Beziehung habe ich schon viel auszuhalten gelernt und man gewöhnts endlich. Ich werde über diesen Punkt nicht ein Wort mehr verlieren, denn sonst wird unsere Correspondenz zu langweilig, wie Du sehr richtig bemerkst und ich werde in Ruhe erwarten was Du später beschließest.«[361]

Den August verbrachte die Kaiserin hauptsächlich im Freien, ritt, machte Spaziergänge im Burggarten, im Stadtpark und in Zugliget (in der Umgebung der Kochmeister-Villa) und abends im Stadtwald.[362] Mitte August, machte sie wieder eine Stippvisite in Wien – den Geburtstag ihres Mannes eingeschlossen.[363] Den Stephanstag (Nationalfeiertag zu Ehren des ersten ungari-

---

Ungarischen Nationalarchivs keinen Vermerk darüber, dass die überlieferten Abschriften von den tagebuchartigen Notizen Andrássys in nichtungarischer Sprache vorhanden wären. Vgl. Andrássy.

361 Kaiser Franz Joseph an Kaiserin Elisabeth, Wien, 7. August 1866, ½ 6 Uhr früh. In: Nostitz-Rieneck. Bd. 1. 1966. S. 57–58.

362 *PN* 14. August 1866.

363 Ebd. 15. August 1866.

schen Königs Stephan I. am 20. August) verlebte die Kaiserin in Buda, schaute den Umzug von einem Balkon der Burg in Gesellschaft ihrer Kinder sowie der sächsischen Kronprinzessin Klothilde an.[364] Am gleichen Abend organisierten die Schwesterstädte Pest und Buda eine Feier für Elisabeths Sohn anlässlich seines Geburtstages am nächsten Tag: »12 Knaben und Mädchen von Pest, ebensoviel von Buda, alle im Alter des Kronprinzen, sowie 12 Bauernknaben und 12 Bauernmädchen aus der Umgebung von Buda, bezogen auf der Wiese in dem unteren Teil der Villa Stellung, während der Patikárus Volksmusik spielte. Wenige Minuten später erschien Ihre Majestät die Kaiserin – mit den kaiserlichen Kindern und der sächsischen Kronprinzessin. Eine Schülerin des Englischen Fräulein in Pest trug die Begrüßungsrede, die Probst Sujánszky schrieb, vor, dies erwiederte der Kronprinz mit einigen Dankesworten. Nachdem die Kinderpaare einen Tschardasch getanzt hatten, wurden sie zu der bereitgestellten Tafel gerufen und festlich bewirtet, währenddessen tanzte das junge Bauernvolk auf die Bitte der allerhöchsten Herrschaften mehrmals Tschardasch.«[365]

Kaiser Franz Joseph in österreichischer Generalsuniform.

Erst Anfang September kehrte Elisabeth endgültig nach Wien zurück, am Bahnhof versammelte sich ein zahlreiches Publikum, der Bürgermeister von Pest bedankte sich bei der Kaiserin für ihren langen Aufenthalt in der Stadt. Sie erwiderte darauf: »Bevor ich scheide, setzen Sie bitte die Bewohner von Buda-Pest in Kenntnis über meine Dankbarkeit für die freundliche Aufnahme, die sie mir zukommen ließen, sowie für die loyale und liebevolle Anhänglichkeit, die sie mir gegenüber während meines Aufenthaltes immer wieder erwiesen haben.«[366]

Was Elisabeths politische Aktivitäten betrifft, verfehlten diese ihr Ziel größ-

[364] *VU* 26. August 1866. S. 412; *PN* 22. August 1866.

[365] Ebd. 26. August 1866. S. 412. Ung.

[366] *PN* 4. September 1866. Ung.

tenteils. Die ungarische Verfassung von 1848 wurde nicht wieder in Kraft gesetzt, genauso wenig ernannte Franz Joseph ein ungarisches Ministerium. Andrássy bekam nicht die Position des ungarischen Ministerpräsidenten, der Kaiser dachte auch nicht daran, ihn zum Außenminister und des kaiserlichen Hauses zu ernennen. Das einzige Zugeständnis, das der Kaiser seiner Frau machte, war, Andrássy und Deák zu Gesprächen einzuladen – aber wie gesagt, ohne dass dabei etwas Verwertbares herausgekommen wäre. Elisabeth ließ sich von Andrássy instrumentalisieren, welcher hoffte, mit seiner Taktik endlich eine Entscheidung in der ungarischen Angelegenheit zu erzwingen.

Dennoch sollte man nicht vergessen, dass Andrássy – auch wenn er über großen Einfluss und Respekt unter seinen Landsleuten verfügte – bei den Ausgleichsverhandlungen nicht der erste Ansprechpartner war: Jeder, selbst Andrássy, schaute in Ungarn zu Ferenc Deák. Der Alte Herr – wie er oft bezeichnet wurde – genoss überparteiliches Ansehen, seine Besonnenheit, sein Gerechtigkeitssinn war weit bekannt und sogar von seinen politischen Gegnern respektiert. Und Deák war gegen die Verhandlungen in dieser für das Kaisertum besonders schweren Zeit. Natürlich erschien er beim Kaiser auf dessen Einladung, äußerte seine Meinung und nahm dann seine unterbrochene Sommerfrische auf dem Land wieder auf. Das war offensichtlich ebenfalls im Sinne Franz Josephs, er hatte ja mit den Friedensverhandlungen und der Beseitigung der Kriegsschäden und -folgen mehr als genug zu tun. Der Krieg hatte das Ausscheiden Österreichs aus dem Deutschen Bund zur Folge, sodass das Kaisertum seine Identität neu definieren musste.

Das andere Ziel ihres politischen Agierens erreichte die Kaiserin durch ihren Aufenthalt in Budapest: »Elisabeth machte eher ›nur‹ Stimmung, sie war kein gestaltender Faktor der Ereignisse. Wie auch die Demonstrationen gegen Franz Joseph nur dem Zweck dienten, zum politischen Handeln zu motivieren. Denn in den Wochen nach der Kriegsniederlage herrschte im Kaisertum Ordnung, die Nationalitäten des Reiches wendeten sich nicht gegen die Habsburgermonarchie. Die herrschende Klasse in Ungarn suchte die Einigung und wollte die bedrängte Lage des Reiches nicht ausnutzen.«[367]

---

[367] Somogyi 1984. S. 11.

8. AUSGLEICH UND KÖNIGSKRÖNUNG

Der Weg zum Ausgleich

Die letzte Phase der Ausgleichsverhandlungen fing im Herbst 1866, nach dem Österreichisch-Preußischen Krieg, an. Der ungarische Landtag nahm seine Arbeit am 19. November 1866, am Namenstag Kaiserin Elisabeths, wieder auf. Nachdem am 7. Februar 1867 Friedrich von Beust, der ehemalige Ministerpräsident von Sachsen, Außenminister von Österreich geworden war, machten die Besprechungen schnell große Fortschritte.[368] Bereits am 17. Februar gab Franz Joseph für die Ernennung einer verantwortlichen ungarischen Regierung grünes Licht und berief am nächsten Tag Andrássy zum ungarischen Ministerpräsidenten. In den drei Monaten danach verhandelte der ungarische Reichstag (der Landtag wurde nach der Wiederherstellung der Verwaltung mit den Vertretern von Siebenbürgen und Kroatien ergänzt[369]) weiter über die Ausgleichsgesetze, die er Ende Mai dann auch annahm und der Kaiser nach seiner Königskrönung ebenfalls sanktionierte. Durch die hier niedergeschriebenen Gesetze entstand die Doppelmonarchie Österreich-Ungarn, mit je einer Regierung in Österreich und in Ungarn, das verbindende Element bildete dabei Franz Joseph als Kaiser von Österreich und apostolischer König von Ungarn (Personalunion). Als gemeinsame Angelegenheiten wurden fortan die Außenpolitik, das Militärwesen sowie die dafür nötigen Finanzen betrachtet, über die in den sogenannten Delegationen verhandelt wurde. Diese bestanden aus je 60 Gesandten aus der österreichischen und der ungarischen Reichshälfte, beschickt von den jeweiligen Parlamenten, und setzten sich jährlich abwechselnd in Wien beziehungsweise in Budapest zusammen, berieten aber getrennt.

Den ungarischen Ausgleichsgesetzen entsprachen in der österreichischen Reichshälfte die sogenannten Dezembergesetze, welche aber mit der unga-

---

368 Hönsch 1984. S. 25–26.

369 Hanák 1984. S. 87.

Die neu ernannte ungarische Regierung mit Graf Gyula Andrássy als Ministerpräsident.

rischen Fassung nicht wortgleich waren.[370] Ebenfalls im Dezember 1867 trat der wirtschaftliche Ausgleich in Kraft, welcher eine Handels- und Zollunion beinhaltete und damit eine Realunion zwischen den beiden Reichshälften bedeutete. Der wirtschaftliche Ausgleich musste aber alle zehn Jahre erneuert werden. Die zeitliche Begrenzung erwies sich in der Folgezeit als schwerer Fehler, da die Ungarn ihre Zustimmung für die Verlängerung immer wieder an neuere Forderungen und Bedingungen knüpften.

Elisabeths Rolle

Wie weit Elisabeth sich in die Debatten einmischte, kann man mangels aussagekräftiger Quellen nicht sagen. Es existieren keine schriftlichen Zeugnisse, welche Aufschluss über ihre Rolle in diesem entscheidenden Zeitraum der Beratungen geben würden oder zumindest sind diese für die Öffentlichkeit nicht zugänglich. Andererseits hielt sich die Kaiserin von Oktober 1866 bis Mitte Januar 1867 in Wien auf, sodass sie auf ihren Mann auch persönlich einwirken konnte. Dass sie nach wie vor Druck auf Franz Joseph ausübte, damit dieser sich mit den Ungarn einigt, ist aufgrund ihres Verhaltens während des Österreichisch-Preußischen Krieges anzunehmen. Die wenigen überlieferten Briefe der Kaiserin bestätigen diese Vermutung, obwohl der Ton bei Weitem nicht so eindringlich wie im Sommer 1866 ist und das Thema meistens nur knapp angesprochen wird: »Hoffe bald von Dir hören zu können, dass die ungarische Sache endlich in's Reine kam und wir uns bald in Ős-Budavára [in der uralten Burg von Buda, Anm.] befinden werden. Wenn Du schreiben wirst, dass wir hingehen, wird mein Herz beruhigt sein, da ich dann weiss, dass das ersehnte Ziel erreicht ist.«[371] Man hat eher den Eindruck, dass Elisabeth sich dessen bewusst ist, dass verhandelt wird. Es geht ihr vielmehr darum, wann es endlich zu einer Einigung kommt. Zu beachten ist aber, dass Franz Joseph sich nicht einmal in der angespannten Lage der Kriegsereignisse auf mehr als Gespräche mit den Ungarn einließ, welche ergebnislos blieben, da er sich zu keiner unüberlegten Reaktion hinreißen ließ. Eben aus diesen Gründen ist es zweifelhaft, ob der Ausgleich von 1867 überhaupt Elisabeth zu verdanken ist. Genauso fraglich ist es, wie erfolgreich sie mit ihrem Drängen

370 Mayer 1968. S. 12.

371 Kaiserin Elisabeth an Kaiser Franz Joseph, Zürich, 31. Januar 1867. In: Nl Corti. Abschrift.

war und wenn ja, was konkret sie bei ihrem Mann erreicht hatte: Die Ernennung der verantwortlichen ungarischen Regierung? Den staatsrechtlichen Ausgleich? Die Krönung? Den wirtschaftlichen Ausgleich?

Die Quellensuche des Elisabeth-Biografen Egon Caesar Conte Corti führte in Ungarn zu einem überraschenden Ergebnis. Da Corti selbst kein Ungarisch sprach, knüpfte er Kontakte zu Ungarn, die in seinem Auftrag über die Kaiserin umfangreich nachforschten. Zum Thema Ausgleich und insbesondere Elisabeths Beziehung zu Ferenc Deák, dem Architekten des Ausgleichs, stellte eine Dame namens Sári Jándoky-Madocsány mit Bedauern fest: »Lieber Graf Egon, anbei sende ich Ihnen die ersten Ergebnisse meiner Forschungen, die recht mager sind. [...] Die Forschungen über Deáks Verhältnis zur Königin [Elisabeth, Anm.] brachten mir eine gelinde Überraschung: wie so viele Ungarn, lebte ich in dem Wahn, dass engere Beziehungen politischer Natur zwischen Ihrer Majestät und Deák bestanden hätten. Nun scheint aber dies unmöglich der Fall gewesen zu sein, da in den Biographien nichts darüber steht. Ich sprach auch mit historisch gebildeten Leuten, die ebenfalls diese Deák-Legenden als Märchen bezeichneten. Allerdings wurde behauptet, dass die Kaiserin den Kaiser stark zu Gunsten Deáks Politik beeinflusst hätte – aber Beweise fand ich nirgends. – Überhaupt will mir scheinen, dass über das politische Wirken der Königin in der ungarischen Politik sehr viel Legende ist. So habe ich z. B. zwei Biographien Eötvös' durchgesehen (die eine vom sehr genauen Historiker Ferenczi) und gar nichts über Ihre Majestät gefunden.«[372] Dass Fräulein Jándoky-Madocsány keine Aufzeichnungen über diese Beziehung fand, ist wenig überraschend, da Deák – genauso wie Elisabeth – zahlreiche an ihn adressierte Briefe vernichtete. Was Corti aber hätte zu bedenken geben müssen, ist die Beurteilung der zeitgenössischen ungarischen Historiker, zumal die Ungarn so sehr an Elisabeth hingen und praktisch keine Kritik an ihr zuließen.

Studiert man die wissenschaftliche Fachliteratur und die Quellen über den Ausgleich, trifft man auf Elisabeths Namen äußerst selten, meistens nur als Randnotiz, in der Regel wird sie nicht einmal erwähnt. Man erfährt höchstens, dass die Kaiserin sich für die ungarische Angelegenheit einsetzte – mehr nicht.[373] Dies ist die Konsequenz der Quellenlage. Lediglich in den Elisa-

---

[372] Sári Jándoky-Madocsány an Egon Caesar Conte Corti, Budapest, 15. November 1933. In: Ebd.

[373] Csorba 2011; Diószegi 1999. S. 27–38; Estók 2004; Gergely 1996; Hanák 1984; Hanák 2001; Hönsch 1984. S. 13–28; Katus 2003; Kónyi Bd. 3–4. 1903; Radván-

beth-Biografien wird der Kaiserin von Österreich-Ungarn eine große – oft sogar entscheidende – Bedeutung zugeschrieben. Auch hier führen die Autoren keine Quellen für Elisabeths Handeln an, sie argumentieren mit deren Verhalten und fanatischer Ungarnliebe und bauen ihre Schlussfolgerungen darauf auf.[374] Dabei wird die Persönlichkeit Franz Josephs außer Acht gelassen, der bekannterweise ein Anhänger absolutistischer Ideale war und sehr traditionelle Ansichten von der Rolle einer Kaiserin vertrat.[375] Dass er in der Frage des Ausgleichs nachgab, wird mit der grenzenlosen Liebe zu seiner Frau erklärt. Sicherlich war er kein herausragender Herrscher, seine Einsicht kam in Krisensituationen oft zu spät und einer Weiterentwicklung der Monarchie stand häufig er selbst mit seinen veralteten, unzeitgemäßen Einstellungen im Weg. Aber man müsste ihm schon jeglichen Realitätssinn absprechen, um zu behaupten, dass er die Notwendigkeit einer Lösung der ungarischen Angelegenheit nicht von sich aus erkannte. Die Kräfteverhältnisse im Kaisertum veränderten sich durch die Niederlage gegen Preußen und den Austritt aus dem

---

szky 1967; Takács 2003.

374 Als grundlegende Standardliteratur beziehen sich zahlreiche Elisabeth-Biografien auf zwei Werke: Corti 1934, S. 168–173 sowie Hamann 1982. S. 256–263 bzw. Hamann 2012. S. 246–253. Corti schildert die Stimmung Elisabeths eindrucksvoll, ohne jedoch auch nur eine Quelle für ihr Handeln anzugeben, und somit bewegt er sich auf der Ebene des Hörensagens. Der Umstand, dass er den eben zitierten Brief seiner Informantin Jándoky-Madocsány nicht verwendete, lässt nur einen Schluss zu: Seine vorgefasste Meinung stand fest und eine Überprüfung der Fakten ohne Ungarischkenntnisse war für ihn unmöglich. Brigitte Hamann führt zu Elisabeths Handeln ebenfalls keine Quellen an, sondern argumentiert mit dem typischen Verhaltensmuster der Kaiserin, um ihren Willen durchzusetzen: Zahn- und Kopfschmerzen, Missachtung der Hofgesellschaft, Bevorzugung des ungarischen Adels, wobei dazu jegliche Quellenangaben fehlen. Eine wissenschaftliche Analyse der ungarischen Quellen lässt die Darstellung ebenfalls missen, was wahrscheinlich wie bei Corti auf die mangelnden Ungarischkenntnisse der Historikerin zurückzuführen ist. Ferner fehlt eine gründliche Analyse den Standpunkt des Kaisers und die Sachlage der Monarchie betreffend. Ob Hamann die wissenschaftliche Fachliteratur zum Ausgleich gründlich studierte, lässt sich nicht ermitteln, da eine Literaturliste im Buch nicht vorhanden ist – Bezug nimmt die Autorin darauf jedenfalls nicht. Ein besonders schwerwiegender Fehler beider Historiker war die Nichtbeachtung von Eudard Wertheimers Fund der geheimen Verhandlungen zwischen Kaiser Franz Joseph und Ferenc Deák – ohne diese Quelle ist es unmöglich, die Rolle des Monarchen bei den Ausgleichsverhandlungen zu klären (vgl. Hanák 1984. S. 111).

375 Somogyi 1984. S. 10.

Kaiser Franz Joseph in ungarischer Husarengeneralsuniform.

Deutschen Bund wesentlich, eine Klärung der ungarischen Sache war für die Stabilität der Monarchie von grundlegender Beudeutung.[376] Aber bereits lange vor der Tragödie von Königgrätz suchte Franz Joseph einen Weg zur Bereinigung der Situation.

Den ersten – erfolglosen – Versuch einer Einigung unternahm der Kaiser, als er den ungarischen Landtag für das Jahr 1861 einberief, zu einer Zeit, als Elisabeth mit sich selbst beschäftigt war und wegen ihrer Krankheit beinahe zwei Jahre weit weg vom Wiener Hof auf Madeira und Korfu sowie in Venedig und in Bad Kissingen verbrachte. Beim nächsten Anlauf, Ende 1864, wandte sich Franz Joseph nicht an seine Frau um Unterstützung, obwohl diese sich gerade mit ihrer engsten Vertrauten Ida Ferenczy anfreundete, sondern verhandelte mit den Ungarn durch Antal Augusz, einem Vertrauten von Erzherzog Albrecht.[377] Letzterer und die Kaiserin sollen Anfang 1867 über die Ungarnfrage so heftig gestritten haben, dass sogar die Öffentlichkeit davon erfuhr. Worum es dabei konkret ging, lässt sich nicht mehr ermitteln, da die entsprechenden Akten im Wiener Staatsarchiv entnommen wurden und nun unauffindbar sind.[378] Laut Eduard Wertheimers Nachforschungen stritt Elisabeth mit jemand anderem: »Es soll weiter, wie ich aus anderer Quelle erfahren, zuweilen zwischen der Kaiserin und dem

---

[376] Hönsch 1984. S. 25.

[377] Die Akten über diese Verhandlungen befinden sich im Wiener Staatsarchiv, erstmalig besprochen wurden sie von Eduard Wertheimer (Wertheimer, Eduard: Neues zum Osterartikel Deáks vom Jahre 1865. In: *Pester Lloyd*, 28. April 1923. Verweis hier aufgrund: Hanák 1984. S. 111.)

[378] Hamann 1982. S. 257.

Grafen Belcredi, dem damaligen Staatsminister zu unliebsamen Auftritten gekommen sein.«[379] Eine Quellenangabe verwehrt der Historiker dem Leser. Elisabeths Einmischung in die ungarische Angelegenheit jedoch bescheinigt auch er, ohne den Ursprung seines Wissens preiszugeben: »Mir vorliegende ungedruckte Aufzeichnungen bestätigten es, daß Kaiserin Elisabeth sehr stark eingegriffen hat, um Frieden zwischen ihrem Gemahl und Ungarn zu stiften.«[380] Es bleiben also wieder nur Gerüchte und Vermutungen. Man sollte aber auch nicht vergessen, dass ausgerechnet Erzherzog Albrechts Getreuer den Kontakt zwischen dem Kaiser und Ferenc Deák, dem Verhandlungsführer der Ungarn, herstellte und nicht Elisabeths Vertraute.

Rückblickend, als erwachsener Mann, bezweifelte Kronprinz Rudolf, dass seine Mutter mit ihren Bemühungen erfolgreich gewesen war: »Unser Kaiser hat keinen Freund, sein Charakter, sein Wesen lassen dies nicht zu [...] Es hat eine Zeit gegeben, wo die Kaiserin oft, ob mit Glück, das will ich dahingestellt sein lassen, sich um die Politik gekümmert hat und mit dem Kaiser über ernste Dinge, geleitet von Ansichten, die den seinen diametral entgegengesetzt waren, gesprochen hat.«[381]

Erzherzogin Marie Valerie, die die Korrespondenz ihrer Mutter aufbewahrte, äußerte sich in ihrem Tagebuch sehr vage über die Verdienste der Kaiserin. Bei dem Ordnen des Nachlasses notierte sie über die »drei Kassetten von Briefen (grösstenteils Papas und meine eigenen), die mir Mama gelassen hatte, zu ordnen [...] die meisten wichtigen Briefe hat Mama verbrannt oder [...] verbrennen lassen. Doch selbst die wenigen noch vorhandenen Briefe, besonders aus den 60er Jahren, geben tiefen Einblick in ihr damaliges hohes Wirken, in ihren hohen Geist.«[382]

Von Andrássy erfährt man auch nicht mehr, nur dass er die Mitwisser zur Verschwiegenheit verpflichtete. Kurz nach der Ernennung der ungarischen Regierung und noch vor der Krönung berichtet der Graf Ida Ferenczy über die Indiskretion eines Landtagsabgeordneten: „Mit Béla Keglevich habe ich

---

379 Wertheimer 1907. S. 3.

380 Ebd. Diese Behauptung formuliert der Historiker in seiner Andrássy-Biografie ebenfalls. Aus der dazugehörigen Fußnote erfährt man nur, dass diese Behauptung auf der »mündlichen Mitteilung einer gründlich informierten Persönlichkeit« basiert. Wertheimer Bd. 1. 1910-13a. S. 325. Ung.

381 Kronprinz Rudolf an Josef Latour, Prag, 2. Dezember 1881. In: Nl Corti. Abschrift.

382 Marie Valerie, [Wallsee,] 3. Oktober [1898]. In: Schad 2005. S. 315.

geredet. Er hat mir erzählt, was ihm Ihre Majestät / Seine Majestät[383] auf der Soiree gesagt hatte. Ich habe nichts dagegen, aber als er [Keglevich, Anm.] mir zu verstehen gab, dass es die Sache sehr erleichtern würde, wenn die Menschen wüssten, wer sie unterstützt, bin ich ein bisschen erschrocken. Denn jener Name darf nur dort in den Vordergrund gestellt werden, wo der Dank der gesamten Nation zu erwarten ist. Aber wir dürfen nicht erlauben, dass der Name der Königin [Elisabeths, Anm.] im Interesse welcher Partei auch immer benutzt wird. Erst recht nicht im Interesse der beiden Parteien, welche einander noch immer gegenüberstehen [Partei der Ausgleichsbefürworter beziehungsweise -gegner, Anm.], am allerwenigsten in diesen Tagen, wenn man befürchten muss, dass die Sache [der Ausgleich, Anm.] nicht gelingt."[384] Aus diesem Brief erfährt man auch nicht, worin Elisabeths Verdienst genau bestand, vor allem weil Andrássy – wie so oft – die Nachricht undatiert ließ. Aufgrund des Inhaltes könnte man vermuten, dass die Kaiserin in der Frage der Ernennung der verantwortlichen ungarischen Regierung oder der Ernennung Andrássys zum ungarischen Ministerpräsidenten bei ihrem Gemahl intervenierte. Durch andere Quellen lässt sich diese Annahme bisher jedoch nicht erhärten. Elisabeth reiste am 24. Januar nach Zürich zu ihrer Schwester und kehrte erst am 10. Februar zurück,[385] während in Wien intensiv über die Bedingungen verhandelt wurde. Bereits vor Elisabeths Ankunft in der Burg war ziemlich viel erreicht, wie Erzherzogin Sophie resigniert feststellte: »Es scheint, daß man sich mit Ungarn arrangiert und ihm Zugeständnisse machen wird!«[386] Diese Konstellation lässt auch einigen Interpretationsraum zu: Nahmen die Besprechungen einen natürlichen Abschluss, indem der Kaiser mit den Ungarn einig wurde oder wurde die Problemlösung durch die Rückkehr der Kaiserin beschleunigt, weil sie Einfluss darauf nahm? Nach momentanem Forschungsstand kann man ihre Beteiligung nicht belegen.

Die zeitgenössische ungarische Presse wollte ebenfalls gewusst haben, welch große Rolle der Kaiserin bei der Versöhnung zukam: »Ja, denn es ist

---

383 Da das ungarische Wort für sein / seine bzw. ihr / ihre keine Auskunft über das Geschlecht gibt, lässt es sich nicht mit Sicherheit sagen, ob Béla Keglevich mit der Kaiserin oder mit dem Kaiser geredet hat. Der Rest des Briefes gibt auch keinen Aufschluss darüber, um welche Soirée es geht, sodass die genaue Ermittlung des Gesprächspartners des Abgeordneten nicht möglich ist.

384 Gyula Andrássy an Ida Ferenczy, o. O., o. D. [Frühjahr 1867]. In: Andrássy ung.

385 *PN* 24. Januar bzw. 13. Februar 1867.

386 Tagebucheintrag von Erzherzogin Sophie, 6. Februar 1867. Zit. nach Hamann 1982. S. 261.

kein Geheimnis, welche innige Anteilnahme, Liebe unsere allerhöchste Frau von Anfang an dem Schicksal unseres Vaterlandes entgegenbrachte, wie tief sie das Gewicht unseres widrigen Schicksals empfand, und wie sie ihren ganzen Einfluss auf das Herz ihres Mannes einsetzte, damit sie zum Mittel jener erfreulichen Wende werden kann, über die sich heute Millionen dieser Nation freuen.«[387] Woher diese Informationen stammen, erfährt der Leser nicht, stattdessen werden Beweise für Elisabeths Ungarnliebe aufgezählt, unter anderem, dass sie Ungarisch erlernte sowie ungarische Aristokratinnen zu Palastdamen ernannte.

In den dreieinhalb Monaten von der Ernennung der ungarischen Regierung bis zur Krönung mischte sich Elisabeth scheinbar nicht mehr in die Verhandlungen ein, auch wenn sie sich Sorgen machte. »Glaubst Du, dass die Krönung stattfindet?«, erkundigte sie sich bei ihrem Mann. »Ich fürchte mich sehr, der politische Horisont ist wieder so trüb, dass ich auf das Schlechteste gefasst bin. Wenn ich mich irren sollte, bitte beruhige mich; meine Quellen sind nur die Zeitungen, doch die jetzt zu lesen ist nicht sehr erfreuend. Da je schlechter es im Ausland aussieht, umso dringender ist der Ausgleich mit Ungarn.«[388]

Anfang Mai reist die Kaiserin nach Budapest, um die Stimmung im Land zu beeinflussen. Dass es nötig war, bestätigt Mary Elizabeth Stevens, die englische Gouvernante der Familie Andrássy: »Wie ich höre, ist die königliche Familie noch immer unbeliebt bei den Bewohnern von Pest, welche mit Groll an die Krönung denken. Man sagt, dass man denjenigen, der den Ungarn nichts anderes als Böses getan hat und ihnen gegenüber nie gerecht war und auch jetzt nichts anderes versucht als ihnen Sand in die Augen zu streuen, nicht krönen dürfte. Die Kaiserin reitet und fährt regelmäßig aus, sie bemüht sich um Popularität, aber in der Stadt ist der Mangel an Liebe zu fühlen.«[389] Elisabeth, die bekannterweise öffentliche Auftritte scheute, sah ebenfalls ein, wie wichtig es in dieser Lage war, sich der Bevölkerung zu zeigen. »Täglich ging ich die Institute besichtigen, was zwar nicht sehr unterhaltend, dafür aber ein notwendiger Zeitvertreib war«,[390] schrieb sie ihrem Sohn von Buda.

387 *VU* 16. Juni 1867, S. 294.

388 Kaiserin Elisabeth an Kaiser Franz Joseph, Wien, 21. März 1867. In: Nl Corti. Abschrift.

389 Mary Elizabeth Stevens an ihre Mutter und ihre Schwester, [Buda,] Sándor-Palais, Mai 1867. In: Cieger [2007]. S. 209–210. Übers. aufgrund der ung. Ausgabe.

390 Kaiserin Elisabeth an ihren Sohn Erzherzog Rudolf, Buda, 23. Mai 1867. In: Nl Corti. Abschrift.

Wenn die Kaiserin irgendwo erschien, würdigte man ihre Bemühungen. Jedes Mal wurde sie von einer großen Menge bejubelt: »Ihre hohe Schülerin wurde bei uns mit Blumen empfangen und von Tag zu Tag steigert sich die Begeisterung, welche ihr gegenüber sich offenbart«,[391] schrieb Kultusminister Eötvös an Elisabeths Ungarischlehrer, Max Falk. Die Zeilen der Gouvernante zeigen aber, dass in der Stadt – und auch im Land – bei Weitem nicht jeder überzeugt vom Ausgleich war. Andrássy war wegen der Lage ebenfalls sehr angespannt: »Von dem Grafen erfahren wir nur sehr wenig, er ist nicht einmal dann besonders mitteilsam, wenn er bester Laune ist, und in der letzten Zeit hat er eine höllisch schlechte Laune.«[392] Als ungarischer Ministerpräsident verhandelte er mit den Ausgleichgegnern im Parlament über die strittigen Punkte und hatte somit alle Hände voll zu tun.

Die Lage spitzte sich Ende Mai zu, als der sogenannte Kassandra-Brief veröffentlicht wurde. Lajos Kossuth, der ehemalige Anführer der Revolution 1848, publizierte aus dem Exil mithilfe seiner Anhänger einen offenen Brief an Ferenc Deák in der *Magyar Újság.* Er kritisierte das Grundprinzip des Ausgleichs, seiner Meinung nach gefährdete die Vereinbarung nämlich Ungarns Rolle im bürgerlich-demokratischen Wandel Europas. Kossuth warf Deák und seinen Gleichgesinnten Selbstaufgabe vor und dass sie mit diesem Schritt einen nationalen Selbstmord begehen würden. Deshalb bat er seinen ehemaligen Weggefährten: „Führe unser Vaterland nicht zu solchen Opfern, welche uns sogar die Hoffnung nehmen würden! Ich weiß, dass die Rolle der Kassandras[393] eine undankbare ist. Aber du solltest bedenken, dass Kassandra recht hatte!“,[394] mahnte der in Emigration lebende Revolutionär von 1848. Als Elisabeth Kossuths Brief las, lud sie den ehemaligen Emigranten und Historiker Mihály Horváth zu sich in die Burg zu Buda ein. Ihrem Gatten teilte sie das Ergebnis der Unterredung ebenfalls mit: »Heute las ich den gefährlichen Brief

391 József Eötvös an Max Falk, [Budapest,] 14. Mai 1867. In: Falk 1903. S. 231.

392 Mary Elizabeth Stevens an ihre Mutter und ihre Schwester, [Buda,] Sándor-Palais, Anfang Mai 1867. In: Cieger [2007]. S. 210. Übers. aufgrund der ung. Ausgabe.

393 Kassandra war in der griechischen Mythologie die Tochter des trojanischen Königs Priamos. Wegen ihrer Schönheit bekam er vom Gott Apollon die Gabe der Weissagung. Als sie seine Verführungsversuche zurückwies, verfluchte Apollon sie, sodass niemand ihrer Weissagung Glauben schenkte. Deshalb galt sie in der griechischen Mythologie als tragische Heldin, deren Warnungen kein Gehör fanden.

394 Lajos Kossuths offener Brief an Ferenc Deák. In: *MU* 26. Mai 1867.

Der Historiker Mihály Horváth erklärt der Kaiserin die Ereignisse von 1848/49 in der Burg zu Ofen. Anwesend sind noch Ida Ferenczy, die ihre Tränen mit einem Tuch abtrocknet, Gyula Andrássy und Elisabeths Kinder, Erzherzogin Gisela sowie Kronprinz Rudolf, der besonders aufmerksam den Ausführungen lauscht.

Kossuth's an Deák. Fürchte, dass der jetzt Alles erschweren wird, zwar nach Horváth soll er sich überlebt haben und Niemand hört mehr auf ihn. Gott gebe, dass es so geschehe.«[395] Aus diesem Gespräch findet in der Elisabeth-Literatur ein anderes – angebliches – Zitat eine wesentlich häufigere Erwähnung: »Glauben Sie mir, wenn es in unserer Macht stünde, wären mein Mann und ich die ersten, die Lajos Batthyány und die Märtyrer von Arad zum Leben erwecken würden.«[396] Und wieder einmal behinderten ihre manglenden

395 Kaiserin Elisabeth an Kaiser Franz Joseph, Ofen, 27. Mai 1867. In: Nl Corti. Abschrift.

396 Thaly 1898. S. 763.

Ungarnkenntnisse die Forscher. Das Zitat stammt nämlich aus einem Artikel, der anlässlich des Todes Elisabeths entstand und beruht auf einer mündlichen Überlieferung. 1898 wollte jeder in Ungarn bereits von Anfang an gewusst haben, welche Rolle ihre geliebte Kaiserin-Königin beim Ausgleich gespielt hatte und die mündlich weitergegebenen Informationen erfuhren so einige Veränderung. Wie jung Franz Joseph 1849, zum Zeitpunkt der Hinrichtung der Märtyrer von Arad, auch immer gewesen sein mag, dass er die Bestrafung der Rebellen bereut hätte, war mit Sicherheit nicht der Fall.[397]

Die Krönung

Nachdem der ungarische Reichstag Ende Mai das Ausgleichsgesetz angenommen hatte, musste noch die Palatinfrage geklärt und das Inauguraldiplom ausformuliert werden. Letzteres enthielt den Schwur des gekrönten Königs. Am gleichen Tag (5. Juni 1867) beschloss der Reichstag, dem neu gekrönten König und der Königin je 50 000 Golddukaten als Krönungsgeschenk zu überreichen.

Traditionell gehörte es zu den Aufgaben des Palatins, die Stephanskrone zusammen mit dem Fürstprimas auf das Haupt des Königs zu setzen. Die Funktion des Palatins bekleidete seit Ende des 18. Jahrhunderts stets ein Erzherzog – gewählt vom ungarischen Reichstag. Der letzte Palatin, Erzherzog Joseph, verstarb 1847, sein Sohn, Erzherzog Stephan folgte ihm im Amt. Da er sich während der Revolution 1848 kompromittierte, wurde er verbannt und starb im Februar 1867. Ein Nachfolger wurde nicht bestimmt. Für die Krönung musste jemand als stellvertretender Palatin benannt werden, die Öffentlichkeit hätte Deák gern gesehen, der aber die Ehre ablehnte. Als Alternative kam der ungarische Ministerpräsident Andrássy oder der Judex Curiae Sennyey in Frage, der Reichstag sprach sich für den ersteren aus. Als die Delegierten ihren Vorschlag dem Kaiser vortrugen, entgegnete dieser: »Ich nehme gerne an. Einen Besseren hätte das Land nicht wählen können.«[398]

Zur Ausformulierung des Inauguraldiploms wurde ein Ausschuss aufgestellt, der umgehend seine Arbeit aufnehmen sollte. Gleich zu Beginn beanstandeten zwei Mitglieder aus der Partei der Ausgleichsgegner die Ausstellung des Diploms, denn ihrer Meinung nach war Ferdinand V. noch immer

---

397 Somogyi 1984. S. 10.

398 Sonderbeilage der *VU* 9. Juni 1867. O. S.

der rechtmäßige König von Ungarn, da er seinen Rücktrittswillen dem ungarischen Reichstag nie mitgeteilt hatte. Und auch wenn er seinen Rücktritt angekündigt hätte, fehlte noch die Verzichtserklärung von Erzherzog Franz Karl, der laut Thronfolge nach seinem Bruder Ferdinand V. herrschen sollte. Erst wenn diese beiden ihren Verzicht offiziell verkündet hatten, konnte Franz Joseph den Thron besteigen. Formal gesehen war die Beschwerde rechtens, deren einziges Ziel war aber, die Krönung auf diese Weise auf unbestimmte Zeit hinauszuschieben. Um ordnungsgemäß die Verzichtserklärungen auszustellen, reichte die Zeit nicht mehr aus. So schlug Andrássy– nach Rücksprache mit dem Kaiser – vor, um solche Probleme in der Zukunft zu vermeiden, wird Franz Joseph nach der Krönung ein entsprechendes Gesetz unterzeichnen. Mit dieser Absichtserklärung gab sich der Reichstag zufrieden, sodass das Diplom ausgestellt werden und die Feierlichkeiten anfangen konnten.[399] Wie man sieht, der Ausgleich und die Krönung zu Ofen hatte nicht nur in der cisleithanischen Reichshälfte zahlreiche Gegner. Von ungarischer Seite gab es auch noch genügend Widerstand: Deák erhielt mehrere Schmähbriefe mit Todesdrohungen. In Budapest verbreitete sich das Gerücht, dass die Gegner das ganze Krönungsfest stören und die Tribünen in die Luft sprengen wollen.[400]

Endlich am 5. Juni entsandte der Reichstag eine Delegation zum Kaiserpaar, um es offiziell zu bitten, dass es sich zu ungarischem König beziehungsweise ungarischer Königin krönen lässt. Wie zu erwarten, stimmte Franz Joseph zu und legte den Krönungstag für den 8. Juni fest. Bei dieser Gelegenheit wurde das Inauguraldiplom Franz Joseph ebenfalls übergeben und es von ihm ratifiziert.

»Mit Freuden erfülle ich den von Ihnen geäußerten Wunsch der Nation, welcher mit meinem heißersehnten Wunsch übereinstimmt, und ich lobe die göttliche Vorsehung, dass sie mir diesen erhabenen Moment erleben ließ«[401], entgegnete Elisabeth auf die Bitte der Delegation. Dennoch widerstrebten ihr die Feierlichkeiten voller Zeremonielle: »Es wird eine furchtbare Plage so von Früh angefangen in Schlepp und Diadem zu sein, fortwährende Empfänge, Cercle machen und dazu diese schreckliche Hitze. Wie angenehm muss es jetzt in Possi [Possenhofen, Anm.] sein. Samstag um 7 Uhr früh ist die Krönung, die Tage vorher und nachher sind ausgefüllt mit ermüdenden Zeremo-

399 Wertheimer 1910-13a. S. 351–353.

400 Wertheimer 1907. S. 4.

401 Sonderbeilage der *VU* 9. Juni 1867. O. S.

nien, das ärgste werden die Bälle und Theater sein, denn selbst Nachts ist es jetzt nicht kühler«,[402] schrieb sie an ihre Mutter.

Der nächste Tag brachte eine traurige Nachricht: Erzherzogin Mathilde, Tochter des ehemaligen Militär- und Zivilgouverneurs von Ungarn, erlag ihren schweren Verletzungen, die sie sich zuzog, als sie die heimlich gerauchte Zigarette verstecken wollte und ihr Kleid Feuer fing. Die nächste Tragödie bahnte sich auch schon an, der kaiserliche Bruder Maximilian geriet in Mexiko immer mehr in Bedrängnis. Mitte Mai 1867 wurde er als Kaiser von Mexiko entmachtet, vor Gericht gestellt und zum Tode verurteilt. Da die Nachrichten nur sehr langsam Europa erreichten, wusste man zum Zeitpunkt der Krönung vom Ausgang der Ereignisse nichts mit Sicherheit. Zwei weitere Schicksalsschläge, mit denen Franz Joseph laut Volkslegende wegen der Hinrichtung der Märtyrer von Arad belegt wurde.

Zu den Krönungsfeierlichkeiten sind zahlreiche Menschen, Schaulustige, Diplomaten, Würdenträger und Militärs, gekommen. Die Stadt barst regelrecht von den vielen Besuchern, eine passende Unterkunft zu finden war schwer, zumal etliche Mitglieder des Hofstaates außerhalb der Burg untergebracht werden mussten.[403] Die königliche Burg war – wie es den Ungarn häufig vorgeworfen wurde – veraltet und zu klein, was eigentlich nicht verwundern durfte, denn seit mehreren Jahrhunderten kam der Monarch lediglich als Gast nach Ungarn und lebte hier nicht auf Dauer. Außerdem fanden die früheren Krönungen nicht in Ofen, sondern in Pressburg statt. Dass die Modernisierung auf sich warten ließ, hatte sicherlich genauso viel mit diesen Umständen als mit der finanziellen Lage des Landes zu tun. Die Einrichtung und die Ausstattung waren auch dementsprechend spärlich. Ferner »gab es noch keinen eigenen ungarischen Hofstaat, und so fiel denn die ganze Obsorge für Unterkünfte, Beköstigung, Bedienung und Beförderung eines so umfangreichen und anspruchsvollen Apparates den Hofämtern in Wien zu. [...] Tag für Tag konnte man in den letzten Wochen des Mai auf der Weißgärberlände [in Wien], wo die Donaudampfer anlegten, Barrikaden von Kisten und Truhen, alle mit der Aufschrift des betreffenden Hofwirtschaftsressorts versehen, Ballen von Teppichen; Kassetten mit Tafelgeschirr, in Decken gehüllte Prunkwägen gewahren, die eingeschifft wurden. Wagen- und Reit-

---

402 Kaiserin Elisabeth an ihre Mutter, Ofen, 5. Juni 1867. In: Nl Corti. Abschrift.

403 Mary Elizabeth Stevens an ihre Mutter und ihre Schwester, [Buda,] Sándor-Palais, Anfang Mai 1867. In: Cieger [2007]. S. 211.

pferde, von Gardereitern und Stallpagen geleitet, beförderte man meist auf diesem Wege«,[404] erzählte Ritter von Przibram, damals Ministerialkonzipist im Außenministerium, in seinen Lebenserinnerungen.

6. Juni	*11:00*	Empfang der Vertreter des Magnatenhauses
	11:30	und des Abgeordnetenhauses
	12:00	Empfang der Militäroffiziere vom Kaiserpaar
	15:00	Überführung der Krönungsinsignien in das Appartement des Kaisers
	18:00	Cercle bei Elisabeth
7. Juni	*14:00*	Feierliche Überführung der Krönungsinsignien in die Krönungskirche
	16:00	Hoftafel
8. Juni		Tag der Krönung
	7:00	Krönung von Franz Joseph und Elisabeth in der Krönungskirche
	Vorm.	Krönungszug nach Pest, Ritt auf den Krönungshügel, Schwerthiebe in die vier Himmelsrichtungen, Eid des gekrönten Königs, Schauessen; dann Überführung der Krönungsinsignien in die Krönungskirche und Ausstellung für drei Tage
	Abends	Volksfest auf der Generalwiese
9. Juni	*15:00*	Krönungsessen im Redoute in Pest
	Abends	Stadtbeleuchtung
10. Juni	*11:00*	Empfang der Gesandten des Landes und der Städte
		Übergabe des Krönungsgeschenkes an den König und die Königin sowie der Geschenke von den Städten Pest und Buda
	20:00	Hofball (wurde wegen des Todes der Erzherzogin Mathilde abgesagt)
11. Juni	*11:00*	Rückführung der Krönungsinsignien in das Appartement des Kaisers und von dort aus zu ihrem üblichen Aufbewahrungsort
	13:00	Schießen auf dem Schießgelände zu Pest
	17:00	Hoftafel
	20:00	Galavorstellung im Nationaltheater (wurde wegen des Todes der Erzherzogin Mathilde abgesagt)

»Ablauf der Krönungsfeierlichkeiten«[405]

Am Samstag, dem 8. Juni 1867 – einen Tag vor Pfingsten – fand die Krönung statt. Die Gouvernante der Familie Andrássy berichtete ihrer Familie ausführlich von dem großen Tag, dessen Ereignisse sie aus den Fenstern des Sándor-Palais, direkt neben der Burg, beobachtete: »Am Samstag sind wir

[404] Przibram 1910. S. 179.

[405] Sonderbeilage der *VU* 9. Juni 1867. O. S.

sehr früh aufgestanden, da wir erfuhren, dass der Krönungszug zwischen sechs und sieben Uhr unter unseren Fenstern vorbeiläuft. Als ich um halb vier aufstand, waren schon Menschen auf dem Platz [vor der Burg, Anm.] und auch eine militärische Einheit nahm Stellung an. // Kurz nach fünf sind einige Besucher zu uns gekommen, und bereits vor sechs haben wir gefrühstückt. Wir standen bereit, damit wir alles, was an dem Haus vorbeizieht, anschauen und beurteilen konnten. [...] Lange vor sechs Uhr füllten die Herren, die Magnaten und die Bürger in ihren prächtigen Kleidern den Platz. Entlang des Weges zwischen dem Königspalast und der Matthiaskirche stellten sich mehrere berittene Regimenter der königlichen Leibgarde auf. Aus jedem ungarischen Komitat kamen Bürgergruppen, jede Gruppe unter ihrer eigenen Fahne, diese positionierten sich hinter der Leibgarde, bereit, sich dem Zug anzuschließen.«[406] Anschließend beschreibt Miss Stevens die Bekleidung der verschiedenen Gruppierungen – genau wie andere ausländische Teilnehmer fühlt sie sich angesichts der Kostüme der Ungarn ins Mittelalter versetzt,[407] und tatsächlich lässt sich die Festkleidung der Ungarn auf die Garderobe vom 16. bis 18. Jahrhundert zurückführen. Die damals getragene Kleidung war zwar aus der Mode, aber mit dem Erwachen des nationalen Bewusstseins in der sogenannten Reformzeit (1825–1848) besann man sich auch in seiner äußeren Erscheinung auf seine nationalen Traditionen und die farbenfrohe Tracht kehrte etwas modernisiert auf den höchsten höfischen Festen zurück und wurde bis 1945 getragen. Die Kleidungsstücke wurden von Generation zu Generation vererbt, man nahm die notwendigen Änderungen an ihnen vor oder – wenn man sie nicht mehr tragen konnte – wurden zumindest die Knöpfe, Schmuckstücke sowie die noch brauchbaren Bestandteile in die neu anzufertigende Tracht eingearbeitet.[408]

Für die Fremden war der »Vergangenheit entnommene Prunk« mit dem Regierungsantritt eines konstitutionellen Herrschers schwer unter einen Hut zu bringen, wie die *Neue Freie Presse* am 40. Krönungsjubiläum anmerkte.[409] Bedenken sollte man bei dieser Einschätzung, welche Wurzeln die Monarchie grundsätzlich hatte: Sie beruhte nämlich auf der Alleinherrschaft einer

---

406 Mary Elizabeth Stevens an ihre Mutter und ihre Schwester, [Buda,] Juni 1867, nach der Krönung. In: Cieger [2007]. S. 212–213. Übers. aufgrund der ung. Ausgabe.

407 Ebd. S. 213, sowie Graf de Jonghe d'Ardoye an Aussenminister Rogier, 8. Juni 1867. In: Scharding o. J. S. 140–141; Przibram 1910. S. 187.

408 F. Dózsa 1996.

409 *NFP* 7. Juni 1907. S. 4.

Kaiserin Elisabeth in ihrem Krönungskleid.

Person, die ihren Machtanspruch in diesem Fall nicht auf irgendwelche Verdienste, sondern allein auf ihre Herkunft gründete. Franz Joseph wollte lange Zeit nicht einmal seine absolutistische Regierungsweise in Ungarn einschränken und als das Land sich dagegen wehrte, löste er dessen Vertretung, den Landtag, einfach auf. Absolutistischer und mittelalterlicher Prunk waren also nicht einfach nur von ungarischer Seite erwünscht. Sicherlich hätte man mit gewissen Modernisierungsmaßnahmen beispielsweise in der Kleidung und im Ablauf der Zeremonien den konstitutionellen Charakter dieser Monarchie und der Krönung hervorheben können. Andererseits standen Kleidung und andere Traditionen für Kontinuität und dafür, dass man Franz Joseph als Nachfolger der bisherigen Könige akzeptierte.

»Bald formierte sich der Zug, zuerst eine Gruppe von Magnaten, dann eine Einheit der Leibgarde, dann unser Graf [Andrássy, Anm.], der einen Goldbrokatmantel, eine purpurne Samthose, bronzefarbige Stiefel mit hohem Schaft trug. Sein weißer Umhang war mit Gold und Nerz reich verziert und er hatte eine ebenfalls mit Pelz besetzte purpurne Kopfbedeckung auf. Eine prächtige Schnalle mit Diamanten hielt die Feder auf seinem Hut fest. Am Kopf seines Pferdes standen zwei gelbweiß gekleidete Husaren. Ich habe beinah vergessen zu erwähnen, dass alle Pferde der Magnaten von je einem oder zwei Lakaien geführt wurden, welche ebenfalls in die schönsten Anzüge gekleidet waren. // Nach dem Grafen kam der Kaiser, auf einem wunderschönen Schimmel sitzend. Die Kaiserin fuhr schon früher zu der Kirche auf dem Hofgalawagen, gezogen von acht Schimmeln. Diese Pferde wurden von dem goldenen Geschirr reichlich bedeckt, auf ihren Köpfen flatterten riesige Federsträuße. Der Kaiserin folgten die Palastdamen in zahlreichen Kutschen, diese waren aber geschlossen, so sahen wir ihre Kleider nicht. // Nach dem Kaiser kamen viele Magnaten, Minister usw.«[410]

Um 7 Uhr in der Früh fing die Krönungsmesse in der Matthiaskirche an. Der Fürstprimas János Simor und die Bischöfe empfingen Franz Joseph am Eingang der Kirche und geleiteten ihn zu den Thronstühlen zur Rechten des Hofaltars, wo auch Elisabeth saß. Während des Einzugs spielte die Kapelle Liszts Krönungsmesse. Die Zeremonie begann mit der Inthronisierung des Kaisers, der sich auf die unterste Altarstufe niederkniete, die Hände auf das

410 Mary Elizabeth Stevens an ihre Mutter und ihre Schwester, [Buda,] Juni 1867, nach der Krönung. In: Cieger [2007]. S. 214–215. Übers. aufgrund der ung. Ausgabe.

Elisabeths Ankunft an der Krönungskirche in Ofen.

Evangelium gelegt den Krönungseid ablegte. Nun folgte auf den weltlichen Akt der kirchliche: Franz Joseph wurde gesalbt und man schmückte ihn mit den Krönungsinsignien, indem ihm der Krönungsmantel des heiligen Stephan umgehängt sowie das Schwert desselben umgegürtet wurde. Der gesalbte König machte mit dem Schwert drei Hiebe in Form eines Kreuzes – als Zeichen, dass er die Religion und die Ehre Gottes verteidigt. Erst dann kam die eigentliche Krönung: Fürstprimas Simor und Graf Andrássy als stellvertretender Palatin setzten dem auf der obersten Altarstufe knienden Franz Joseph die Stephanskrone aufs Haupt. Das Szepter und der Reichsapfel wurden ihm ebenfalls überreicht. Nun, mit allen Herrschersymbolen ausgestattet, bestieg der König den Thron, während Andrássy ihn hochleben ließ, was die Anwesenden mit einem dreifachen »Éljen a király! [Es lebe der König! Anm.]« beantworteten.

Anschließend erfolgte die Salbung und die Krönung Elisabeths – ganz gegen die bisherige Tradition, denn die Ehefrauen der Könige wurden üblicherweise erst einige Tage nach ihrem regierenden Gemahl gekrönt. Diese Krönung war kein weltlicher, sondern ein rein kirchlicher Akt. Die Stephanskrone wurde ihr nicht aufgesetzt, lediglich ihre Schulter berührte man damit. Den feier-

Die Krönung. Elisabeth kniet am Altar vor dem Veszprimer Bischof János Ranolder, der sie zur ungarischen Königin krönt. Neben dem Bischof steht Andrássy und berührt mit der Stephanskrone die Schulter Elisabeths.

lichen Akt führte nicht der Fürstprimas, sondern der Bischof von Veszprém, János Ranolder, durch.[411] Der Unterschied zu einer weltlichen Krönung ist im Ungarischen auch aus dem Titel ersichtlich: Elisabeth ist *királyné*, also Frau des Königs und nicht *királynő*. Letztere Bezeichnung steht ausschließlich regierenden Herrscherinnen zu, wie einst Maria Theresia.

Nach der Messe begab sich der eben gekrönte Franz Joseph zu Fuß in die Maria-Magdalena-Kirche in der Burg, um hier seinen Eid zu leisten und 20 ungarische Adelige zum Ritter vom goldenen Sporn zu schlagen, während die Kaiserin – nun auch Königin von Ungarn – samt ihrer Kinder und der Palastdamen mit einem Dampfschiff auf die Pester Seite übersetzte. Dort, auf dem Balkon des Lloyd-Palastes, wartete die Gesellschaft auf die Ankunft des Krönungszuges.

Der König begab sich nun in Begleitung zahlreicher Magnaten, Bischöfe und Militärs von der Kirche in der Burg zu Pferd nach Pest auf dem linken Donauufer. Der Zug hielt auf seinem Weg bei der Innerstädtischen Kirche. Franz Joseph saß von seinem Pferd ab und stieg auf das Holzpodest, welches

---

[411] Die Krönungszeremonie wurde aufgrund der *NFP* (7. Juni 1907. 5.) geschildert.

vor der Kirche aufgestellt war, um dort vor der versammelten Menge seinen Schwur, wie es im Inauguraldiplom stand, vor Gott und der Welt abzulegen. Von dort aus ging es weiter hoch zu Ross auf den Platz vor der Kettenbrücke. Hier befand sich der Lloyd-Palast, von dessen Balkon aus Elisabeth zusah, wie der neu gewählte König auf den Krönungshügel hinaufritt und dort in alle vier Himmelsrichtungen mit seinem Schwert je einen Hieb machte. Dieser Akt stand dafür, dass Franz Joseph bereit war, Ungarn vor allen Feinden, egal von welcher Richtung sie kommen sollten, zu beschützen.

Franz Joseph als frisch gekrönter apostolischer König von Ungarn. Auf seinem weißen Schimmel sitzend führt er die vier Schwerthiebe auf dem Krönungshügel aus.

Der Krönungshügel selbst stand symbolisch für alle Länder der Stephanskrone. Er war eine künstlich aufgeschüttete Erhebung in Pest, unweit der Kettenbrücke. Die Erde dazu wurde aus allen Komitaten des Landes und den freien königlichen Städten zusammengetragen. Diesen wurde aufgetragen, von historisch bedeutenden Stellen Erde zu der Krönung in die Hauptstadt zu schicken. Vielerorts besann man sich auf die mittelalterliche Geschichte und wählte dementsprechend die Entnahmestelle aus. Auf die aktuellen politischen Ereignisse bezogen sandte Komitat Zala Schollen aus Söjtör, dem Geburtsort Ferenc Deáks. Die Kaiserin bedachte man, indem man in Komárom an der Stelle, wo Elisabeth 1857 das erste Mal ungarischen Boden mit ihren Füßen berührte, Erde aushob. An Franz Joseph erinnerte keine einzige Stelle direkt, obwohl die Herkunft manch einer Scholle wie eine Mahnung wirken musste. So kam Erde aus Világos (Ort der Waffenniederlegung vor den russischen Truppen im Jahr 1849) sowie aus der Festung von Arad, an deren Hof die 13 Generäle der aufständischen Armee von 1848/49 hingerichtet wurden. Ferner schickte man Erde aus mehreren Orten mit Bezug zu Ferenc II. Rákóczi, der Anfang des 18. Jahrhunderts Anführer der längsten (achtjährigen) und größten Rebellion gegen die Habsburger war und anschließend ins Ausland flüchtete – wie Lajos Kossuth.[412] Der Rákóczi-Freiheitskrieg – wie er in der ungarischen Fachliteratur heißt – gipfelte ebenfalls in der Entthronung der Habsburger und dem Ausruf des unabhängigen Ungarns. Auch Rákoczi lehnte die Friedensverhandlungen mit den Österreichern ab, er flüchtete ins Ausland und starb im Exil, obwohl ihm genau wie später Kossuth eine Begnadigung angeboten wurde. Eine weitere Parallele zu 1848 war, dass die Waffenniederlegung das Land spaltete und die eingeknickten Ungarn lange Zeit als Landesverräter angesehen wurden. Während der Errichtung des Hügels »erschien mit jedem jungen Tag oder auch öfters im Laufe eines solchen ein Banderium von Bauern in der traditionellen Csikostracht, das einen über und über mit dreifarbigen Bändern und Blumen aufgeputzten Leiterwagen geleitete, dessen Inhalt unter Eljenrufen und Rakoczymarschklängen ausgeschüttet wurde«.[413] Angesichts der Herkunft der Schollen muss man sich fragen, wie viele Ungarn tatsächlich hinter dem Ausgleich und der Krönung Franz Josephs standen. Als »verheerende Minderheit« bezeichnete der Historiker András Gerő in seinem Buch mit gleichem Titel die Wahlberechtigten Ungarns, denn sie machten circa 6 Prozent der Bevölkerung aus und bestimmten somit die Politik des Landes.[414] Und das blieb auch bis zur Auflösung der Monarchie 1918 so, denn hätte man das Wahlrecht geändert, wäre es immer offensichtlicher geworden, dass die Mehrheit – vor allem die unteren sozialen Schichten mit den Kleinbürgern und Bauern – in Ungarn gegen den Ausgleich war.[415] Dementsprechend niedrigen Aussagewert hat es, wenn man behauptet, die Ungarn wollten den Ausgleich und die Krönung.

Nach dem Ritt auf den Krönungshügel kehrte der Kaiser zusammen mit den Würdenträgern in die Burg zurück. Inzwischen war es bereits Mittagszeit. »Da sah der arme Kaiser schon außerordentlich erschöpft aus. Es wundert mich nicht, wenn ich daran denke, dass er eine fünf Pfund schwere Krone auf

---

412 Zur Herkunft der Erde des Krönungshügels s. Falk/Dux 1867. S. 37; *VU* 9. Juni 1867. S. 281–282.

413 Przibram 1910. S. 183.

414 Gerő 2017.

415 Gergely 1996.

416 *VU* 9. Juni 1867. S. 281.

Im Vordergrund: Der Krönungshügel in ungarischen Nationalfarben (grünes Gras, weißes Geländer mit rotem Samt geschmückt),[416] das Publikum versammelt sich gerade, um Franz Josephs Ritt beizuwohnen. Im Hintergrund ist die Königsburg zu Buda zu sehen. Fotografische Aufnahme vom 8. Juni 1867.

dem Kopf tragen musste, außerdem einen schweren Mantel, und so musste er diese langen Zeremonien durchmachen. // Die vielen Hochrufe waren ohrenbetäubend, als er als König zurückkehrte. Jetzt rief man nicht mehr ›Es lebe der Kaiser!‹, sondern ›Es lebe der König!‹, denn endlich hatten sie [die Ungarn, Anm.] einen König. In diesem Land dürfen wir von ihm nie mehr als Kaiser sprechen, sondern ausschließlich nur als König.«[417] Der Tag endete mit einem Volksfest auf der Generalwiese.

Laut Przibram war es eines der wenigen Feste, an dem das einfache Volk beteiligt war, denn es »hatten alle Veranstaltungen einen vorwiegend exklusiven Charakter. Blaublut war Trumpf.« Auf der Generalwiese »gab es ein richtiges Traktament; Ochsen und Hammel wurden am Spieß oder auf wahren Scheiterhaufen gebraten aus Stückfässern floß der Wein, in Riesenkesseln brodelte das Gulasch; aus Pfannen vom Durchmesser eines Wagenrades schöpfte man ein Gemisch von Fischen, Speck und Paprika, und alle diese Genüsse wurden gratis geboten«.[418] Zu später Stunde erschien mit seiner Suite der Kaiser, der sofort von einer großen Menge umringt und von seiner Begleitung getrennt wurde – zum Schreck der Adjutanten. Die Bauern huldigten dem frisch gekrönten König mit emporgestreckten Armen und Éljenrufen. Später erzählte Franz Joseph, dass ihm die spontane Huldigung viel Freude gemacht habe.

Der Pfingstsonntag verlief ruhiger, nur das Krönungsessen in dem Pester Redoute und die Stadtbeleuchtung standen auf dem Programm, wobei Letzteres durch das Wetter beeinträchtigt wurde: »Abends war Illumination, aber bedauerlicherweise war der Wind so stark, dass er den Spektakel größtenteils kaputt machte. Als der Kaiser über die Brücke ging, um die Beleuchtung zu sehen, fand in den Türmen über den Pfeilern Feuerwerk statt.«[419]

Am Pfingstmontag überreichten die Vertreter des Volkes dem Kaiserpaar ihre Geschenke: »Gestern ging ein weiterer Zug an unserem Haus vorbei: Allerlei Naturalien brachte man Ihrer Majestäten, Brot, Hefezopf, Fleisch, Wein, Gemüse, Obst, Blumen, es war ein sehr liebreizender Anblick. Ein wunderschöner weißer Ochse wurde mit Blumengirlanden geschmückt, zwei junge Burschen führten ihn. Ihnen folgten mit Blumen beschmückte schneeweiße Schafe, dann kamen Csikós [Pferdehirte, Anm.] mit einigen Fohlen

---

417 Mary Elizabeth Stevens an ihre Mutter und ihre Schwester, [Buda,] Juni 1867, nach der Krönung. In: Cieger [2007]. S. 216. Übers. aufgrund der ung. Ausgabe.

418 Beide Zitate: Przibram 1910. S. 184.

419 Mary Elizabeth Stevens an ihre Mutter und ihre Schwester, [Buda,] Juni 1867, nach der Krönung. In: Cieger [2007]. S. 216. Übers. aufgrund der ung. Ausgabe.

und jungen Pferden und auch viele Fische wurden in den Palast gebracht. // Wägen mit vier oder sechs Pferden brachten Mehl, Weizen, Weinfässer und Mädchen in Nationalfarben, in rot-weiß-grün, sowie in bayrische Farben, in blau-weiß, gekleidet. Sie trugen Blumenkörbe als Geschenk. Alles war reizend und schön.«[420] An der Farbenwahl ist Elisabeths Bevorzugung eindeutig erkennbar.

Wie bei solchen Anlässen üblich, verteilte der Kaiser großzügig Geschenke: Auszeichnungen wurden verliehen und allgemeine Amnestie für gewisse Straftaten erlassen. Unter den Ausgezeichneten war auch Andrássy, er erhielt den St.-Stephansorden. Ferenc Deák jedoch wies jegliche Auszeichnung zurück, stattdessen lud ihn Franz Joseph zwei Tage nach der Krönung zu einer privaten Audienz ein, während der auch Elisabeth und der Kronprinz erschienen. Der Kaiser und die Kaiserin bedankten sich bei dem Politiker für seine Verdienste. Deák hielt sich nämlich von den Krönungsfeierlichkeiten fern, er zog sich in seine Räumlichkeiten im Hotel zur englischen Königin zurück. Seine Informationen stammten von den zahlreichen Menschen, die ihn in diesen Tagen besuchten. Nicht nur seine Freunde und politischen Weggefährten, sondern auch zahlreiche Diplomaten erwiesen ihm die Ehre.[421] Die Vorleserin Ida Ferenczy suchte ihn während der Festtage ebenfalls auf: »Liebe Schwester! Morgen und auch übermorgen [7. beziehungsweise 8. Juni 1867, Anm.] bin ich zwischen 8–9 Uhr vormittags und zwischen 3–4 Uhr nachmittags zu Hause und erwarte freudigst den versprochenen Besuch.«[422] Ida durfte ja wegen ihrer niedrigen Herkunft an diesen wichtigen Tagen nicht an der Seite ihrer Herrin sein.

Franz Joseph erließ allgemeine Amnestie für die politischen Straftaten von der Revolution 1848, auch die noch beschlagnahmten Güter wurden freigegeben. Die einzige Voraussetzung für die Begnadigung war die Eidesleistung, dass die Betroffenen sich ab jetzt an die Gesetze des Landes halten und dem Kaiser und König die Treue schwören. Dass dieser Beschluss in der österreichischen Reichshälfte und unter denen, die dem Kaiser während der Revolution 1848 treu blieben, bitter aufstieß, dürfte niemanden überrascht haben. Obwohl man hinzufügen muss, dass die Strafen damals international große Empörung hervorriefen. Zar Nikolaus I. ermahnte nach der Niederschlagung

420 Ebd. S. 217.

421 Csengery 1928. S. 93–94.

422 Ida Ferenczy an Ferenc Deák, Pest, 6. Juni 1867. In: Nl Corti. Abschrift.

der »Rebellion« den österreichischen Kaiser, »das schönste der souveränen Rechte zu gebrauchen, das einer wohlverstandenen Milde. Gnade für die Verirrten«.[423] Franz Joseph beherzigte den Ratschlag nicht und als der russische Monarch von der Vergeltung erfuhr, war er sehr irritiert und meinte über »die Todesurteile für diejenigen, die sich unserer Armee ergeben haben, sind eine Infamie und eine Insulte für uns. Ich fühle mich tief verletzt darüber«.[424] Der für seine Brutalität berüchtigte Haynau wurde in den 1850er-Jahren in London für seine Schandtaten und die übertrieben harten Bestrafungen in Ungarn sogar verprügelt.[425] Dass die Urteile 1849 viel zu hart waren und vor allem auf einer ungleichen Behandlung der Revolutionäre beruhten, stellte der Österreichische Ministerrat in den 1850er-Jahren mehrmals fest und er musste sich in der Folge vielfach mit den Begnadigungsgesuchen auseinandersetzen sowie diesen stattgeben.[426]

Im Gegensatz zu der Kritik der westlichen Reichshälfte nahm man den Amnestieerlass in der internationalen Diplomatie positiv auf, wie der belgische Gesandte seinem Außenminister berichtete: »Heute Morgen beim Erwachen erfuhr Ungarns Hauptstadt zwei Beschlüsse von höchster Wichtigkeit. Indem sie definitiv den Schleier der Vergessenheit über 1848 ausbreiten, besiegeln sie die allgemeine Versöhnung, deren Zeugen wir seit einigen Tagen sind. Das erste Ereignis besteht in einer vollen, ganzen und allgemeinen Amnestie zugunsten aller verbannten Ungarn. [...] Sie verstehen, Herr Minister, welche Genugtuung eine ebenso geschickte wie grosszügige Handlung zur Folge haben wird. Die zweite Tat wird vielleicht [...] noch tieferen Eindruck machen. // Durch eine äusserst weise Geste – ein Beweis der Gefühle, die ihn beseelen – hat der König den Honvedinvaliden und -witwen von 1848 die 100 000 Dukaten überlassen, die Ihre Majestäten vergangenen Montag als Geschenk von der Nation erhalten hatten. Wie ich in meiner Umgebung sagen höre, kann nichts besser zur Befestigung der Sympathien und der Ergebenheit gegenüber den neugekrönten Herrschern sowie zu ihrer Popularität beitragen.«[427] Ganz anders sah diesen Akt Graf Folliot-Crenneville, der Generaladjutant

---

423 Zar Nikolaus I. an Franz Joseph, Warschau, 4./16. August 1849. In: ÖStA. Zit. nach Corti 1952. S. 41.

424 Randbemerkung des Zaren Nikolaus I. auf einem Bericht Nesselrodes vom 17. Oktober 1849. Zit. nach ebd. S. 44.

425 Ebd. S. 61–62.

426 Glassl 1977. S. 206–213.

427 Graf de Jonghe d'Ardoye an den belgischen Außenminister Rogier, 8. Juni 1867. Zit. nach Scharding o. J. S. 147.

des Kaisers und viele andere Österreicher: »es ist eine Niederträchtigkeit. Ich möchte schon lieber tot sein als solch eine Schmach zu erleben! Wo werden wir hinkommen? Das heißt nicht regieren, solcher Canaillen Ratschläge zu befolgen. Andrássy verdient den Galgen mehr als 1849.«[428] Es war nämlich der Vorschlag des ungarischen Ministerpräsidenten, der hier umgesetzt wurde.

Elisabeths Triumph?

Der Ausgleich und die Krönung werden in den Elisabeth-Monografien meistens als Verdienst der Kaiserin dargestellt. Dass sie die Versöhnung zwischen Franz Joseph und Ungarn befürwortete und unterstützte, kann angesichts der Quellen nicht angezweifelt werden. Dennoch bleibt die eigentliche Frage, was konkret ihr Verdienst war, unbeantwortet. Da Elisabeth an den offiziellen Ausgleichsverhandlungen nicht teilnahm, gibt es keine Beweise für ihre Beteiligung, zumal die Eingeweihten darüber auch Stillschweigen bewahrten. So bleiben wieder nur Schlussfolgerungen und Vermutungen. Ausschlaggebend bei der Beurteilung ihrer Rolle scheint der Charakter Franz Josephs zu sein beziehungsweise die oft behauptete Ansicht, dass dieser aus Liebe zu seiner Frau nachgab. Vergleicht man die Bemühungen der Kaiserin mit denen im Sommer 1866 sowie die Reaktionen des Kaisers darauf, ist es nicht ersichtlich, warum der Monarch später seine Meinung geändert und nachgegeben haben sollte – lediglich aufgrund des Drängens seiner Frau. Der Krieg mit Preußen war vorbei, und auch wenn Österreich verlor, Ungarn hielt loyal zu seinem Herrscher. Außerdem forderte es nach dieser demütigenden Niederlage nicht mehr als davor. Das war eine stabile Basis für Verhandlungen.

Ebenfalls häufig begründen die Biografen das Einlenken des Monarchen damit, dass Elisabeth sich bereit erklärt haben soll, ein weiteres Kind zu bekommen. Da Franz Joseph in seinem Sohn bereits einen direkten Erben hatte und durch die zahlreiche Nachkommenschaft von Kaiserin Maria Theresia das Haus Habsburg nicht durch Aussterben bedroht war, erscheint diese Erklärung nicht besonders überzeugend. Spielt man aber auf den sexuellen Aspekt der Kinderzeugung an, fiel diese Argumentation eventuell ins Gewicht. Die Frage ist nun, wessen Taktik hier aufging. Lockte die Kaiserin ihren Mann mit der Aussicht auf eine gemeinsame Nacht genug, damit dieser in

---

[428] Graf Franz Folliot de Crenneville an seine Frau, 11. Juni 1867. Zit. nach Hamann 1982. S. 272.

einer so bedeutungsvollen Frage nachgab? Dass Elisabeth ihrem Gatten die ehelichen Pflichten verweigerte, blieb in der Wiener Burg ja nicht unbemerkt. Andererseits war der Herrscher an die Vernachlässigung in den vergangenen 13 Ehejahren gewöhnt. Oder ließ Franz Joseph seine Gemahlin über den Stand der Verhandlungen absichtlich im Unklaren – sie konnte ja als Frau an den Diskussionen nicht direkt teilnehmen –, damit er die versprochene Belohnung bekam?[429]

Ebenfalls lassen viele Bewertungen in der Elisabeth-Literatur eine gründliche Auseinandersetzung mit dem Thema Ausgleich missen und geben sich mit einer unreflektierten Wiedergabe der Kritikpunkte an den Bestimmungen des Kompromisses zufrieden, anstatt gründlich zu recherchieren. Der Ausgleich und die Krönung werden damit zu einem ausschließlichen Mittel zum Zweck, nämlich nachzuweisen, wie kritiklos und irreal sich die Kaiserin bezüglich Ungarn benahm und eben deswegen es nicht verwunderlich gewesen sei, dass sie am Wiener Hof unbeliebt war. Von ungarischer Seite ermöglichte die Betonung des Umstandes, welche wichtige Rolle Elisabeth am Zustandekommen des Ausgleichs gespielt haben soll, mehr Identifikation mit dem Herrscherhaus und damit mit der Monarchie. Franz Joseph eignete sich ja aufgrund seiner Vorgeschichte nicht zur Verehrung.[430] Dass man Elisabeth in den Mittelpunkt stellte, war sowohl für Kritiker als auch für Befürworter sehr bequem: Erstere hatten eine Schuldige, letztere eine Heldin, die man für die Situation verantwortlich machen konnte – im positiven wie im negativen Sinn und Franz Joseph blieb unbehelligt. Die Ungarn mussten ihn nicht verehren, es war ja seine Gattin, die den Ausgleich herbeiführte und in Österreich musste man nicht den herrschenden Kaiser angreifen, die Lösung hatte ja seine Frau zu verantworten.

Zweifellos hätte Elisabeth als Gattin des Monarchen den Interessen des gesamten Reiches Rechnung tragen müssen und nicht nur den Standpunkt der Ungarn vertreten sollen. Aber den Ausgleich an diesem Maßstab zu messen, ist sehr kontraproduktiv für eine gerechte Beurteilung dieser wichtigen Vereinbarung zwischen Franz Joseph und seinen ungarischen Untertanen, welche weitreichende Auswirkungen auf die Weiterentwicklung der Monarchie hatte. Der Vollständigkeit halber sollte noch erwähnt werden, dass der Dualismus nicht der einzige Vorschlag war: Eine föderalistische Lösung wurde

---

429 Weitere Aspekte der Zeugung der jüngsten Tochter des Kaiserpaares werden im Kapitel *Das »Ungarmädel« Erzherzogin Marie Valerie* dargestellt.

430 Gerő 2008. S. 133.

ebenfalls diskutiert, welche die ethnische Vielfalt des Vielvölkerstaates mehr berücksichtigt hätte.[431]

»Schlussendlich führten viele Faktoren zu dem Ausgleich. Seine Genese und sein Ergebnis, ob er gut war oder die Monarchie ins Verderben stürzte, beurteilten die Beteiligten und beurteilt die Nachwelt bis heute unterschiedlich. Ein Mythos blieb aber – und Mythen braucht man nicht zu beweisen, aber man kann sie auch nicht widerlegen –, der Mythos einer wunderschönen, sensiblen und intelligenten Frau«,[432] wertet die Historikerin Éva Somogyi die Ereignisse und die Rolle Elisabeths. Ähnlich sah es der Historiker Sándor Márki (bereits 1899): »Die Geschichtsschreibung, welche immer zweifelt, wird aufgrund Urkunden die Geschichte des Ausgleichs erzählen. Sie wird berichten von geschichtlicher Notwendigkeit, von der Logik der Ereignisse, von dem Opportunismus über die Verhältnisse und von den mitwirkenden Politikern, unter denen man den Namen der Königin [Elisabeth, Anm.] urkundlich belegt schwerlich findet; aber was der Geschichtsschreibung schon oft genug bei anderen Fragen passierte, wird auch hier geschehen: Sie wird aus dem allgemeinen Bewusstsein nie die Überzeugung ausrotten können, dass tatsächlich die zarten Hände der Königin den Faden zwischen dem König und der Nation gewoben hätten.«[433] Die letzten 150 Jahre beweisen, wie recht Márki mit seiner Einschätzung hatte.

---

431 Auf eine Analyse von dieser und weiteren Möglichkeiten wird hier verzichtet, da im Mittelpunkt des Werkes die Beziehung Elisabeths zu Ungarn steht und der Ausgleich aus diesem Aspekt behandelt wird.

432 Somogyi 1984. S. 11.

433 Márki 1899. S. 2.

9. DAS »UNGARMÄDEL« ERZHERZOGIN MARIE VALERIE

Elisabeths Geschenk

Zehneinhalb Monate nach der ungarischen Krönung, am 22. April 1868, kam Erzherzogin Marie Valerie, das jüngste Kind von Elisabeth und Franz Joseph, auf die Welt. Über die Umstände der Zeugung wird bis heute diskutiert. Blättert man die Literatur über das Thema durch, trifft man auf Äußerungen wie »das größte Geschenk Elisabeths an Ungarn« sowie dass dieser Schwangerschaft politische Motive zugrunde lagen: Wenn der Kaiser dem Ausgleich mit Ungarn zustimmt und sich zum ungarischen König krönen lässt, erklärt sich seine Frau zu einer erneuten Schwangerschaft bereit.[434] Naturgemäß gibt es zu dieser sehr privaten Angelegenheit keine direkten Quellen.

Nach der Geburt des Kronprinzen im August 1858 weigerte sich Sisi, noch ein weiteres Kind zu bekommen. Dass sie ihren Widerstand ausgerechnet neun Jahre später, in der Zeit der Ausgleichsverhandlungen und der Krönung, aufgibt, ist allein mit einer harmonischen Phase in ihrer Ehe nicht zu begründen, zumal man die weiteren Umstände berücksichtigt. Obwohl Elisabeth bis auf wenige Wochen im Krönungsjahr keine Zeit in Ungarn verbrachte, bekundete sie ihre große Sympathie für Land und Volk. Sie pflegte ihre Beziehungen zu den im Jahr zuvor kennengelernten Ungarn, lernte fleißig weiter Ungarisch, korrespondierte mit Eötvös und Andrássy.

Ein weiterer – vielleicht noch wesentlich wichtigerer – Grund, dass die Kaiserin ihre Meinung geändert hatte, könnte in ihrer sogenannten Unabhängigkeitserklärung liegen. Im August 1865 setzte Elisabeth sich ihrem Mann gegenüber durch und durfte ab diesem Zeitpunkt über die Erziehung ihrer Kinder selbst bestimmen.[435] Auf diese Weise entzog sie Rudolf und Gisela

---

[434] Hamann 1982. S. 263, 273–277; Corti 1935. S. 191.

[435] Kaiserin Elisabeth an Franz Joseph, Ischl, 24. August 1865. Briefentwurf. In: Nl Corti. Abschrift.

dem Einfluss ihrer Schwiegermutter, mit der sie immer wieder über die Unterbringung und die Erziehung der Kinder gestritten hatte.

Dass die Schwangerschaft geplant war, ist aus Elisabeths Brief an ihren Mann ersichtlich. Noch bevor sie Gewissheit hat, klagt sie Franz Joseph: »Gestern abends dachte ich bestimmt, dass mein Leiden kommen wird, das Kreuz und der Bauch tat mir weh, deshalb ging ich auch nicht reiten, … … … bis jetzt nicht gekommen. In dieser Ungewissheit ist der Salzburger Besuch [des französischen Kaiserpaars, Anm.] sehr drückend.« Auch mit Stimmungsschwankungen hatte die Kaiserin zu kämpfen: »Den ganzen Tag könnte ich weinen, so unendlich traurig bin ich. Meine liebe Seele, tröste mich, da ich es sehr nötig habe. Jede Lust verging mir, will nicht reiten, auch nicht spazieren gehen, alles ist mir auf der Welt pomade [gleichgültig, Anm.].«[436] Zwei Wochen später ist sich Elisabeth ihrer Schwangerschaft sicher: »Schon lange hätte ich Dir geschrieben, doch jeden Morgen fühle ich mich nicht wohl, dass ich zu nichts fähig bin. Heute habe ich auch gebrochen – vom roten Band wirst Du kaum Gelegenheit haben zu schreiben.«[437] Eine Woche später erzählt sie Ida: »Seit ich hier bin, fühle ich mich bedeutend besser, habe nicht ein einzigesmal gebrochen, trotzdem mich mein Magen frühmorgens noch immer dazu reizt. Trotzdem Vorgestern der bestimmte Tag war, verlief ohne dass etwas gekommen wäre.«[438] Das Thema ist der Kaiserin offensichtlich zu intim und sie will deshalb vorerst nicht, dass Andrássy, welchem die treue Vorleserin Elisabeths Briefe wie abgemacht immer zeigt, davon erfährt: »Wenn Du in Pest auch mit unseren Freund zusammenkommen solltest, zeige ihm meine Briefe nicht. Doch grüsse ihn, im meinen Namen.«[439]

Die Kammer für ihr Ungeborenes stellte die Kaiserin selbst zusammen. Um eine Amme zu finden, wurde Dr. Balassa beauftragt. Er schrieb Ärzte »in den gesündesten Gegenden des Landes [Ungarns, Anm.]« an und wählte Rosa Eszterpauer, geborene Orbán aus. Sie »ist 22 Jahre alt und säugt gegenwärtig, wie es die Vorschrift erheischt, ihr zweites Kind, mit welchem sie ihren Gatten, mit dem sie in mustergiltiger Ehe lebt, vor ungefähr sechs Wochen beschenkte«[440].

---

436 Ebd. Ischl, 14. August 1867. Abschrift. Auslassung im Orig.

437 Kaiserin Elisabeth an Ida Ferenczy, Zürich, 28. August 1867. In: Nl Corti. Abschrift.

438 Ebd. Schweizerhof (Schaffhausen), 8. September 1867. Abschrift.

439 Ebd.

440 *NFP* 1. April 1868. S. 10.

Ungefähr zwei Monate vor der erwarteten Niederkunft, Anfang Februar 1868, übersiedelt Elisabeth von Wien nach Ofen, um dort ihr Kind auf die Welt zu bringen – ein erneuter Beweis für ihre ungarische Gesinnung, über den sich die Wiener ärgern. Die Kaiserin nahm nicht einmal den Hofarzt aus der Reichshauptstadt mit. Dr. János Balassa wird mit ihrer Betreuung beauftragt. Wieder ein Ungar, der sich 1848 kompromittierte. Der europaweit bekannte Mediziner, Chirurg und Arzt für Geburtsheilkunde war Berater des Kultusministeriums der ungarischen Revolutionsregierung (unter Leitung von Baron Eötvös) und als solcher half er bei der Organisation der Ausbildung der Feldsanitäter. Für seine Tätigkeit kam er nach der Niederschlagung der »Rebellion« ins Gefängnis. Dort musste er Graf Lajos Batthyány medizinisch versorgen, weil dieser sich am Vorabend seiner Exekution mit einem eingeschmuggelten kleinen Dolch umzubringen versuchte, um dem beschämenden, nicht standesgemäßen Tod durch Strang zu entgehen. Die Verletzungen des ehemaligen Ministerpräsidenten waren sehr schwer, der Blutverlust sehr hoch, deshalb protestierte Balassa gegen die Durchführung des Todesurteils, das unter mehr als fragwürdigen Verhältnissen gefällt wurde. Batthyány wurde trotzdem zu geplanter Zeit hingerichtet, allerdings durch ein Erschießungskommando.[441] Seine vorzeitige Haftentlassung verdankt Balassa dem Engagement der Bevölkerung von Pest und Buda, diese sammelte erfolgreich Unterschriften für die Freilassung des Arztes.[442] Es sei dahingestellt, wie man die Bestrafung eines Mediziners, der für die Versorgung der Verwundeten Sanitäter ausbilden lässt, aus humanitärer Sicht rechtfertigen kann.

Die Tage bis zur Entbindung verbrachte Elisabeth sehr zurückgezogen, für ihre Ungarischstudien bestellte sie neun ungarische Blätter, machte täglich Spaziergänge im Burggarten und hörte regelmäßig Messen. In der Stadt bekam man sie nicht zu sehen. Die Gesellschaft der Kaiserin bestand aus ihrer Suite und ihrer Familie: Gisela und Rudolf reisten Mitte Februar für drei Wochen nach Ungarn. Als ihre kleine Schwester zur Welt kam, waren sie längst wieder in Wien. Franz Joseph pendelte zwischen Wien und Budapest. Wenn er in Ungarn weilte, hielt er Audienzen, erledigte Staatsgeschäfte, nahm aber auch am öffentlichen Leben teil, ohne dass man im Voraus extra ein Programm zusammengestellt hätte – also wie Anfang 1866. Während Elisabeths Wochenbett besuchte er sogar den Ball beim ungarischen Ministerpräsidenten Andrássy. Im März kam Marie von Neapel an, um ihrer Schwester beizu-

---

441 Gergely 2011. S. 120–121.

442 Balassa János 1964. S. 37.

Hier, in der Burg zu Ofen, wurde am 22. April 1868 Erzherzogin Marie Valerie geboren.

stehen. Außer ihrer Familie empfing die Kaiserin nur wenige Auserwählte, Katinka Andrássy, Ehefrau von Gyula, gehörte zu den regelmäßigen Besuchern.

Da es um Elisabeth ziemlich still war, beschäftigten sich die Blätter hauptsächlich mit dem bevorstehenden Ereignis. Diese Berichte sorgten in Wien weiter für Aufregung und Neid, denn es wurde so immer wieder vor Augen geführt, in welchem Ausmaß die Kaiserin die Ungarn bevorzugte. Es reichte ihr nicht, ihr Kind in Buda zu gebären. Ihre Umgebung bestand aus immer mehr Ungarn. Die neue Kindskammer wurde ebenfalls dementsprechend zusammengestellt: die Amme, die Erzieherin und deren Kammerdiener, der Arzt – alle waren Ungarn. Sogar die Wäsche für die Neugeborene und deren Amme wurde in Budapest eingekauft. Marie von Neapel übte auch fleißig, um bei der Taufe die Fragen des Primas auf Ungarisch beantworten zu können.[443]

Die Hinwendung zu Ungarn hatte auch Auswirkungen auf die Hoffnungen bezüglich des Geschlechts des Neugeborenen. In der cisleithanischen Reichshälfte wünschte man, »das zu erwartende Kind möchte ein Mädchen sein, denn man verhehlte sich nicht, daß trotz Pragmatischer Sanktion und aller später geschlossener Pacte, ein von der Königin von Ungarn in der Ofener

[443] Näheres zum Ungarnaufenthalt Elisabeths in den ungarischen Tages- und Wochenblättern, z. B.: *BK, FL, VU* vom Februar bis Juni 1868.

Burg geborener Knabe der künftige König von Ungarn sein werde und dadurch mit der Zeit die Trennung der Länder der ungarischen Krone von Österreich herbeigeführt werde.«[444] Diese Befürchtungen waren nicht grundlos. Am Vorabend der Geburt verbreitete sich in Budapest das Gerücht, dass Elisabeth einem Jungen das Leben schenkte: »Es war eine Illusion! [...] Sie [die Stadtbewohner, Anm.] erwarteten bereits einen Sohn, dessen Weg malten ihre Träume aus: wie er sich als Ungar bekennt, weil er unter uns geboren wurde; wie er von Triumph zu Triumph eilt, als stattlicher Mann, an der Spitze des ungarischen Heeres!«[445] Trotzdem war auf ungarischer Seite die Begeisterung groß: »Wir durften erleben, was wir Jahrhunderte lang so schmerzlich vermissten, dass der ungarische König und seine Familie wieder in der Hauptstadt Ungarns wohnen, und wir durften auch erleben, dass ein königliches Kind das Licht der Welt das erste Mal in dem uralten Buda erblickt.« Zuletzt passierte es vor über 320 Jahren (1540), als János Zsigmond Szapolyai hier auf die Welt kam. Man hoffte, dass dieses freudige Ereignis »das Band zwischen der Nation und der Dynastie nur enger schnürt, und unsere Hoffnung in die Zukunft wachsen lassen kann«.[446]

Obwohl ihr Gefühl ihr sagte, dass sie ein Mädchen erwartete, wünschte sich Elisabeth ebenfalls einen Jungen, wie sie es in einem ihrer Gedichte schrieb:

„O könnt ich euch den König geben!

O Ungarn, geliebtes Ungarnland!
Ich weiß dich in schweren Ketten.
Wie gerne böt ich meine Hand,
Von Sklaverei dich zu retten!

Es starben für die Freiheit und Vaterland,
Der hehren Helden nicht wenig.
Könnt knüpfen ich mit euch ein inniges Band,
Euren Söhnen jetzt schenken den König.

---

[444] Bericht des Schweizer Gesandten nach Bern. Schweizer Bundesarchiv Bern. Politische Berichte des Schweizer Gesandten in Wien: E 2300 Wien. Bericht vom 22. April 1868. Zit. nach Hamann 1982. S. 273.

[445] *VU* 26. April 1868. S. 203. Ung.

[446] Podmaniczky 1868. O. S. Ung.

Er sollte ein Ungar von echtem Stamm,
Ein Held sein von Stahl und von Erz,
Mit klarem Verstand, ein starker Mann,
Für Ungarn nur schlüge sein Herz.

Frei macht er euch, trotz allem Neid,
Ein stolzfreies Ungarn für ewig!
Und er teile mit allen Freud und Leid,
So soll er sein – euer König!“«[447]

Eine ausführliche Beschreibung der Neugeborenen, ist vom kaiserlichen Vater überliefert: »Sie ist recht hübsch, hat große dunkelblaue Augen, eine noch etwas zu dicke Nase, sehr kleinen Mund, ungeheuer dicke Backen und so dichte dunkle Haare, daß man sie jetzt schon frisiren könnte. Auch am Körper ist sie sehr stark und sie schlagt sehr frisch mit Händen und Füssen herum. Sie schreit sehr selten, hat aber eine kräftige Stimme.« Er erwähnt auch, »daß Alle finden, daß sie Euerer [Giselas und Rudolfs, Anm.] verstorbenen Schwester Sophie ganz ähnlich sieht.«[448]

An der Taufe nahmen viele ungarische Aristokraten teil, aber auch aus Wien reisten etliche Verwandte des Kaiserpaares und Mitglieder des öffentlichen Lebens an. Die Paten der Neugeborenen waren zwei Schwestern der Kaiserin, Marie von Neapel und Gräfin Mathilde Trani sowie der Großvater Erzherzog Franz Karl.[449] Von dem Ereignis, das drei Tage nach der Entbindung stattfand, berichtete der Kaiser seinen Kindern: »Tante Marie war sehr erfreut, Taufpathin zu sein und sie sah bei der Taufe sehr schön aus und antwortete dem Primas recht gut ungarisch. Ich hatte ihr die bei der Taufe nothwendigen Worte einstudirt, wie einem Paperl. [...] Sie [die Taufe, Anm.] fand im großen Saale statt, der sehr schön als Kirche hergerichtet war. Es waren sehr viele Herrn und Damen in großer Galla dabei und der Primas war von einer ganzen Schaar von Bischöfen und Geistlichen umgeben, auch der dicke Wenkheimische Geistliche, der immer in Ischl ist. // Die Kleine hat recht stark geschrieen. Sie war sehr schön in einem Lila Kleid angezogen und wurde von Hohenlohe [Erster Obersthofmeister des Kaisers, Anm.] getragen. Wie die

447 Gedicht von Kaiserin Elisabeth, Ofen, 1868. Zit. nach Wallersee 1935. S. 255.

448 Kaiser Franz Joseph an seinen Sohn Rudolf, Ofen, den 28. April 1868. In: Weissensteiner 1991. S. 42–44.

449 *FL* 26. April 1868. S. 387; 28. April 1868. S. 391.

Taufe vorbei war ist sie zur Mama zurückgetragen worden und dann ist ein Tedeum gesungen worden. Zum Schluß hielt der Primas an mich eine ganz besonders schöne ungarische Rede und brachte ein Éljen aus, in das alle Anwesenden mit einstimmten.«[450]

Wie bei den anderen Entbindungen der Kaiserin wird nun die betroffene Umgebung reich beschenkt, der Erste Obersthofmeister erhält eine Porträtdose, die Obersthofmeisterin Schmuck – im Wert von je 4000 Gulden, der Primas bekommt ein mit Diamanten besetztes Kreuz und einen Ring, das ärztliche Personal und die Kammer werden ebenfalls bedacht. Unter den Armen in Wien und Budapest wurden auf Anordnung des Kaisers 3000 Gulden beziehungsweise 1000 Forint verteilt.[451] Erneute Empörung löste in der westlichen Reichshälfte Franz Josephs Großzügigkeit aus, nach der jetzt »all diejenigen ehemaligen k. k. Militäroffiziere, die infolge der Ereignisse von 1848 / 49 ihre Versorgungsansprüche verloren haben, ohne dass sie inzwischen staatliche Dotation erhalten hätten«, aus dem allgemeinen Militärpensionsfond versorgt werden sollen.[452] Damit sind alle in der Monarchie lebenden ungarischen Beteiligten der Revolution 1848 rehabilitiert. Zur Beruhigung der Gemüter trägt Elisabeths langer Aufenthalt in Ungarn nicht gerade bei, genauso wenig gefiel in Wien ihr Versprechen an die Damen des Cercles kurz vor ihrer Abreise am 9. Juni: »Nur für kurze Zeit verlasse ich Ihre Kreise; im September komme ich wieder heim [nach Ungarn, Anm.].«[453]

Von ungarischer Seite werden Elisabeths Sympathiebekundungen freudig begrüßt. Man hat nun das Gefühl, wieder wer zu sein. Zehn Prozent der Bevölkerung bestand in Ungarn aus Adeligen, die bis 1848 besondere Privilegien genossen, so zahlten sie beispielsweise keine Steuern, als führende Schicht der Gesellschaft behandelte man sie mit Respekt und sie hatten ein hohes Ansehen. All das ging nach der Revolution verloren: Jeder musste Steuern zahlen, durch die Abschaffung der Leibeigenschaft mussten die Adeligen ihre Beziehung zu den Bauern neu definieren. Aus österreichischer Sicht standen die Ungarn unter Generalverdacht, dass sie Rebellen seien, die durch ihre Taten in den Revolutionsjahren jeden Anspruch auf ihre Sonderrechte ver-

---

450 Kaiser Franz Joseph an seinen Sohn Rudolf, Ofen, 28. April 1868. In: Weissensteiner 1991. S. 43.

451 Geschenke anläßlich der Taufe Ihrer k. Hoheit der durchl. Frau Valerie. *NZA* 188; *Pr* 23. April 1868; *FL* 24. April 1868. S. 379.

452 *VU* 3. Mai 1868. S. 216. Ung.

453 Ebd. 14. Juni 1868. Ung.

Die Taufe der neugeborenen Erzherzogin in der Burg zu Ofen.

spielt haben (Verwirkungstheorie). Der Ausgleich und die Königskrönung waren wesentliche Schritte zur Rehabilitation der ungarischen Gesellschaft und der Adeligen im Besonderen, auch wenn einige ihrer Vorrechte nicht wiederhergestellt wurden. Da alle anderen Kinder des Kaiserpaares auf österreichischem Boden geboren wurden, kommt der bewussten Entscheidung Elisabeths, ihr Kind in Ungarn auf die Welt zu bringen, eine besondere Bedeutung zu. Zusammenfassend kann man feststellen, dass die Geburt Marie Valeries tatsächlich ein Geschenk an Ungarn war.

Was die Kaiserin betrifft, war dieses vierte Kind ebenso ein Geschenk an sich selbst. Im Gegensatz zu ihren anderen drei Entbindungen kann nun niemand ihr die Möglichkeit nehmen, eine Mutter zu sein, wie sie es sein will. Seit ihrer Unabhängigkeitserklärung bestimmt sie nicht nur über sich selbst, sondern auch über ihre Kinder: »Erst jetzt weiß ich, was für eine Glückseligkeit ein Kind bedeutet. Jetzt habe ich den Mut, es zu lieben und bei mir zu behalten«,[454] sagt Elisabeth.

Die »Einzige«

»Bei ihren andern Kindern verwaltete Grossmama Sophie Mutterstelle – bei mir […] musste es anders werden; trotz der Schwiegermutter musste ich ihr eigenes, eigenstes Kind bleiben, ihr Kleinod, auf das niemand ein Recht haben dürfe als sie allein; und alle Liebesfähigkeit ihres bis dahin verschlossenen Herzens strömte sie nun auf dieses Kind aus«,[455] notiert Marie Valerie in ihr Tagebuch über Elisabeths Einstellung. Bereits vor der Niederkunft brachte Sisi ihre jüngste Tochter vor der ungeliebten Tante und Schwiegermutter in Sicherheit, indem sie für die Entbindung nach Buda zog. Erzherzogin Sophie hätte ja bei ihrer Abneigung gegen die Ungarn keinen Fuß in dieses Land gesetzt. Elisabeth brachte in den ersten viereinhalb Jahren nach der Geburt Marie Valeries zusammen mit dieser ungefähr vier Monate in Wien zu, ansonsten hielt sie sich in Ungarn, Bayern, Ischl und in Meran auf,[456] so entzog sie ihre Tochter erfolgreich dem Einfluss des Wiener Hofes – auf Kosten des familiären Zusammenseins. Rudolf und Gisela sowie der Vater Franz Joseph bekamen die beiden hauptsächlich dann zu sehen, wenn sie ihnen hinterher reisten. Als die Kaiserin mit ihrer Tochter endlich nach Wien zurückkehrte und dort länger verweilte, war Erzherzogin Sophie bereits seit sieben Monaten tot.

Gisela und Rudolf waren zwar gewöhnt, dass ihre Mutter sich wenig Zeit für sie nahm und sie immer in der Hofburg zurückließ, dennoch musste sie diese Sonderbehandlung ihrer kleinen Schwester tief getroffen haben. Franz Joseph fehlte ebenfalls das nötige Feingefühl, um diese Zurücksetzung zumindest nicht weiter zu verschlimmern. Seinem Sohn berichtete er von Buda nach Wien von der Neugeborenen: »Sie schlaft in Deinem Schlafzimmer und wird in Deinem Salon gewaschen. Wenn das in der Früh fertig ist, wird sie zur Mama getragen, wo sie bis 7 Uhr Abends bleibt und sehr oft und mit großer

---

454 Marie Festetics, Schönbrunn, 2. Juni 1872. In: Walterskirchen / Meyer 2014. S. 112.

455 Erzherzogin Marie Valerie, 9. Dezember 1887. In: Schad 2005. S. 134.

456 Holzschuh 1998. S. 34–35.

Passion von der Amme trinkt.«[457] Man braucht nicht viel Fantasie, um sich vorzustellen, wie sich die beiden Geschwister nach diesen Zeilen fühlten: die Eifersucht war vorprogrammiert. Gisela schien damit weniger Probleme gehabt zu haben, was nicht weiter verwunderlich ist. Sie durfte eher mitreisen als Rudolf, außerdem heiratete sie 1873 mit nicht einmal 17 Jahren und lebte selbst nicht mehr in Wien. Als Junge und vor allem als Kronprinz hatte Rudolf wesentlich mehr Verpflichtungen als seine Schwestern. Seine Sehnsucht nach der elterlichen Liebe äußerte sich in Eifersucht, die er nicht einmal im Erwachsenenalter überwinden konnte: »Um ½ 4 Uhr ging ich hinüber zu Papa und fand dort Rudolf und Stephanie [Ehefrau von Rudolf, Anm.]. Wie anders, wie freundlich, aber wie geniert ist Papa mit ihnen gegen mich! Gewiss ist auch das der Grund für Rudolfs Eifersucht«[458], berichtet Marie Valerie.

Man fragt sich, warum ihre älteren Kinder nur so wenig Platz in Elisabeths Herzen fanden und die Mutter nur so wenig Nähe zuließ. Die schlechte Beziehung zur Schwiegermutter und deren Einmischung reichen als Begründung nicht aus, zumal die Kaiserin in anderen Fragen ihren Willen auch durchzusetzen wusste. Sisis Unabhängigkeitserklärung schaffte außerdem die nötigen Voraussetzungen für eine Annäherung und 1865 war es auch sicherlich noch nicht zu spät, um an diesen Beziehungen zu arbeiten, Gisela und Rudolf zählten damals ja erst neun beziehungsweise sieben Jahre. Elisabeths Liebe zu ihrer jüngsten Tochter war ausschließlich, niemand hatte daneben Platz.

Von Anfang an hing sie zitternd an Marie Valerie, hatte panische Angst, dass ihr Kind erkranken könnte, was vermutlich eine Folge des tragischen Todes ihrer ältesten Tochter Sophie war, die an einer Infektionskrankheit starb. Diese Furcht nutzte man im Sommer 1868 aus, um Elisabeths Rückkehr in die Reichshauptstadt zu erzwingen beziehungsweise die Kaiserin von Ungarn fernzuhalten. Als bekannt wurde, dass die junge Mutter – nach sieben Monaten – noch immer nicht nach Wien zurückkommen wollte, versuchte man auf Elisabeth Druck auszuüben: »Einer unserer uns gegenüber notorisch freundlichen Wiener Kollegen, ein Hofarzt, hat die Sorge in den Kopf Ihrer Majestät gesetzt, dass bei uns – namentlich in Gödöllő – im Herbst gewöhnlich die Ruhr ausbricht.«[459] An dieser Erkrankung starb die zweijährige Sophie. Eli-

---

457 Kaiser Franz Joseph an seinen Sohn Rudolf, Ofen, 28. April 1868. In: Weissensteiner 1991. S. 42.

458 Erzherzogin Marie Valerie, 29. Mai 1884. In: Schad 2005. S. 50.

459 Dr. János Balassa an Dr. István Kajdacsy, Garatshausen, 28. August 1868. In: Ángyán / Buzinkay 1971. S. 199. Ung. Zu diesem Thema auch bereits im Brief vom 22. August 1868, dort ohne Nennung der Informationsquelle. In: Ebd.

sabeth beauftragte Dr. Balassa, Erkundigungen über die Krankheitslage in Gödöllő einzuholen. Da der Mediziner sich auf Einladung der Kaiserin in Garatshausen aufhielt, bat dieser den Amtsarzt vom Komitat Pest um Auskunft über die aktuelle Situation. Dr. Kajdacsy überzeugte sich vor Ort von den Krankheitsfällen und forderte jeden ansässigen Arzt auf, ihm täglich Bericht über die Veränderungen zu schicken. Diese fasste er dann zusammen und leitete sie alle zwei bis drei Tage bis zur Ankunft der Kaiserin in Gödöllő an Balassa weiter.[460] Bereits am Anfang widersprach der Amtsarzt den Gerüchten, »aufgrund eigener Erfahrungen und Untersuchungen kann ich Eurem Gnaden getrost und mit ruhigem Gewissen berichten, dass die Ruhr gewöhnlich nicht im Umlauf ist« und auch ansonsten blieb Gödöllő von Epidemien verschont.[461] Nun wurde das Wetter, die angebliche große Hitze, als Grund genannt, warum Elisabeth nicht nach Ungarn fahren sollte. Dieses Argument entkräfteten die Ärzte ebenfalls[462] und die Kaiserin bezog das Lustschloss Ende September mit ihrer Tochter.

Ihr Leben lang war Elisabeth um Marie Valeries Gesundheit besorgt, was Letztere nicht immer gut ertrug. Als einmal Franz Joseph seiner Tochter erlaubte, anlässlich seines Geburtstages zum Festtheater zu gehen, obwohl diese sich laut seiner Frau verkühlen könnte, wäre Marie Valerie am liebsten »vor ihm hingefallen und hätte seine väterlichen, kaiserlichen Hände geküsst, während ich gegen Mama – Gott verzeih mirs – einen momentanen Groll empfand, da mich ihre ungezügelte Liebe und übertriebene, unbegründete Sorge in so peinlich falsche Stellung bringt […]«.[463] Marie Valerie fühlte sich von dieser Mutterliebe oft regelrecht erdrückt, vor allem da sie von ihrer Mutter häufig zu hören bekam, dass sie das einzige Band sei, das Elisabeth an das Leben knüpfen würde.[464] Nicht einmal der Selbstmord ihres Sohnes brachte die Kaiserin dazu, ihre Beziehung zu ihrer älteren Tochter Gisela zu überdenken.

S. 197. Ung.

460 Ein Teil der Korrespondenz wurde von Ángyán / Buzinkay 1971 veröffentlicht.

461 Dr. István Kajdacsy an Dr. János Balassa, 25. August 1868. In: Ebd. S. 198. Ung.

462 Dr. János Balassa an Dr. István Kajdacsy, 9. September 1868; Dr. István Kajdacsys Briefentwurf o. O. o. D. In: Ebd. S. 200.

463 Erzherzogin Marie Valerie, 17. August 1884. In: Schad 2005. S. 53–54. Auslassung im Orig.

464 Ebd. 30. Juli 1886. S. 87.

Marie Valeries Erziehung

In der Erziehung ihres jüngsten Kindes hatte Elisabeth von Anfang an die Zügel in der Hand. Ihre ungarische Einstellung hatte auch Folgen bezüglich der Besetzung der Kindskammer. Schnell musste aber die Kaiserin feststellen, dass ungarische Nationalität nicht unbedingt eine Garantie für Zuverlässigkeit war. Elisabeth glaubte nämlich daran, dass nur eine Amme, die nach der Entbindung ihre Monatsblutung noch nicht bekommen hatte, gesunde Milch produzieren könnte. Als sie dahinterkam, dass ihr dieser »wichtige« Umstand verschwiegen worden war, reagierte sie entsprechend empört:

„Aber einen anderen, sehr grossen Kummer habe ich, der mich ganz niederdrückt. Gestern war ein sehr schöner Nachmittag und ich wollte Rosie [Marie Valeries Amme, Anm.] nach Possenhofen schicken. Auf das sagte die Losy [Oberaufseherin der Kindskammer, Anm.] ganz ruhig, dass es für sie besser wäre, nicht soviel herumzugehen, weil sie ihre Krankheit schon bekommen habe. Ich bin entsetzlich erschrocken, oder wahrhaftig erschaudert, als Losy mir weiter erzählte, dass es schon das zweitemal vorgekommen ist. So etwas verheimlichen, und das Leben meines Kindes auf's Spiel zu setzen! So eine Gewissenlosigkeit hätte ich mir von einer ungarischen Frau nicht erwartet. Und nur aus diesem Grunde, jagte ich sie auch in der ersten Minute nicht gleich weg. Sie wagte noch, mir ungebührlich zu antworten, als ich ihr Vorstellungen machte. Telegraphierte sofort um den Hofrat und erwarte ihn mit Ungeduld im Herzen. Die Worte der Hebamme kamen mir in dem Sinn, dass mein erstes Kind, vielleicht auch nicht gestorben wäre, wenn man die Amme rechtzeitig gewechselt hätte, da die durch den Monatsfluss verdorbene Milch, noch nach Jahren ihre Folgen fühlen liess. Bitte sende den beigeschlossenen Brief sofort an Balassa.

Jetzt Gott mit Dir, wenn dann der Kaiser kommt, werden wir über die Sache beschliessen. Nur das glaube mir, ich habe keinen ruhigen Moment, da es ein grässliches Gefühl ist, wenn der Mensch weiss, dass sein teuerster Schatz auf der Erde, von unverlässlichen Menschen umgeben ist."[465]

Noch vor Marie Valeries Geburt engagierte die Kaiserin die ungarische Witwe Júlia Lósy als Oberaufseherin und hatte ihr »einen gewesenen Honved [Bezeichnung der Soldaten der ung. Landwehr, Anm.] als Kammerdiener beigegeben. Derselbe sei zwar im Hofdienste nicht bewandert, doch wün-

---

465 Kaiserin Elisabeth an Ida Ferenczy, Starnberg, 11. August 1868. In: Nl Corti. Abschrift.

Erzherzogin Marie Valerie als Baby mit ihrer Amme.

sche Ihre Majestät auf diese Art für ihn zu sorgen«.[466] Die Spitze in dieser Berichterstattung ist nicht zu übersehen, was kein Wunder ist, da Elisabeth diese Sonderbehandlung nur den Ungarn zukommen ließ. Innerhalb von wenigen Monaten erwies sich auch Frau Lósy als Fehlentscheidung: »mir tut sie leid, aber sie ist ein Geschöpf von so unglücklicher Natur, dass sie meiner Meinung nach nicht einmal mit dem guten Gott auskommen könnte«,[467] schreibt die Kaiserin ihrer Vertrauten Ida Ferenczy.

Trotz dieses Rückschlags versuchte die Kaiserin weiterhin eine geeignete Ungarin als Oberaufseherin zu finden. Zuerst ließ sie bei Emília Kánya, verheiratete Szegfi, die erste Zeitungsherausgeberin der Monarchie, nachfragen. Elisabeth war sehr beeindruckt, »dass ich Mutter von acht Kindern bin, welche ich alle selbst ernährt, gepflegt habe [man sagte, das fiel ihr am meisten auf], wobei ich meine Bildung nicht vernachlässigte und mit der Zeit ging«. Die Versuchung war groß, zumal Frau Szegfi mit dieser Anstellung all ihre finanziellen Probleme losgeworden wäre. In ihren Augen war der Preis doch zu hoch: »Aber die Meinigen sehen dürfte ich lange nicht, denn ein Besuch würde die dennoch (!) schwere Scheidung noch schwerer machen.«[468]

Einige Jahre später verfiel die Kaiserin der Idee, Ágnes Eötvös die Stelle als Oberaufseherin anzubieten. Laut Andrássy hätte die Witwe von Baron Eötvös etliche Vorteile, sie wäre der Kaiserin treu ergeben, würde nicht tratschen, ferner würde sie sehr auf die Gesundheit und das Gemüt ihres Schützlings achten. »Aber wenn man von ihr erwarten würde, dass sie selbst die Erzie-

---

466 *Pr* 13. März 1868. O. S.

467 Kaiserin Elisabeth an Ida Ferenczy, [Garatshausen,] 21. August [1868]. In: Tolnayné 1992. S. 38. Ung.

468 Kánya 1998. S. 203. Ung.

Ágnes und József Eötvös mit einem ihrer Kinder. Mit dem Ehepaar war die Kaiserin eng befreundet.

hung der kleinen Erzherzogin leitet – dem wäre sie nicht gewachsen.«[469] So bleibt die Erziehung von Marie Valerie bis zu deren siebtem Lebensjahr in nichtungarischer Hand.

Ab Februar 1875, zwei Jahre später als ursprünglich geplant, übernahm der Titularbischof Jácint János Rónay die Erziehung und Bildung von Marie Valerie. Auf Empfehlung von Andrássy unterrichtete dieser 1872 bereits den Kronprinzen in ungarischer Geschichte. Obwohl er ein Benediktiner war, freute man sich nicht über seine Präsenz am Hof. Für seine Tätigkeit in den Jahren 1848/49 wurde Rónay in Abwesenheit zum Tode verurteilt, während seines Exils unterrichtete er unter anderem die Söhne von Kossuth. Nach seiner Begnadigung und Rückkehr nahm er als Landtagsabgeordneter am politischen Leben Ungarns teil, aber als begeisterter Anhänger der darwinistischen Lehre bekam er keinen regulären Bischofsstuhl.[470] Diese Geisteshaltung bereitete dem erzkatholischen Habsburgerhaus ebenfalls ein Problem. Auch Rónay hatte schon im Fall von Kronprinz Rudolf Vorbehalte: »Ob man von mir in Wien eine Geschichtsdarstellung verlangen wird, welche sie [die

469 Gyula Andrássy an Ida Ferenczy, 30. Oktober [1874?]. In: Tolnayné 1992. S. 88. Ung.

470 Rónay mint Mária Valéria nevelője 1908. S. 209.

Bischof Jácint Rónay.

Österreicher, Anm.] sich wünschen?«[471] Andrássy, an den die Frage gerichtet war, beruhigte ihn damit, dass er in diesem Fall den Bischof nicht empfohlen hätte. Latour, der Erzieher Rudolfs, äußerte sich ähnlich, als er Rónay riet, sich in seinem Unterricht an die Wahrheit zu halten und seiner Überzeugung zu folgen.[472]

Die Kaiserin hatte von der Erziehung ihrer jüngsten Tochter ganz klare Vorstellungen: »Ich erinnere mich noch an Ihre Erklärung in Salzburg, dass Sie die vielen Lehrer in der Umgebung eines Kindes für nicht richtig halten, und dass Sie für den Anfang die Erziehung an die erste Stelle setzen und erst dann kommt der Unterricht«, sagte sie zu Rónay noch vor der ersten Stunde. »Auch ich denke so, und wünsche meiner Valerie gute Erziehung zu geben. Ich will sie nicht übereifrig machen; aber ich wünsche, dass sie fromm wird; dass sie in dem Glauben Trost findet. Ich vertraue auf Sie und hoffe, dass Sie dem gewachsen und in der Lage sein werden, den Unterricht allein zu führen; sodass ich nicht mit einer ganzen Schar von Lehrern zu reisen brauche. Valerie hat englische, deutsche, französische Gouvernanten; diese unterstützen Sie unter Ihrer Anleitung.« Der Unterricht hatte in ungarischer Sprache stattzufinden, vor allem der Religionsunterricht, denn »Valerie betet auf Ungarisch. […] Ich rede mit ihr immer Ungarisch«,[473] erklärte Elisabeth.

471 Jácint Rónay, 3. Juni 1871. In: Zombori 1996. S. 362. Ung.

472 Ebd. 3. Juni 1871. Bzw. 20. Oktober 1871. S. 362.

473 Jácint Rónay, 27. Januar 1875. Zit. nach: Rónay mint Mária Valéria nevelője 1908. S. 211. Ung.

Die kleine Erzherzogin lernte bei Rónay Lesen, Schreiben, Grammatik, Literatur, Geografie, Geschichte, Naturwissenschaften, Religion und Zeichnen. Nach und nach übernahm Dr. Karl Kummer den Unterricht in Deutsch, Geografie, Naturwissenschaften und Weltgeschichte, aber die Aufsicht blieb beim Bischof.[474] Sooft es nur ging, nahm die Kaiserin ihre Tochter samt deren Kammer mit auf die Reise. Wenn Marie Valerie nicht mitfuhr, berichtete Rónay Elisabeth in langen, oft tagebuchartigen Briefen vom Vorankommen, aber auch von interessanten Ereignissen im Alltag seines Schützlings.[475]

Das jüngste Kind der Kaiserin erwies sich als gute Schülerin, im literarischen Bereich schien sie die Begabung ihrer Mutter geerbt zu haben. Über die Zehnjährige berichtete Rónay: »Die Erzherzogin schreibt ihre Aufsätze [...] ganz allein; überraschend schnell, bei der Arbeit macht die kleine Hand selten Pause; das heitere Haupt muss nur hin und wieder nachdenken, sie reiht Wort an Wort [...] Wenn die Erzherzogin die erste ist, die in Ungarn geboren wurde, und die erste, die auf Ungarisch schreibt, – und auf dieser Laufbahn bleiben würde, wage ich zu behaupten: Unsere Literatur würde einmal mit Stolz den Namen Marie Valeries notieren.«[476] Sogar mehrere kleinere Theaterstücke schrieb die Erzherzogin. Rónay unterstützte das, denn diese seien eine gute Sprachübung, würden sie ferner dazu beitragen, die Urteilsbildung zu schulen und die Lebensverhältnisse zu begreifen.[477]

Eine interessante Parallele zwischen Mutter und Tochter ist das Lernen während der Spaziergänge: »Einen großen Teil des Tages, fünf bis sechs Stunden, verbringen wir im Freien, und ich bin dabei immer anwesend, wenn wir bei der Promenade einige Viertelstunden Ruhe haben, nutze ich diese für mündliche Vorträge; zum Schreiben, zu ungarischen Aufsätzen kommen wir, wenn das Wetter uns ins Haus zwingt.«[478]

Ohne eine genaue Auswertung der Unterrichtsinhalte von Rónay lässt sich nicht sagen, wie weit dieser Marie Valerie in eine ungarische Richtung beeinflusste. Auch wenn das der Fall gewesen wäre, hatte es offensichtlich keine Auswirkungen darauf, wie die Erzherzogin als Erwachsene Ungarn und die Ungarn beurteilte (siehe weiter unten).

Rónay bat 1883 wegen seines hohen Alters und seiner gesundheitlichen

---

474 Ebd. S. 223–224; 227.

475 Ebd. S. 214, 220, 222.

476 Ebd. 1878. S. 221. Ung.

477 Ebd. S. 224.

478 Ebd. 1879. S. 223. Ung.

Erzherzogin Marie Valerie.

Probleme um Entlassung. Über seine Tätigkeit notiert er: »Ich scheute keine Arbeit und Mühe, war bestrebt, das empfängliche Herz zu bilden; ich wollte nützlich sein für den Himmel, wollte nützlich sein für mein Vaterland.«[479] Elisabeth ließ ihn ungern gehen, sie hatte Bedenken, dass Marie Valerie die ungarische Sprache vergessen würde. »Ich glaube nicht«, antwortete Rónay, »denn Valerie beherrscht die ungarische Sprache gründlich, aber ich empfehle, dass sie weiterhin ungarische Bücher lesen, auf Ungarisch schreiben und konversieren soll.«[480] Nach seinem Rücktritt lebte Rónay in Pressburg, wo ihn Elisabeth mit ihrer Tochter mehrmals besuchte. Kronprinz Rudolf und Erzherzogin Marie Valerie standen mit dem Bischof bis zu dessen Ableben 1889 in regelmäßigem Briefkontakt.[481]

Gleichzeitig mit Rónay trat Louise Scherak ihren Dienst als deutsche Gouvernante an. Elisabeths Hofdame Gräfin Festetics kam mit ihr überhaupt nicht aus, sie warf der Erzieherin nicht nur ihre Tratschsucht vor: »Die Kaiserin hat endlich bemerkt, das Fräulein Scherak entfremdet Ihr das Herz Ihres Kindes. Sie zieht sie so zu sich, natürlich aus interessirten Gründen, daß die Kleine fort drängt von der Mutter, sich fremd mit Ihr fühlt, scheu wird und alle Menschen nicht leiden kann, die die Scherak nicht mag, und alle liebt, die diese mag. Alles, was der Kaiserin unsimpathisch ist, drängt sich und fêtirt [feiert, Anm.] die Scherak, als Quell von Neuigkeiten.«[482] Außerdem missbilligte die Hofdame die laschen Erziehungsmethoden, was auf die Kaiserin zurückfallen würde und inzwischen Anlass zu allgemeinem Gerede gab: »Die Kleine [Marie Valerie, Anm.] hält sich so schlecht, daß man im großen Publicum sagt, ›sie sei bucklig‹ Das große Kind zutzelt, steckt womöglich alle 10 Finger in den Mund [...] So sitzt die Kleine im Wagen, starrt die Leute an, die grüßen, dankt aber nie. Das resultirt, daß es heißt, ›die Kleine sei ein Trottl‹.«[483]

Marie Festetics stand mit ihrer Meinung über Louise Scherak nicht allein da, aber Elisabeths Unentschlossenheit verhinderte lange Zeit die Entlassung. Sogar der Hofarzt Dr. Widerhofer beteiligte sich an einem Komplott, um die unerwünschte Erzieherin loszuwerden: »der Herr Oberarzt brachte mir allen Ernstes zur Kenntnis, dass die deutsche Gouvernante L. Scherak ein Herz-

---

479 Ebd. 1883. S. 228. Ung.

480 Ebd. 1883. S. 228. Ung.

481 *VU* 28. April 1889. S. 266.

482 Marie Festetics, Wien, 20. Mai 1878. In: Walterskirchen / Meyer 2014. S. 92.

483 Ebd. Wien, 26. Februar 1877. S. 90. Hervorhebung im Orig.

leiden hat, und dass Ihre Majestät beschloss: die Erzherzogin soll hinfort, anstatt von Scherak, von der einstigen Kindsfrau, Anna Csaby, […] an ihren Spazierfahrten begleitet werden. Scherak protestierte in einem fort, dass sie kein Herzleiden habe, aber der Herr Doktor […] erneuerte sein ›Veto‹.«[484] Monatelang ging es so fort, die Kaiserin konnte sich aber erst anderthalb Jahre später zu Scheraks Entlassung überwinden. Die Entscheidung fiel ihr deshalb so schwer, weil Marie Valerie sehr an ihrer deutschen Gouvernante hing, sodass man Angst hatte, »dass die Änderung sich auf das Gemüt der hohen Schülerin schädlich auswirken könnte«.[485] Die Abneigung zwischen Rónay als Leiter der Erziehung Marie Valeries und Louise Scherak geht aus den Tagebüchern des Bischofs und der Gräfin Festetics eindeutig hervor. Welche Auswirkungen dies auf die Erzherzogin hatte, lässt sich nicht ermitteln. Zumindest sprechen diese Zustände nicht gerade für die Kaiserin als gute Mutter, die diese Streitereien in der Kindskammer über fünf Jahre duldete.

1880 »entwickelt sich die Idee, der Erzherzogin eine Dame, dem Hause einen Kopf zu geben. Seit einigen Tagen ist Marie Kornis-Vécsey da. Sie ist seit ganz kurzer Zeit Witwe. […], sie ist ein liebes Weiberl, so simpathisch wie ich wenig Frauen sah«,[486] notierte Gräfin Festetics über den Eintritt der neuen Leiterin der Kindskammer in ihr Tagebuch. Marie

Dr. Hermann Widerhofer war einer von Elisabeths Hofärzten.

[484] Jácint Rónay, 9. Februar 1879. Zit. nach Tolnayné 2009. S. 147–148. Ung.

[485] Ebd. Gödöllő, November 1880. S. 148. Ung.

[486] Marie Festetics, Gödöllő, 28. November 1880. In: TMF.

Valerie gewann ihre neue Erzieherin sehr lieb: »Wer könnte auch diese edle, reine Seele nicht schätzen und lieben? [...] Eine zweite Mutter – und Mama ist nicht eifersüchtig auf sie.«[487] Leider konnten bisher keine Quellen zur Tätigkeit von Gräfin Kornis ausfindig gemacht werden. Sie fügte sich scheinbar gut in die Kindskammer ein, es gab keine Anzeichen für Konflikte wie zuzeiten von Fräulein Scherak. Gräfin Kornis blieb bis zum Tod Marie Valeries an deren Seite. Nach der Eheschließung der Erzherzogin mit Erzherzog Franz Salvator folgte sie dem jungen Paar als eine Art Obersthofmeisterin nach Lichtenegg beziehungsweise Wallsee.[488]

Gräfin Marie Kornis.

Ungarmädel?

Erzherzogin Marie Valerie wuchs zwar unter vielen Ungarn auf und ihre Mutter beeinflusste sie ebenfalls in diese Richtung, sie war aber auch gleichzeitig anderen Einflüssen ausgesetzt. Die ungarischen Ansichten machte sich Elisabeths Tochter offensichtlich nicht zu eigen, ihrer Meinung nach trennte die ungarische Nation ihre Eltern und Marie Valerie hasste die Ungarn dafür.[489] Die ungarische Umgebung ihrer Mutter gewann sie auch nicht lieb: »es ist so komisch – die Valerie mag niemand, den ich mag oder der mich mag«,[490] merkte Elisabeth mehrmals an, wobei hier Eifersucht ebenfalls eine Rolle gespielt haben dürfte. Trotz allem pflegte Marie Valerie zu den Mitgliedern des Hofstaates ihrer Mutter ihr Leben lang einen respektvollen Umgang, auch

487 Erzherzogin Marie Valerie, 30. Juli 1890. In: Schad 2005. S. 232.

488 Szabó 2009.

489 Erzherzogin Marie Valerie, 2. Juli 1884. In: Schad 2005. S. 52.

490 Marie Festetics, Gödöllő, 17. September 1880. In: TMF. Ung.

Erzherzogin Marie Valerie als junge Dame.

wenn ihr nicht jeder sympathisch war, wie im Fall von Marie Festetics.[491] Ihre Intelligenz verhinderte, dass die Erzherzogin dieses Gefühl wahllos auf jeden Ungarn übertrug, den persönlichen Qualitäten maß sie eine größere Bedeutung bei. So hing sie unabhängig von ihrer Nationalität an ihrer Kammervorsteherin und Erzieherin Gräfin Kornis.

Ungarisch eignete sich die junge Marie Valerie als Muttersprache an, benutzte es im Familienkreis vor allem als Kind auf Veranlassung ihrer Mutter, und später deshalb, weil sie lange Zeit nicht den Mut hatte, ihren Vater darum zu bitten, mit ihr Deutsch zu reden.[492] Hinter dem Rücken von Elisabeth un-

---

[491] Erzherzogin Marie Valerie, 7. Oktober 1898. In: Schad 2005. S. 316; ebd. 24. November 1898. S. 317; Marie Festetics, [Söjtör,] 11. August 1917. In: HKK.

[492] Z. B. Erzherzogin Marie Valerie, 18. August 1883. In: Schad 2005. S. 39.

terhielt sie sich sogar mit Gräfin Kornis auf Deutsch. Als die Kaiserin das erfuhr, beschwerte sie sich bei ihrem Mann: »›Valérie spricht ja immer deutsch mit der Gräfin Kornis.‹ Papa: ›Nein? Was? Die Valérie spricht nicht ungarisch mit der Gräfin Kornis?‹ Mama: ›Nein, nie, sie will nicht.‹ Papa ging lächelnd auf und ab und sagte händereibend: ›Ah – hm! Das ist ja sehr gut – sie soll ja lieber deutsch reden – sehr löblich.‹ Und er lachte dabei so lieb, dass mein Herz herumsprang.«[493] Franz Josephs Reaktion spricht für sich.

Marie Valerie betrachtete sich nicht als Ungarin: »Vor allem sind wir Deutsche, dann Österreicher und erst in 3. Linie Habsburger.«[494] Das Ausscheiden Österreichs aus dem Deutschen Reich hielt sie für eine Tragödie und gab daran den Preußen die Schuld, »dass Deutsche Deutschen fremd, ja feind geworden, dass sie nun uns verleugnen und herabsehen auf ›die Österreicher‹«. Sie wünschte sich, wieder zum deutschen Vaterland zu gehören: »wie selig wollte ich da sein, wie würde da alles wieder gut fürs arme Österreich und sein Kaiserhaus!!!«[495] Diese Zeilen notierte die Erzherzogin mit 18 Jahren in ihr Tagebuch, kaum drei Jahre nach dem Ende von Rónays Geschichtsstunden.

493 Ebd. 2. August 1883. S. 37.

494 Ebd. 4. März 1889. S. 195.

495 Ebd. 11. Juni 1886. S. 77.

10. DER UNGARISCHE HOFSTAAT

Höfische Rangordnung

Kaiserin Elisabeth sammelte zahlreiche Ungarn um sich – das ist allgemein bekannt. Je nachdem, ob man selbst Ungar war oder nicht, wurde diese Tatsache unterschiedlich gewertet: Die Auserwählten waren stolz darauf, die Ausgegrenzten beobachteten es kritisch oder gar neidisch und fühlten sich ungerecht behandelt.

Die Aristokratie leitete ihre Legitimation aus der Monarchie ab, sie garantierte ihre Sonderrechte und ihre Position an der Spitze des Reiches.[496] Der Kaiser und die Kaiserin verkörperten auf höchster Ebene die Monarchie, deshalb suchte man deren Nähe. Am Wiener Hof herrschte eine strickte Hierarchie: Je näher man dem Herrscherpaar stand, umso höher war die gesellschaftliche Anerkennung. Beim Auftritt des Hofes achtete man stets auf ein strenges Zeremoniell, wobei jeder seinen ganz genau bestimmten Platz hatte. Dieser hing von der Abstammung des einzelnen ab: Wie weit führte der Stammbaum zurück, wann fand welche Rangerhebung statt? Galt man als reichsunmittelbar, also hatte man ehemals eine eigene Herrschaft innerhalb des Heiligen Römischen Reiches deutscher Nation gehabt? Die ersten Häuser Ungarns, Esterházy und Pálffy, standen in der Rangordnung des Wiener Hofes höchstens in zweiter Reihe, weil sie zwar reichsunmittelbar waren, aber bis zum Ende des Heiligen Römischen Reiches keine Stimme auf der Reichsfürstenbank hatten. Die Stellung innerhalb der Aristokratie hatte nichts mit den eigenen Fähigkeiten zu tun, allein die Herkunft sicherte die Position.[497] Gräfin Sophie Esterházy wurde nicht allein aufgrund ihrer Freundschaft zu Erzherzogin Sophie zur Obersthofmeisterin der Kaiserin, die höchste erreichbare Position für eine Frau am Hof, ernannt. Als Witwe von Graf Vince Esterházy war sie zwar in der Rangordnung nicht ganz vorne, aber als Toch-

---

[496] Winkelhofer 2011. S. 116; Redlich 1928. S. 194–196.

[497] Winkelhofer 2010. S. 103–106.

ter des regierenden Fürsten Liechtenstein stand sie in der Hierarchie vor der Aristokratie.[498] Als Elisabeth Ende 1862 Gräfin Esterházy ihres Amtes entheben und statt dieser ihre ehemalige Hofdame Königsegg (geborene Bellegare), eine einfache Gräfin, zu ihrer Obersthofmeisterin berufen ließ, war die Empörung vorprogrammiert.

Seit der Revolution 1848 waren die Ungarn am Wiener Hof nicht gern gesehen, viele hielten sich möglichst fern,[499] was natürlich Auswirkungen auf das Zeremoniell hatte: Wenn jemand an den höfischen Festlichkeiten nicht teilnahm, rückten die Nachstehenden praktisch auf. In der zweiten Hälfte der 1860er-Jahre, als immer mehr Ungarn in Wien erschienen, ordnete man sie wieder laut Zeremoniell in die Rangfolge ein, was denjenigen, die dadurch quasi nach hinten rutschten, freilich nicht gefiel, zumal die Ungarn als Aufrührer galten. Auch wenn Elisabeth die Ungarn nicht bevorzugt hätte, hätten die Betroffenen über die Situation ihren Unmut geäußert. Wer wollte schon seine bessere Stellung freiwillig aufgeben?

Je näher man dem Herrscherhaus stand, umso größer war das Ansehen. Diese Gnade – wie sie damals bezeichnet wurde – drückte sich beispielsweise darin aus, dass Kaiser und Kaiserin ausgewählte Personen bei verschiedenen Gelegenheiten wie Hofball, Ausstellungen, Pferderennen und Ähnlichem ansprachen und sich kürzer oder länger mit ihnen unterhielten. Die eingeforderten Dienste, wie Begleitung der Kaiserin in ein Waisenhaus oder Führung durch eine Ausstellung, waren weitere Möglichkeiten, in die Nähe des Herrscherpaares zu gelangen. Was für eine große Bedeutung diesen Ansprachen und Diensten beigemessen wurde, lässt sich in der zeitgenössischen Presse verfolgen. Jedes Mal erschienen ausführliche Berichte darüber, mit wem und wie lange das Kaiserpaar bei den verschiedenen Auftritten plauderte, häufig wurde sogar der Wortlaut der oft belanglosen, kurzen Konversation überliefert.

In den Bekanntmachungen und Meldungen von der Aristokratie nannte man nicht nur den Fürsten- oder Grafentitel der Person, die Beziehung zum Herrscherhaus wurde ebenfalls betont. Man war nicht »Gräfin Kinsky«, sondern »Gräfin Kinsky, Palastdame Ihrer Majestät der Kaiserin und Königin Elisabeth«. Wenn die Kaiserin sich ihren Pflichten entzog, beraubte sie die Aristokratie nicht lediglich ihrer Anwesenheit, sondern auch der Möglichkeit, die eigene hohe Position bestätigt zu sehen. Noch schlimmer war es,

---

498 Ebd. S. 105.

499 Somogyi 1989. S. 110. Redlich 1928. S. 196.

wenn Elisabeth sich nicht einfach zurückzog, also keiner Gelegenheit hatte, sich mit ihr zu schmücken, sondern sich ständig in der Gesellschaft einer gewissen Gruppierung zeigte. Damit wurde praktisch die gesellschaftliche Stellung dieser Menschen erhöht, obwohl sie nach der Geburt eventuell weit hinter den offiziell zu bevorzugenden Aristokraten standen.

Elisabeths Hofstaat

Die höfische Umgebung der Kaiserin bestand aus berufsmäßigen und nichtberufsmäßigen Würdenträgern. Zu den ersteren gehörten der Obersthofmeister, die Obersthofmeisterin und die Hofdamen. Die Einordnung der Vorleserin Ida Ferenczy war wegen ihrer niedrigen Herkunft problematisch, seit 1879 wurde sie in den Staatsschematismen direkt nach den Hofdamen und vor dem Sekretariat Elisabeths geführt.[500] Die berufsmäßigen Würdenträger hielten sich ständig in der Nähe der Kaiserin auf, bekamen für ihre Tätigkeit Gehalt. Die nichtberufsmäßigen Würdenträger erhielten Zutritt zum Hof und zur Kaiserin aufgrund ihrer Herkunft beziehungsweise ihrer Position am Hof. Dieser Personenkreis wurde zu gelegentlichen Diensten, wie Begleitung Elisabeths zu einem Ereignis, Anwesenheit bei verschiedenen Anlässen oder Ähnlichem, verpflichtet. Sie bekamen kein Entgelt für ihre Dienste. Dieser Gruppe gehörten die Palastdamen, Ehefrauen beziehungsweise Witwen der Geheimen Räte und Kämmerer an. Zur direkten Umgebung Elisabeths zählten noch die Mitglieder des Sekretariats und der Kammer.

Bei der Besetzung des Hofstaates hatte im Haus Habsburg als Familienoberhaupt Kaiser Franz Joseph das Sagen, persönliche Wünsche oder Verträglichkeit spielten keine Rolle dabei. Es war eine Ehre, eine hohe Hofwürde zu bekommen, mit der Franz Joseph bestimmte Aristokraten auszeichnete.[501] Auch Elisabeth musste sich ihrem Mann fügen, obwohl sie nicht immer glücklich damit war. In ihrem Fall verschlimmerte die Einmischung Erzherzogin Sophies die Probleme. 1865 eskalierte dann die Situation wegen der Erziehung des Kronprinzen Rudolf. Die Kaiserin stellte ihrem Mann ein Ultimatum, in dem sie neben der »unumschränkten Vollmacht in allem, was die Kinder betrifft«, ihre persönliche Freiheit verlangt: »Ferner wünsche ich, daß, was immer meine persönlichen Angelegenheiten betrifft, wie unter anderem die

500 Hof- und Staatshandbuch [1878]. S. 42.

501 Winkelhofer 2010. S. 181.

Kaiserin Elisabeth.

Wahl meiner Umgebungen, den Ort meines Aufenthaltes, alle Änderungen im Haus etc. etc., mir allein zu bestimmen vorbehalten bleibt.«[502] Franz Joseph gab nach und Elisabeth begann, ihre höfische Umgebung selbst zu gestalten. Als Erstes sorgte sie dafür, dass ihre Gesellschafterin Ida Ferenczy in das Brünner Damenstift aufgenommen wurde und damit einen höheren Rang erhielt, anschließend wurde sie zur Vorleserin ernannt.

Bei der Untersuchung der Zusammensetzung von Elisabeths Hofstaat nach Nationalitäten kommt man zu einem ähnlichen Ergebnis wie bei ihren Aufenthaltsorten. Ein zahlenmäßiges Übergewicht der Ungarn gibt es zwar nicht, dennoch hat man das Gefühl, dass die Kaiserin bei der Besetzung ihres Hofstaates die Ungarn bevorzugte. Sie sagte über die ungarischen Damen: »es liegt etwas in ihrem Wesen, das auch mir ungemein sympathisch ist.«[503] Elisabeth hatte in ihren über 45 Ehejahren sechs Obersthofmeister, vier Obersthofmeisterinnen und 13 Hofdamen sowie die Vorleserin Ida Ferenczy. Von diesen 24 Personen waren acht Ungarn, also ein Drittel. Berücksichtigt man die Dienstjahre der Würdenträger und wer wie oft mit welchen Aufgaben betraut wurde, kann man die Bevorzugung der Ungarn eindeutig bestätigen.

Der Obersthofmeister und die Obersthofmeisterin waren die höchsten Würdenträger im Hofstaat. Sie wurden traditionell aus den ranghöchsten Aristokraten ausgewählt. Die jeweilige Obersthofmeisterin stand dem weiblichen Hofstaat vor, organisierte den Alltag ihrer Herrin, fungierte oft als ihre Stellvertreterin und begleitete sie auf ihren Reisen. Der Obersthofmeister vertrat die Kaiserin nach außen, entsprechend der damaligen Zeit kümmerte er sich um Angelegenheiten, mit denen sich zu beschäftigen für eine Dame es sich nicht ziemte.

Obersthofmeister und Obersthofmeisterinnen wurden in der Regel für ihre Lebensdauer ernannt, warum Fürst Joseph Franz Karl Lobkowitz, der erste Obersthofmeister der Kaiserin, bereits nach zwei Monaten seinen Hut nehmen musste, ist nicht bekannt. Sein Nachfolger, Prinz Friedrich Hannibal von Thurn und Taxis war erst zweieinhalb Jahre im Amt, als er Anfang 1857 verstarb.[504] Seine Tochter, Helene, wurde ein Jahr später zu Elisabeths Hofdame berufen. Graf Johann Nobili übernahm nun den Posten des Obersthofmeisters, wurde jedoch fünf Jahre später pensioniert – offiziell aus gesund-

---

502 Kaiserin Elisabeths Brief ohne Aufschrift, Ischl, 24. August 1865. Zit. nach Corti 1935. S. 132.

503 Sztáray 1909. S. 117.

504 Schmidt-Brentano 2014. S. 331–332.

heitlichen Gründen.[505] Auf ihn folgte Graf Alfred Königsegg zu Aulendorf, der seine Ernennung dem Umstand verdankte, dass die Kaiserin seine Frau, ihre ehemalige Hofdame, die geborene Gräfin Paula von Bellegarde zu ihrer Obersthofmeisterin ernennen ließ. Die Installierung des Ehepaares war umstritten, sie gehörten ja nach ihrer Herkunft nicht in die erste Reihe der Aristokratie. So wurden sie den Spannungen und Anfeindungen am Wiener Hof ausgesetzt.[506] Elisabeth, die sich anfangs für sie einsetzte, wendete sich mit ihrer wachsenden Ungarnbegeisterung immer mehr von ihnen ab. Als Graf Königsegg 1868 nicht ganz freiwillig zurücktrat, vermutete man in Wien, dass er Opfer dieser Begeisterung wurde.[507] Eins ist sicher, die Kaiserin wurde dem Ehepaar überdrüssig: »Schrieb ich Dir schon, dass mich die Obersthofmeisterin in Schönbrunn erwartet? Jetzt verliere ich jede Hoffnung, dass ich noch einmal von diesen befreit sein könnte«,[508] erzählte sie ihrer Vorleserin.

Königsegg hatte knappe vier Monate später »endlich seine Demission eingereicht, mein neuer Obersthofmeister heißt Nopcsa, ist ein Siebenbürger und so viel ich bis jetzt sehen kann, mir recht sympathisch«,[509] berichtete Elisabeth ihrer Mutter. Baron Ferenc Nopcsa de Felsőszilvás blieb über 25 Jahre im Amt. Wer diesen gebildeten Junggesellen, der nach dem Ausgleich im Ministerium am königlichen Hoflager als Staatssekretär arbeitete, empfahl, ist nicht bekannt, aber seine Installierung erfolgte mithilfe von Andrássy: »Diesen Zettel sandte mir I. M. zeitlich früh in mein Zimmer, um sofort dem Grafen Andrássy zu schreiben über Baron Nopcsa, den wie oben erwähnt I. M. zu Ihrem Obersthofmeister zu nehmen gedenkt – und mit Hilfe des Andrássy gelang es auch«,[510] notierte Ida Ferenczy an den Rand von einem Brief der Kaiserin.

Graf Franz Bellegarde war der letzte Obersthofmeister der Kaiserin. Nach deren Ableben leitete er die Kanzlei des Elisabeth-Ordens.

505 *WZ* 24. November 1861. S. 4301.

506 Hamann 1982. S. 164.

507 Corti 1935. S. 199.

508 Kaiserin Elisabeth an Ida Ferenczy, 28. August 1868. In: Nl Corti. Abschrift.

509 Kaiserin Elisabeth an ihre Mutter, Ofen, 22. Dezember 1868. In: Nl Corti. Abschrift.

510 Ida Ferenczys Notiz zu einem Brief von Elisabeth o. D. In: Nl Corti. Abschrift.

In den letzten vier Lebensjahren leitete Graf Franz von Bellegarde das Obersthofmeisteramt der Kaiserin, aber er begleitete seine Herrin auf ihren langen Reisen nicht. Statt ihm übernahm meistens der Erste Stallmeister Ádám Berzeviczy als Reisemarschall diese Aufgabe.

Eine Obersthofmeisterin ungarischer Herkunft hatte die Kaiserin nie, was aber für sie nach ihrem Ultimatum 1865 auch keine Rolle spielte. Während Gräfin Esterházy und Gräfin Königsegg Elisabeth überall begleiteten, wurden ihre Nachfolgerinnen Gräfin Goëss und Gräfin Harrach in der Regel in Wien zurückgelassen. Die Kaiserin wollte nämlich keine Rücksicht auf die Befindlichkeiten ihrer Begleiter nehmen: »Sogar Paula Königsegg hat immer geklagt, wenn sie mit mir ging, war steinunglücklich, wenn sie nicht in Wien sein konnte. Einmal war es wegen dem Sohn, da durfte sie ihn mitnehmen. Dann war es wegen dem Vater, und die ewige Schimpferei und das Bewusstsein, daß sie immer unglücklich war, hat mich bewogen, Gräfin Goëss gleich zu sagen, daß ich niemals wieder eine Obersthofmeisterin auf Reisen mitnehme und nach Ofen auch nicht.« In Budapest »obliegt also alles Ihnen, was in Wien die Obersthofmeisterin thut«, übertrug Elisabeth ihrer Hofdame die Aufgaben.[511] Das galt für die Tagesgeschäfte, bei besonderen Anlässen wurden Damen aus der ungarischen Aristokratie aufgefordert, das Amt einer Obersthofmeisterin provisorisch zu versehen. Baronin Mária Sennyey stellte im Winter 1866 als stellvertretende Obersthofmeisterin der Kaiserin beim Cercle in der Burg zu Ofen die Damen der Aristokratie vor,[512] beim Empfang nach der Krönung versah sie die gleiche Aufgabe.[513] Gräfin Katinka Andrássy, Ehefrau von Gyula Andrássy, bekleidete dieses Amt ebenfalls bei mehreren Gelegenheiten, beispielsweise 1868 bei der Thronrede des Kaisers anlässlich der Schließung des ungarischen Reichstages.[514] Mit ihr pflegte Elisabeth auch ansonsten einen engen, freundschaftlichen Umgang. Sie war öfter in der Begleitung der Kaiserin zu sehen, auch ihre Kinder verbrachten viel Zeit zusammen. Die Reihe der provisorischen ungarischen Obersthofmeisterinnen ließe sich noch lange fortsetzen.

Von den meisten der insgesamt 13 Hofdamen Elisabeths gibt es nur sehr wenige Informationen. Die Quellenlage ist bis heute weitgehend unerschlossen. Die 13 Damen waren Gräfin Paula Bellegarde (Tochter des damaligen

---

511 Marie Festetics, 12. April 1872. In: Walterskirchen / Meyer 2014. S. 61.

512 Kaján 2012. S. 25–26.

513 Waldstein-Treherne [1946]. S. 11.

514 *FL* 12. Dezember 1868. S. 1141.

Oberhofmeister von Erzherzogin Sophie), eine Gräfin Festetics, Gräfin Karoline Lamberg, Prinzessin Helene von Thurn und Taxis, Gräfin Louise von Bombelles, Gräfin Karolina Hunyady, Miss Mary Throkmorton, Gräfin Ludovika Schaaffgotsch, Gräfin Maria Festetics, Landgräfin Therese zu Fürstenberg, Gräfin Sarolta Majláth, Gräfin Johanna Mikes sowie Gräfin Irma Sztáray. Miss Mary Throckmorton bekleidete die Position der Hofdame lediglich nominell. Auf Empfehlung von Marie von Neapel, der Schwester der Kaiserin, wurde sie Erzieherin Marie Valeries, »dann später sie preiste sie der Kaiserin, sie zur Hofdame ernennen zu lassen, indem sie sagte: ›sie sei aus großem Hause und die Brüder hatten erfahren, daß Throckmorton in ihrer Geburt nicht entsprechenden Stellung im Hause hätte und sie würden sie zurück berufen, wenn sie nicht Hofdame würde.‹ Die Kaiserin glaubte damals, sie sei unentbehrlich für die physische Pflege der Kleinen und ließ sie sofort ernennen.«[515] Eine Analyse der meisten Hofdamen erübrigt sich mangels Quellen, zumal der Fokus dieser Arbeit auf der ungarischen Umgebung liegt.

Von den sechs ungarischen Hofdamen wählte Elisabeth vier selbst aus. Gräfin Festetics wurde mit der Eheschließung der Kaiserin zu deren Hofdame ernannt. Sie war die Tochter des ehemaligen Oberhofmeisters des verstorbenen Erzherzogs Joseph, dem Palatin von Ungarn.[516] Wie lange sie in Elisabeths Dienst stand, konnte bisher nicht ermittelt werden, aber wahrscheinlich nur für kurze Zeit. Karolina Hunyady de Kéthely wurde vermutlich auf Veranlassung Erzherzogin Sophies ernannt. Einen Beweis dafür gibt es zwar bisher nicht, dennoch spricht einiges für diese Theorie. Als Nichte der Obersthofmeisterin Esterházy hatte sie gute Chancen, eine Stelle als Hofdame zu bekommen und aufgrund ihrer Herkunft und Erziehung konnte Erzherzogin Sophie berechtigt hoffen, dass die junge und deshalb leicht beeinflussbare Gräfin ihr nützlich sein würde. Man dachte, »Hofdame der Kaiserin ist ein Vorrecht für Wien und hier ›Gezogenes‹. Gräfin Esterházy war Liechtenstein und Lilli Hunyadys Mutter detto und die sind wie die Konvertierten – eifriger wie der beste frömmste Katholik!«[517] – ärgerte sich Marie Festetics. Die Kaiserin riet ihr, sich am Hof mit niemandem anzufreunden, »vor allem nicht mit der Familie Bellegarde und passen Sie mit Helene Taxis auf, auch mit Lilli, alle tratschen, obwohl ich Lilli einst sehr gemocht habe«.[518] Ob allein das Trat-

515 Marie Festetics, Gödöllő, 29. Dezember 1872. In: TMF.

516 *BH* 16. April 1854. S. 2234.

517 Marie Festetics, 22. Juni 1873. In: TMF.

518 Ebd. Wien, 5. Mai 1873. Ung.

schen der Grund für das Zerwürfnis zwischen Elisabeth und Gräfin Hunyady war, lässt sich nicht feststellen.

Fast 27 Jahre stand Gräfin Marie Festetics im Dienst der Kaiserin, ihre Tagebücher sind eine wichtige Quelle für die Elisabeth-Forschung und für die höfischen Verhältnisse in Wien. Naturgemäß sind die Darstellungen der Hofdame oft subjektiv gefärbt, geprägt von den eigenen familiären und höfischen Erfahrungen. Genauso wie bei Erzherzogin Sophie, über die man erzählte, sie sei »der einzige Mann am Hof«, kann man im Fall von Marie Festetics behaupten, dass sie »der einzige Mann« in ihrer Familie war. Ihr Vater, den sie grenzenlos bewunderte, hatte in seinem Lebensstil zwar ein ausgeprägtes Standesbewusstsein, erwies sich in wirtschaftlichen Dingen aber als absolut unbegabt. Auf die zwei Brüder der Gräfin war finanziell auch kein Verlass: der eine versank wegen seiner privaten Probleme in Selbstmitleid, der andere kränkelte und litt unter Depressionen. Lediglich Marie Festetics' entschlossenes Auftreten und Überlebenswille rettete die Familie vor dem endgültigen Bankrott. Für ihre Nächsten nahm sie die Stelle als Hofdame erst bei Erzherzogin Klothilde, dann bei Kaiserin Elisabeth an. Sie war eine energische Frau, stand mit beiden Beinen fest auf dem Boden, daran gewöhnt, Entscheidungen zu treffen und für sich einzutreten. Damit stieß sie am Wiener Hof viele vor den Kopf. Sie lebte nach einem Ehrenkodex, wie man es von einem Mann erwartete. Ihr gegebenes Wort hielt sie auch dann, wenn sie dadurch Nachteile erlitt: Gräfin Festetics verzichtete auf Ehe und Kinder, um bei ihrer Herrin zu bleiben – wie sie es versprach. Ihre persönliche Tragödie war, dass sie am Ende trotzdem ganz allein dastand und in der nächsten Generation die Familie, für deren Wohlstand sie sich opferte, ausstarb. Die Beziehung zwischen der Gräfin und der Kaiserin war nicht immer von Spannungen frei, denn die Hofdame fühlte sich im Gegensatz zu ihrer Herrin dem aristokratischen Lebensstil mit dessen steifer Rangordnung verpflichtet. Sie war sich ihrer Stellung sehr bewusst und verteidigte dies oft auch ziemlich lautstark. Trotz ihrer vielen Ecken und Kanten war sie Elisabeth eine zuverlässige, treue Begleiterin, was die Kaiserin sehr zu schätzen wusste.[519]

Über die Hofdamen Sarolta Majláth de Székhely und Gräfin Johanna Mikes de Zabola existieren bisher nur sehr sporadische Informationen.[520] Letztere

---

519 Walterskirchen / Meyer 2014. S. 13–39.

520 Im Nachlass Ida Ferenczys, dem sogenannten Farkas-Archiv, befinden sich Briefe dieser Hofdamen. Der Besitzer des Archivs gewährt jedoch niemandem Einsicht in die Dokumente.

versuchte ihre an die Familie geschriebenen Briefe noch vor der Vernichtung zu retten, indem sie sie zweimal abschreiben und die insgesamt drei Exemplare an drei verschiedenen Orten deponieren ließ. Alle gingen im Lauf der Zeit verloren.[521] Von Sarolta Majláth fehlen bisher jegliche Quellen, das wenige, was wir wissen, stammt von Marie Festetics: »Wir sind zwei Hofdamen zwar, Sarolta Majláth ist eingerückt, lieb, herzig, mehr wie eine Tochter für mich, was sicherlich eine Wolthat ist, aber mit dem Herzen, heißt es, nicht fest und muß geschont werden mit den Spaziergängen. So obliegt der Löwenantheil wieder mir.«[522] Gräfin Mikes ist dieser Aufgabe mehr gewachsen, zumal sie vor ihrer Anstellung auf ihre Marschfähigkeit vom Leibarzt Widerhofer untersucht wurde.[523]

Gräfin Irma Sztáray de Nagymihály et Sztára war die letzte Hofdame der Kaiserin. Über ihre Beziehung zu Elisabeth stehen umfangreiche Informationen zur Verfügung, die Gräfin veröffentlichte ihre Erlebnisse in einem Buch, das sie aufgrund ihrer Briefe an die Familie verfasste.[524] 1894 wechselte sie Gräfin Festetics, die mit ihrer Herrin nicht mehr Schritt halten konnte, bei den langen Reisen ab. Ähnlich wie ihre Vorgängerinnen war sie vom Wesen der Kaiserin ganz verzaubert und schwärmte in den höchsten Tönen von ihr. Sie war Augenzeugin ihrer Ermordung am 10. September 1898 in Genf. Obwohl erst 35 Jahre, zog sie sich nach der Tragödie von der Welt zurück und verbrachte den Rest ihres Lebens – sie starb erst 1940 – auf dem Familiengut im oberungarischen Szobránc (heute in der Slowakei).[525]

Zwei Jahre vor ihrer Ermordung überlegte Elisabeth offensichtlich, eine weitere Hofdame einzustellen, damit Irma Sztáray entlastet wird. Für den Winter 1897/98 bekam die Gräfin einen sechsmonatigen Urlaub. Während dieser Zeit wurde sie von Baronin Mária Sennyey, von ihren Freunden Miczi genannt, vertreten.[526] Sie war die Tochter von Mária Sennyey, geborene Fiáth, mit der Elisabeth seit 1866 eine enge Freundschaft pflegte. Genau wie die anderen Damen in der Umgebung der Kaiserin hielt sie regelmäßig Kontakt mit Ida Ferenczy und berichtete dieser aus der Ferne: »Habe das neue Jahr glück-

---

521 Hamann 1987. S. 21.

522 Marie Festetics, Ofen, 6. Januar 1883. In: Walterskirchen / Meyer 2014. S. 153. Unterstreichung im Orig.

523 Corti 1935. S. 454.

524 Sztáray 1909.

525 Kovács 2012. S. 26–27.

526 Waldstein-Treherne [1946]. S. 31.

Gräfin Irma Sztáray, die letzte Hofdame der Kaiserin, in ihrem Millenniumskleid.

lich begonnen. Ihre Majestät hat mich gnädigst mit Geschenken, welche mir riesige Freude bereiteten, überrascht; und zwar 1. eine grosse Photographie meines heiss geliebten Felsens, 2. Chokolade Bonbons, 3. kandiertes Obst und 4. ein mit Veilchen geschmückter kleiner Kalender. Jetzt schaut Ihre Majestät gottlob wieder gut aus. Vor der Ankunft des Dr. Kerzl sah sie sehr leidend aus. Freue mich, dass sie mit der karlsbader Kur aufgehört hat und jetzt sich gut ernährt, auch überanstrengt sie sich bei den Spaziergängen nicht. Wirklichen Dienst habe ich noch wenig verrichtet, doch sehe ich öfter Ihre Majestät, die immer gnädig und gut zu mir ist, dass ich täglich dankbarer und gerührter bin. Sie schickte uns einmal Alle nach Lourdes. Den Abend am 24. [Dezember] haben wir sehr gemütlich verbracht, tranken auch den von Seiner Majestät gesandten Tokajer auf Sein wohl. Auch einen kleinen Christbaum schmückte ich für die ›Suite‹. Den nächsten Tag spielte dieser Baum wieder in einem Kloster eine Rolle, bei welcher Gelegenheit wir im Auftrage Ihrer Majestät und mit Unterstützung der Suite 80 alten Leuten eine Jause gegeben haben.«[527]

Der innere Kreis

Aus ihrer Umgebung hatte Elisabeth, außer zu ihrer Familie, eine besonders enge Beziehung zu Ida Ferenczy, Graf Gyula Andrássy, Gräfin Marie Festetics, Baron Ferenc Nopcsa und Prinz Rudolf von und zu Liechtenstein. In allen Fällen hielt die Freundschaft lebenslang. Man verbrachte möglichst viel Zeit miteinander, wenn es nicht ging, wurde der Kontakt schriftlich aufrechterhalten. Elisabeth ließ in der Regel schreiben, die anderen schrieben selbst.

»Ich wünsche und hoffe, dass wir vier – auch Nopcsa – für immer zusammen bleiben«, äußerte sich Elisabeth einmal.[528] Sie bezog sich auf die drei für sie wichtigsten Mitglieder ihres Hofstaates, die Vorleserin Ferenczy, die Hofdame Festetics sowie den Obersthofmeister Nopcsa. Allen verlangte dieser Wunsch viel ab, dennoch taten sie alles, damit er in Erfüllung ging. Im Mittelpunkt ihres Lebens stand die Kaiserin. Alle bemühen sich, sie restlos zufriedenzustellen. »Heute habe ich hier im Hotel die Zimmer Ihrer Majestät organisiert, hoffentlich wird sie zufrieden sein. Sie braucht zwar nichts,

---

527 Maria (Miczi) Sennyey an Ida Ferenczy, Biarritz, 1. Januar 1897. In: Nl Corti. Abschrift.

528 Marie Festetics, Ofen, 1. Januar 1874. In: TMF. Ung.

aber sie soll all die Bequemlichkeit haben wie zu Hause.«[529] Sie nehmen jede Regung der Kaiserin wahr, freuen sich, wenn es ihr gut geht und stehen ihr bei, wenn sie Sorgen hat. Bekanntlich war für Elisabeth jegliche Gewichtszunahme Grund für Selbstkasteiung. »Ihre Majestät wollte hungern, weil das Ergebnis des Badens, des schlechten Essens – des mageren Essens – der Trinkkur, des Schwitzens, der Promenaden war, dass Ihre Majestät fünf Pfund zugenommen? Vorgestern konnte sie kaum an sich halten, ihr war schwindlig, fühlte den Kopf, aber trotzdem lief sie vier Stunden herum. Gestern wieder den ganzen Tag«, beschwerte sich Marie Festetics während eines Kuraufenthaltes und versuchte Elisabeth anschließend aufzurichten: »Ich bat sie so sehr, so dass sie zumindest etwas aß und ich sagte ihr gründlich, wozu das Ganze führen wird.«[530]

Neben dem Dienst blieb der Umgebung der Kaiserin nicht viel Zeit für anderes übrig, sogar der Kontakt zur eigenen Familie litt oft unter den vielen langen Reisen. In solchen Zeiten vertrat die in Wien zurückgelassene Vorleserin die Abwesenden: »Ich danke dir tausendmal dafür, dass du alles so genau erledigst wie versprochen – aber auch dafür, dass du tust, was du nicht versprochen. Der Mama hast du wieder eine Torte geschickt und sie ist ganz glücklich, die arme Alte. – Du meine gute, gute kleine Freundin, Gott segne dich!«, schreibt Marie Festetics von einer viermonatigen Reise.[531] Sie waren wie eine richtige Familie, teilten Leid und Glück. Seit den 1870er-Jahren verbrachten sie sogar jedes Weihnachten zusammen.

Lediglich Baron Nopcsa sah sich gezwungen, noch vor dem Tod der Kaiserin seinen Dienst zu quittieren, obwohl er dieses Datum so lange wie möglich aufschob: »So viel ist sicher, dass meine Kraft abnimmt und dass ich fühle, dass vielleicht auch andere es so sehen! Am 29. November wird es 25 Jahre, dass man mich berief.«[532] Im Herbst 1894 konnte der fast 80-Jährige den Anforderungen nicht mehr entsprechen und bat um seine Entlassung. Zwar hing Elisabeth noch immer sehr an ihrem Obersthofmeister, aber sein Verfall belastete die Zusammenarbeit in den letzten Jahren immer mehr. »Es ist nicht schön zu sagen, doch ist es eine gewisse Wohltat, dass Nopcsa nicht

---

529 Ferenc Nopcsa an Ida Ferenczy, Luzern, 4. September 1892. In: Tolnayné 1998. S. 83. Ung.

530 Marie Festetics an Ida Ferenczy, Karlsbad, 29. Juni 1892. In: Tolnayné 1998. S. 78. Ung.

531 Ebd. Florenz, 30. Oktober 1890. S. 32–33. Ung.

532 Ferenc Nopcsa an Ida Ferenczy, Teritet, 28. Februar 1893. In: Tolnayné 1998. S. 120. Ung.

Hofdame Marie Festetics war eine bildhübsche junge Dame, die mehrere Heiratsanträge ausschlug, um bei der Kaiserin zu bleiben.

mit uns ist. Jetzt herrscht hier eine militärische Ordnung, und Berzeviczy ist sehr intelligent und nützlich. Der Kommandant [des Schiffes, Anm.] ist heuer auch ganz selbstständig, dass er nicht unter dem Drucke der Marie Festetics steht.«[533] Die Hofdame übernahm nämlich oft die Aufgaben, die Nopcsa hätte erledigen müssen. Mit ihrer herrischen Art aber stieß sie das Personal regelmäßig vor den Kopf.

Zu gleicher Zeit trat Marie Festetics ebenfalls kürzer, aus gesundheitlichen Gründen stand sie für die langen, strapaziösen Reisen auch nicht mehr zur Verfügung. Die Gewaltmärsche setzten ihr schon seit Jahren zu: »Ich bewundere Marie F., dass sie es noch schafft. Abends ist sie manchmal so müde, dass sie kaum auf den Beinen stehen kann, aber am nächsten Tag geht es wieder.«[534] Ihr fiel nun der Dienst zu, wenn die Kaiserin auf dem Gebiet der Monarchie weilte.

Die Korrespondenz zwischen der Kaiserin, Ida Ferenczy und Gyula Andrássy belegt das enge, vertrauliche Verhältnis der drei mehr als ausreichend.[535] Da Rudolf Liechtenstein seine privaten Dokumente vernichtete,[536] stehen nur wenige Hinweise auf Elisabeths Beziehung

Baron Ferenc Nopcsa, 25 Jahre lang stand er im Dienst der Kaiserin.

533 Kaiserin Elisabeth an Marie Valerie, Algier, 13. Dezember 1893. In: Nl Corti. Abschrift.

534 Ferenc Nopcsa an Ida Ferenczy, Rigi-Kaltbad, 1. September 1892. In: Tolnayné 1998. S. 81–83. Ung.

535 Es sei hier darauf verwiesen, dass in den entsprechenden Kapiteln dieses Buches das Verhältnis Ferenczys und Andrássys zu Elisabeth ausführlich analysiert wurde.

536 Ich bedanke mich bei der Historikerin Dr. Martina Winkelhofer-Thyri für die freundliche Auskunft bezüglich der Quellenlage der privaten Dokumente über Prinz Rudolf von und zu Liechtenstein.

Fürst Rudolf von und zu Liechtenstein, Obersthofmeister des Kaisers und enger Vertrauter der Kaiserin, von deren Umgebung er nur »der schöne Prinz« genannt wurde.

zu dem Prinzen zur Verfügung. Wann sie sich anfreundeten, lässt sich nicht feststellen. Während der Weltausstellung in Wien sagte die Kaiserin über ihn: »Ich habe ihn lange nicht gesehen, aber er stand sehr zu mir, war sehr treu, denn die ganze Familie Karl Liechtenstein, die mag ich alle und sie mich.«[537] In den 1870er-Jahren nahm der »szépherceg« (ung. für »der schöne Prinz«, Anm.) – wie er von Elisabeth und ihren Vertrauten genannt wurde – häufig an den Jagden der Kaiserin teil, fungierte in England sogar als deren Reisemarschall.[538] Die Kaiserin vertraute Liechtenstein so sehr, dass sie ihn bat, ein Exemplar ihrer gedruckten Gedichte für die Nachwelt aufzubewahren und 60 Jahre nach ihrem Tod dem Schweizer Bundespräsidenten auszuhändigen.[539] Er fügte sich sehr gut in die ungarische Umgebung der Kaiserin ein. Marie Festetics hielt zahlreiche heitere Geschichten von ihm in ihrem Tagebuch fest.

Noch mehr Ungarn

Seit ihrem Ultimatum 1865 sammelte Elisabeth etliche Ungarn um sich. Die Aufenthalte in Budapest und Gödöllő boten ausreichend Gelegenheiten dazu. Die Namen dieser Personen aufzuzählen, ist nahezu unmöglich und auch wenig sinnvoll, weil weitere Informationen oft fehlen. Man gehörte der gleichen gesellschaftlichen Schicht an, kannte sich von den Jagden und Pferderennen, Ausstellungseröffnungen, Theatervorführungen, privaten Bällen und Hofbällen. Viele dieser Aristokraten verkehrten auch in der Wiener Gesellschaft, sodass sie dort von der Kaiserin wie Bekannte begrüßt werden konnten.

Eine weitere Personengruppe bildeten die Kindskammern, die Elisabeth ebenfalls mit einigen Ungarn besetzte: Jácint Rónay war Erzieher sowohl von Kronprinz Rudolf als auch von Erzherzogin Marie Valerie. Die Kammer der Letzteren leitete Maria Kornis. Ungarisch lernten Rudolf und Gisela von Imre Homoky, Elisabeths ehemaligem Sprachlehrer, um nur einige zu nennen.

---

537 Marie Festetics, Wien, 5. Mai 1873. In: TMF. Ung. Anm.: Karl Liechtenstein (1790–1865) war der Vater von Rudolf Liechtenstein und bis zu seinem Tod Obersthofmeister des Kaisers.

538 Wallersee 1935. S. 114.

539 Hamann 2008. S. 20.

11. ELISABETH, DIE UNGARISCHE KÖNIGIN

Die kleinen Unterschiede zu Wien

Obwohl Elisabeth mit der Krönung nicht regierende Königin wurde, erwartete man von ihr, dass sie in Ungarn genauso ihren repräsentativen Aufgaben nachkommt wie sie es in Österreich tun sollte. So beanspruchte man in Ungarn ihre Anwesenheit für öffentliche Auftritte und überhaupt, um den Menschen durch ihre Präsenz zu zeigen, dass sie die Königin von Ungarn ist und kein Gast.

Kaiserin Elisabeth mit ihrem Hund Houseguard.

Dies wurde in Wien eifersüchtig beobachtet, zumal die Kaiserin sich oft genug ihren Verpflichtungen in Österreich entzog. Das Problem mit Wien und seinen Bewohnern war, »daß sie so lange gewöhnt waren, die Majestäten und den Hof als angestammtes Eigenthum zu betrachten«. Deshalb fiel es ihnen nun schwer zu akzeptieren, »daß die Majestäten das Recht Anderer, die Gegenwart des geliebten Herrscherpaares auch zu wünschen, anerkennen und Ihr Anblick nicht ein ausschließliches Privilegium der Stadt Wien und der österreichischen und böhmischen Aristocratie sei«.[540]

Tatsächlich verweilte Elisabeth lieber in

[540] Marie Festetics, [Wien,] 3. März 1874. In: TMF.

Ungarn als in Wien. Sie hat das Gefühl, »dorthin gehöre sie, dort würde man sie verstehn. [...] Dahin könne sie sich immer flüchten.«.[541] Außerdem »hier lebt man so ruhig ohne Verwandte und Seccaturen und dort diese ganze kaiserliche Familie! Auch bin ich hier ganz ungeniert wie am Lande, kann allein gehen, fahren«.[542]

In Wien musste die Kaiserin zahlreichen Verpflichtungen nachkommen, die Hofdame Marie Festetics vermerkte bei fast allen Aufenthalten, dass eine große Hetze herrschte, fügte aber hinzu, »freilich wären wir länger, vertheilte es sich«.[543] Die öffentlichen Auftritte waren immer sehr formell und verlangten dadurch gründliche Vorbereitung. Im Vergleich zu Budapest waren die Dimensionen wesentlich größer: Allein zum Hofball wurden fast doppelt so viele Gäste geladen. Dementsprechend wenig Zeit und Gelegenheit hatte man, sich mit dem Herrscherpaar zu unterhalten. Während der Schriftsteller Jókai auf dem Hofball in Budapest mit Elisabeth über zehn Minuten plauderte, konnte er in Wien dem vorbeiziehenden Hofstaat nur zuschauen: »Hier bleiben sie bei niemanden für ein Gespräch stehen«, erzählte er vom Einzug des Kaiserpaares. Dennoch empfand er den Hofball sehr ermüdend: »was wir nach dem heutigen Wonnetag (der den Anstrengungen einer Schlacht gleichkommt) dem allerhöchsten Herrscherpaar wünschen, ist vor allem ›eine geruhsame Nacht‹«.[544]

Die Etikette war in Ungarn bei Weitem nicht so streng wie am Wiener Hof. Wie hätte sie sich auch ausbilden können, wenn der Herrscher und damit faktisch die Hauptstadt samt den dazugehörigen gesellschaftlichen Ereignissen schon seit Jahrhunderten in Wien residierte? Das kam Elisabeth, die in ihrer Kindheit freizügigen Umgang gewohnt war, sehr entgegen. Man versuchte in Budapest auch immer höhere Standards anzulegen, was aber seine Zeit brauchte. So erlaubten sich manche Gäste am Hofball im Mai 1869, noch vor dem Herrscherpaar zu gehen.[545] Als die Kaiserin ein protestantisches Waisenhaus in Budapest besuchte, führte die Vorsitzende »ihren hohen Gast« umher und diente mit Erklärungen, »vielleicht nicht den hohen höfischen Formalitäten entsprechend, sondern der Stimme aus tiefstem Herzen fol-

---

541 Marie Festetics, Paierbach, 29. Juli 1873. Walterskirchen / Meyer 2014. S. 134.

542 Kaiserin Elisabeth an ihre Mutter, Ofen, 27. (Januar 1875?). In: Nl Corti. Abschrift.

543 Marie Festetics, Wien, 23. Januar 1872. In: TMF.

544 Jókai 1898. Klammern im Original. Ung.

545 *FL* 12. Mai 1869. S. 427.

Das Kaiserpaar mit seinen Kindern Gisela und Rudolf. Im Hintergrund ist die Silhouette der Ofener Burg zu sehen.

gend«. In ihrem Eifer »ergriff sie manchmal sogar den Arm der Fürstin«. Man war froh, »dass die tüchtige, hochsinnige Baronin Eötvös in ihrer Begleitung war, und nicht irgendeine naserümpfende Hofdame«. Entschuldigend wird erklärt »wir kennen die Formalitäten der Salons nicht [...] wir können uns nicht genug wundern, dass die großen Herren, anstatt die Vorteile ihrer Stellung für mehr Freiheiten zu nutzen, sich lieber mit allerhand unmöglichen Regeln der sogenannten Etikette belasten, so dass bei ihnen nicht ein Schritt, nicht ein Wort oder gar ein Lächeln frei und natürlich ist«.[546]

[546] *PEIL* 27. März 1870. S. 331. Ung. Anm.: Baronin Eötvös war die Ehefrau des ungarischen Kultusministers József Eötvös, der nach dem Ausgleich Elisabeths Ungarischlehrer war.

Wenn Elisabeth in Ungarn weilte, dann hauptsächlich als Privatperson. Natürlich standen auch offizielle Programmpunkte an der Tagesordnung. Der Druck auf sie war aber wesentlich kleiner als in Wien. Hier freute man sich über ihre Anwesenheit, suchte nicht gleich einen Fehler in ihrem Benehmen. Die Unterstützung der ungarischen Angelegenheiten, das Erlernen der ungarischen Sprache und der ungarische Freundeskreis sorgten dafür, dass man der Kaiserin positiv gegenüberstand. In Wien waren bereits 1854 bei der Eheschließung die Erwartungen an sie hoch, sie konnte ihnen nicht entsprechen. Sie war zu jung, zu unerfahren und offensichtlich schüchterte sie die Kritik eher ein, als dass sie ihr geholfen hätte, um an sich zu arbeiten. Elisabeth erzählte ihrer Hofdame, dass »ich zu viel gelitten unter dem, was man über mich sagte. [...] Es thut sehr weh, Marie, wenn man niemand etwas thut, das Stichblatt der Bosheit zu sein«. Eine verfahrene Situation, aus der die Kaiserin nur einen Ausweg sah: »Ich [...] ziehe mich von den Menschen zurück. Ihnen kann es nur angenem sein, sie haben mich nicht gern und mir ist es bequem.«[547] Das wurde ihr allmählich auch in Ungarn zur zweiten Natur. Sogar im stillen, abgeschiedenen Gödöllő, wo nur auf ihre Einladung jemand erschien, schottete sie sich ab: »Damit sie unbemerkt in den Haraszter Wald, in den sie sich schon sechs Uhr früh begibt, gelangt, ließ sie sich dieses Jahr einen eigenen Gehweg anlegen.«[548]

Aufenthalte in Ungarn

Ein weitverbreiteter Irrtum ist, dass Elisabeth mehr Zeit in Ungarn als in Österreich verbracht hätte. In den ersten zwölf Ehejahren hielt sie sich ein einziges Mal, im Mai 1857, drei Wochen lang in Ungarn auf. Ab 1866 verbrachte die Kaiserin regelmäßig Zeit im Land. Am längsten weilte sie 1868 in Ungarn: Sie kam im Februar schwanger an und fuhr von hier aus im Juni mit der nicht ganz zwei Monate alten Tochter Marie Valerie nach Ischl. Im September kehrte sie wieder zurück und blieb bis vor Weihnachten, lebte also in diesem Jahr über sieben Monate in Ungarn. Im Durchschnitt blieb sie jährlich ein bis drei Monate in der transleithanischen Reichshälfte, am Anfang länger, ab Mitte der 1880er-Jahre immer weniger.

Eine genaue Auswertung der Daten über die Aufenthaltsorte der Kaiserin

---

[547] Marie Festetics, Wien, 25. März 1874. Walterskirchen / Meyer 2014. S. 141.

[548] *BH* 14. Oktober 1893. S. 6. Ung.

Der königliche Hof in Ungarn.

zeigt, dass Elisabeth insgesamt mehr als doppelt so viel Zeit in Wien verbrachte als in Ungarn. »Während ihrer 44-jährigen Ehe verbrachte sie in unserer Heimat [in Ungarn, Anm.] als Kaiserin [1854–1867, Anm.] 114, als Königin [1867–1898, Anm.] 2549 Tage, also nur etwas mehr als 7 Jahre.«[549] Durch die ungleichmäßige Verteilung im Lauf der Zeit konnte aber das Gefühl der Bevorzugung der Ungarn bei den Zeitgenossen entstehen, vor allem, wenn in manchen Jahren die Kaiserin lange im Ausland war und dann direkt nach Gödöllő fuhr.[550] Die Herbstmonate – die Jagdsaison – verbrachte die Kaiserin hauptsächlich in Gödöllő, obwohl diese Besuche immer kürzer wurden, nachdem sie das Reiten aufgegeben hatte. Den Winter und den Frühling teilte Elisabeth ab 1868 in der Regel zwischen Budapest und Wien auf – zum Ärger der österreichischen und böhmischen Aristokratie, die ihren Sejour in diesen Jahreszeiten traditionell in der Residenzstadt nahm.[551] Wegen der zunehmenden Auslandsreisen der Kaiserin blieb insgesamt weniger Zeit sowohl für Ungarn als auch für Österreich. In Ungarn regte sich wegen der immer seltener werdenden Besuche auch leichter Tadel. Man begrüßte die Kaiserin aber nach wie vor herzlich, »als Beweis dafür, dass, auch wenn sie sich neuerlich seltener in unserem Kreise verweilt, die Bürger von Budapest ihre Königin immer mit wahrer loyaler Freude empfangen«.[552]

Budapest, Schauplatz der Repräsentation

In Budapest verbrachte Elisabeth hauptsächlich als Königin von Ungarn Zeit. Sie hielt Audienzen, nahm an höfischen und privaten Bällen, Soireen teil, besuchte Ausstellungen, Theatervorstellungen und Konzerte, Pferderennen, wohltätige Einrichtungen wie Armen-, Waisen- und Krankenhäuser, Kinder- beziehungsweise Mädchenerziehungsanstalten.[553] »Fort geht das Leben wie die Fluth! Fest auf Fest, Diners auf Diners hier und dort und nebstbei

---

549 Márki 1899. S. 12–13. Ung.

550 Holzschuh 1998. S. 30–37.

551 Winkelhofer 2011. S. 164–169.

552 *BH* 6. März 1887. S. 5. Ung.

553 Eine Auflistung der Presseberichte ist wegen der großen Masse nicht möglich, es sei verwiesen auf die bekanntesten ungarischen wie österreichischen Blätter der Zeit z. B.: *BH, FL, VU,* A Hon (alles auf Ungarisch) sowie *PL, Pr, De, Vl, FB* (in deutscher Sprache) u. a.

jede Minute Leute und Leute; Fremde, Freunde, Bekannte«[554] – schrieb Marie Festetics Mitte Januar 1875 in ihr Tagebuch. Und nicht allein die Ballsaison war schuld an dem dichten Terminplan: Hätte Elisabeth länger in Budapest geweilt, hätte man die offiziellen Programme mehr verteilen können.

Bis 1887 erschien die Kaiserin – wenn auch nicht jedes Jahr – auf den Hofbällen in Ungarn und bezauberte die Teilnehmer mit ihrem Aussehen und ihrer freundlichen Art. »Die Königin unterhält sich mit jedem der Anwesenden länger – ausschließlich auf Ungarisch«,[555] berichtete man von dem Cercle, und sie blieb oft bis Mitternacht. Der Hofball bekam typisch ungarische Züge in der Zeremonie sowie in der Kleider- und Tanzordnung, wobei auf das früher verbreitete Kartenspiel in den Nebenräumen verzichtet wurde. Die Aufgaben der obersten Hofchargen, wie die Vorstellung der eben Hofzugang erhaltenen Personen, übernahmen die für diese Gelegenheiten ernannten ungarischen Aristokraten mit dem Titel des ungarischen Obersthofmeisters oder der ungarischen Obersthofmeisterin. Die Damen erschienen in ungarischer Kleidung, die wegen ihrer Schwerfälligkeit um 1874 aus der Mode kam. Bei den Herren hielt sich das typisch nationale, mit Posamenten reich besetzte Kostüm länger, aber immer mehr Männer trugen Militäruniform und folgten damit Franz Joseph. Die ungarische Kleidung mit Pelzmütze, Schwert und Sporn war beim Tanzen hinderlich, so wurde sie vom Frack zurückgedrängt. In die Tanzordnung wurde der Csárdás aufgenommen, zu dem die Musik eine Zigeunergruppe aufspielte – als Abwechslung zur üblichen Militärkapelle.[556]

Jeder Auftritt Elisabeths in der Öffentlichkeit zog die Menschen massenhaft an. »Viele sind gekommen, aber nur wenige Auserwählte, die am Tor eingelassen wurden.«[557] Unabhängig von der Witterung eilten die Leute zu ihrer Begrüßung sowie Verabschiedung herbei. Im Juni 1868, als die Kaiserin mit der neugeborenen Marie Valerie Buda nach viermonatigem Aufenthalt verließ, waren »zahlreiche« Bürger auf den Beinen, um sie zu verabschieden, obwohl es an dem Tag so heftig regnete, dass das Wasser stellenweise mehrere Zentimeter hoch auf den Straßen stand und der Zirkus Renz sogar seine Vorstellung verschieben musste.[558] Das Interesse flaute auch nach 20 Jahren nicht

---

554 Marie Festetics, Ofen, 17. Januar 1875. In: TMF.

555 Jókai 1898. Ung.

556 *FL* 17. Mai 1869. S. 427; 26. Februar 1870. S. 168; 12. Januar 1875. S. 35; 23. Januar 1875. S. 78; Jókai 1898; Eötvös 1885. S. 29–30.

557 *FL* 13. April 1869. S. 331. Ung.

558 Ebd. 11. Juni 1868. S. 535.

ab, einen offiziellen Empfang gab es auf Elisabeths Bitte hin längst nicht mehr, das schaulustige Publikum drängte sich aber bei der Ankunft der Kaiserin in Budapest an den Ausgängen des Bahnhofs und stand an beiden Straßenseiten in dichten Reihen Spalier.[559] Die Schauplätze wurden festlich geschmückt mit Blumen, Grünzeug, mit ungarischen und bayerischen Fahnen.[560] Beim Besuch der Hausindustrie-Sammlung »legte man das Treppenhaus und die Stiegen und auch die Ausstellungsräume mit Teppichen aus, ferner wurden die Säle seit sechs Uhr früh beheizt«.[561]

Elisabeth ärgerte sich auch in Budapest darüber, wenn sie angestarrt wurde. Ihr wurde erzählt, »daß man mit dem Gucker von Pest nach Ofen schaut«.[562] »Der Platz vor dem Palast ist den ganzen Tag voll von neugierigem und interessiertem Publikum, das jeden Schritt der Mitglieder des Hofes ausdauernd beobachtet.«[563] Sofort zog die Kaiserin alle Register: »der blaue Schleier, das Wegschicken der Leute [...] das Errichten alter Krempelbuden, vergitterter Gänge in den geschlossenen Gärten, das Verstecken überall.« Die Lage verschlimmerte sich durch diese Maßnahmen nur noch weiter: »Man sucht anderes dahinter, oder wenigstens gibt man Übeldenkenden das Heft in die Hand. Und thut sie dann etwas, was man nicht wissen und sehen sollte?? Und je mehr Menschen sie sehen, um desto besser und wäre sie nicht so misterieus umgeben, wären die Menschen nicht so neugierig!«[564]

Auf Besuche in den verschiedenen Institutionen verzichtete Elisabeth zwar wegen der Schaulustigen nicht, kündigte aber ihre Ankunft – wenn überhaupt – so kurzfristig an, dass die Betroffenen kaum Zeit für Vorbereitungen hatten, geschweige denn die Nachricht zu verbreiten.[565] 1876 kondolierte die Kaiserin an der Bahre von Ferenc Deák noch bevor die Öffentlichkeit hineingelassen wurde. Ein weiterer Höhepunkt in der Beziehung Elisabeths zu Ungarn, worüber die Presse in sämtlichen Variationen berichtete: »es war eine tief ergreifende Szene, als die erste Frau der Nation, in tiefe Trauer gekleidet, an die Empore der Bahre trat und mit Tränen in den Augen auf das für im-

---

559 *BH* 6. März 1887. S. 5.

560 *FL* 13. April 1872. S. 363; 19. Oktober 1872. S. 1047.

561 Ebd. 24. Januar 1873. S. 81. Ung.

562 Marie Festetics, Ofen, 27. Januar 1875. In: TMF.

563 *BH* 8. März 1887. S. 5. Ung.

564 Marie Festetics, Ofen, 27. Januar 1875. In: TMF.

565 Z. B. *FL* 17. März 1870. S. 31, 231. Dezember 1884. 2015.

Elisabeth an der Bahre von Ferenc Deák.

mer erkaltete Gesicht des ersten Bürgers der Nation herabblickte.«[566] Und der Glaube an Elisabeth als Genius des Landes konnte noch gesteigert werden. Als Deáks provisorisch errichtete Grabkapelle (man wollte ein dem Weisen des Landes würdiges Denkmal errichten) einen Monat nach dessen Tod geöffnet wurde, soll sich den Anwesenden folgender Anblick geboten haben: »Auf dem Sarg liegt der prachtvolle Kranz der Königin, der dem Verwelken trotzte, von dem der königliche Kranz [von Franz Joseph, Anm.] am Kopfende schon stärker angegriffen war.«[567] Neun Jahre nach dem Ausgleich akzeptierte man Franz Joseph in Ungarn noch immer nicht in dem Maße wie seine Frau. Die Szene am Sarg von Andrássy wird ähnlich geschildert: Hier musste das Publikum fast zwei Stunden draußen in der Kälte stehen, während man auf Elisabeths Erscheinen und Abschiednehmen wartete.[568]

---

566 *VU* 6. Februar 1876. S. 89–90. Ung.

567 Ebd. 9. April 1876. S. 226. Ung.

568 *BH* 22. Februar 1890. S. 1–2.

Ganz privat in Gödöllő

In den Ausgleichsvereinbarungen wurde festgelegt, dass der König sich regelmäßig in Ungarn aufzuhalten hat. Eine offizielle Residenz gab es schon, die Burg zu Buda. Als Krönungsgeschenk erwarb die Regierung im Frühjahr 1867 die Herrschaft Gödöllő.

Auf das Schloss wurde zuerst Kaiser Franz Joseph aufmerksam. Bereits Anfang Oktober 1865 berichteten die Blätter, dass »das ungarische Schönbrunn oder Laxenburg gefunden sei«,[569] denn ungarische Magnaten wollten Gödöllő dem Kaiser als Huldigungsgeschenk überreichen. Kaum einen Monat später verbreitete sich die Nachricht, dass Franz Joseph selbst das Gut erwerben wolle und aus diesem Grund bereits seinen Hofmarschall nach Ungarn schickte, um das Schloss eingehend anzuschauen.[570] Der Monarch stattete dem Besitz am 20. Dezember 1865 einen privaten Besuch ab, als er zur Eröffnung des ungarischen Landtages nach Budapest reiste. In seiner Glanzzeit im 18. Jahrhundert unter der Familie Grassalkovich beherbergte das Schloss mehrmals Kaiserin Maria Theresia, deren Vertrauter der damalige Schlossherr war. Nachdem die Familie Mitte des 19. Jahrhunderts im Mannesstamm ausstarb, war das Schicksal der Herrschaft unter den wechselnden Besitzern ungewiss. Franz Joseph überlegte offensichtlich ernsthaft, das Domizil zu erwerben, denn gleich bei seinem ersten Aufenthalt inspizierte er die Gärten und die Gartenanlagen eingehend. Anschließend nahm er mit seiner Begleitung und den Gastgebern ein Gabelfrühstück im großen Saal des Schlosses ein. Anderthalb Monate später, während seines Aufenthalts in Budapest, wollte das Kaiserpaar das Lustschloss gemeinsam besichtigen,[571] es kam aber nicht dazu. Elisabeths Interesse war – dank der Erzählungen des Kaisers – geweckt.[572]

Im Sommer 1866 bot sich ihr endlich die Möglichkeit, das Schloss in Augenschein zu nehmen. Der damalige Besitzer stellte nämlich das unbewohnte Gebäude als Militärlazarett zur Verfügung, um die Verwundeten des Österreichisch-Preußischen Krieges zu versorgen. Die Kaiserin wollte diese besuchen

---

569 *VU* 1. Oktober 1865. S. 508. Ung.

570 *FL* 29. Oktober 1865. S. 987. Weitere Artikel über die Kaufabsichten des Kaisers in: ebd. 21. Dezember 1865. S. 1159; ebd. 23. Dezember 1865. S. 1167; *PN* 24. Dezember 1865.

571 *Pr* 6. Februar 1866. O. S. sowie *De* 6. Februar 1866. O. S.

572 Der Frage, wer auf das Schloss aufmerksam wurde bzw. ob der Kaiser oder die Kaiserin zuerst auf die Idee kam, Gödöllő zu erwerben, ging die Historikerin Patrícia Pálinkás nach. In: Pálinkás 2016.

Das Lustschloss Gödöllő.

und informierte ihren Mann darüber. Franz Joseph hatte keine Einwände dagegen, aber der Erwerb des Besitzes überstieg inzwischen seine Möglichkeiten. Wegen der verlorenen Kriege war in der desolaten finanziellen Lage des Kaiserreiches an eine Anschaffung in dieser Größenordnung nicht mehr zu denken: »Schaue Dir es aber nicht so an, als wenn wir es kaufen wollten, denn ich habe jetzt kein Geld und wir müssen in diesen harten Zeiten ungeheuer sparen.«[573] Bei diesem Aufenthalt verbrachte sie nur kurze Zeit auf dem Anwesen, genauso wie bei ihrem Besuch einen Monat vor der Krönung: »vorgestern machten wir eine Wagenfahrt nach Gödöllő. Im Garten war viel zu heiss um spazieren gehen zu können. Kann Dir daher den Ort nicht genau beschreiben, aber ich glaube, dass es von ausgedehnten, grossen Waldungen umgeben ist; der Boden ist weich und sandig«,[574] schrieb Elisabeth ihrem Sohn. Zu dieser Zeit arbeitete der Reichstag bereits intensiv an dem Erwerb des Gutes. Ob die Idee, ausgerechnet dieses Schloss dem Kaiserpaar zu schenken, wirklich auf die Begeisterung Elisabeths zurückzuführen sei, ist aufgrund des eben zitierten Briefes fraglich. Dennoch hielt sich die Kaiserin

573 Kaiser Franz Joseph an Kaiserin Elisabeth, Schönbrunn, 9. August 1866. Nostitz-Rieneck Bd. 1. 1966. S. 58.

574 Kaiserin Elisabeth an ihren Sohn, Kronprinz Rudolf, Buda, 13. Mai 1867. In: Nl Corti. Abschrift.

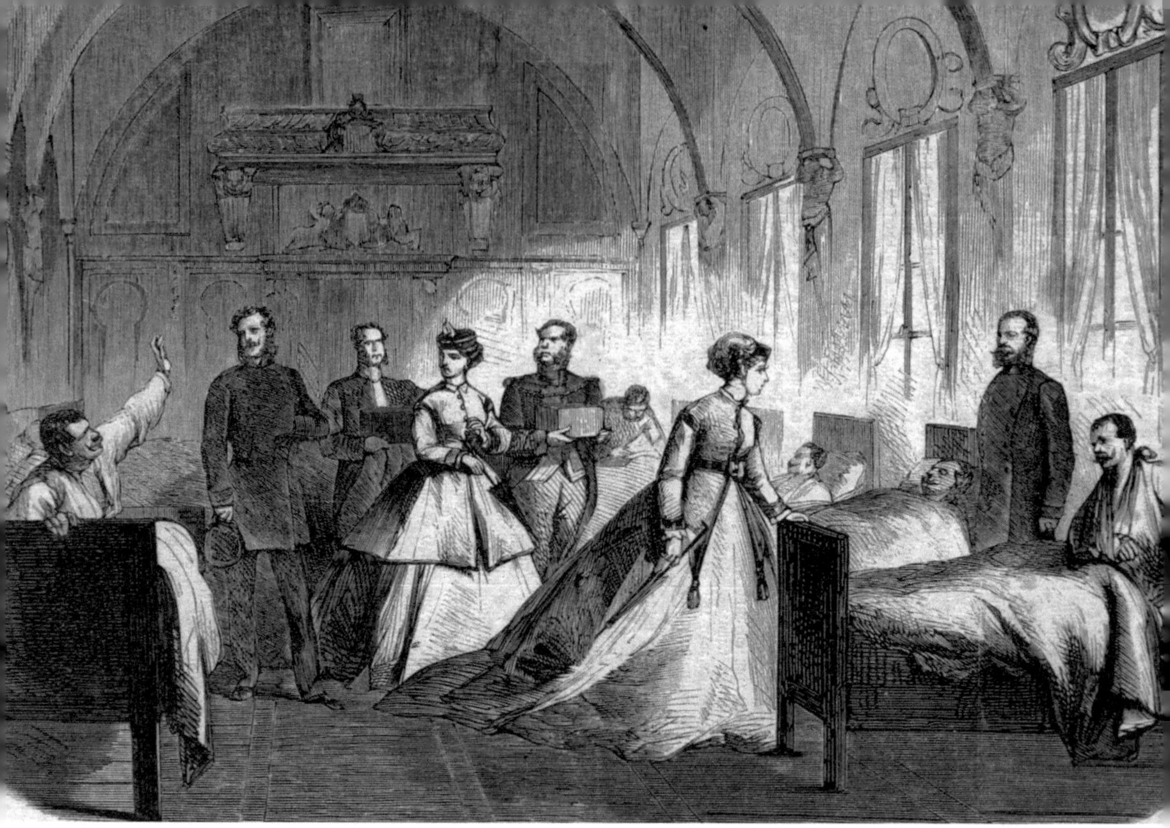

Elisabeth besucht nach dem Österreichisch-Preußischen Krieg die verwundeten Soldaten im Militärlazarett in Gödöllő.

nach der Krönung ohne Zweifel gern in Gödöllő auf, zumal sie hier ungestört ihrer Reitleidenschaft nachgehen konnte.

In dem Lustschloss war Elisabeth eine reine Privatperson. Hier gab sie den Ton an, alles wurde nach ihren Wünschen gestaltet, die Räumlichkeiten, das Gelände und der Tagesablauf.[575] Es fanden keine Empfänge oder offiziellen Bälle statt, nur Kinderbälle für die Unterhaltung der Tochter Marie Valerie. Das Leben verlief hier sehr still, »tiefer Friede, Ruhe, kein Treiben, kein Lärmen, kein Fahren oder Getöse, kein Hasten! Kein Laut aus der großen Welt dringt in diese Stille«.[576] Ein idealer Rückzugsort direkt bei Budapest, wohin Elisabeth nach ihren Repräsentationspflichten flüchten beziehungsweise wo sie privat verweilen konnte.

An Unterhaltung fehlte es Sisi dennoch nicht, häufig kamen Freunde und Verwandte zu Besuch. »Das Schloß ist zum Erdrücken voll«,[577] wenn der Kai-

---

575 Dávid 1998. S. 104.

576 Marie Festetics, Gödöllő, 10. März 1873. In: TMF.

577 Ebd. Gödöllő, 27. Oktober 1872.

Elisabeths Salon im Schloss von Gödöllő. Aufnahme aus dem Jahr 1896.

Elisabeths Arbeitszimmer im Schloss von Gödöllő. Aufnahme aus dem Jahr 1896.

ser sich auch in Gödöllő aufhielt. Er reiste ja regelmäßig mit einem Teil des Hofes, Flügeladjutanten, Generaladjutanten, Minister, Beamte, die dringende Aufträge weiterleiteten, kamen und gingen. Einige blieben in Budapest und erledigten dort ihre Arbeit, aber für die Tagesgeschäfte pendelten viele zwischen Gödöllő, Budapest und Wien. Die Regierungsroutine ihres Mannes berührte die Kaiserin nicht, sie widmete sich ihrer Tochter Marie Valerie, veranstaltete Reitjagden oder ging in die Reitschule und später – als sie nicht mehr ritt – machte sie ausgedehnte Spaziergänge. Sogar einen kleinen Zirkus ließ sie sich einrichten und nahm Reitstunden bei den Kunstreiterinnen Elisa Renz und Emilia Loisett.[578]

Bis in die 1880er-Jahre nahm Elisabeth an den Reitjagden in Gödöllő teil. In der Saison versammelten sich fast tagtäglich 15 bis 50 Personen, hauptsächlich ungarische Aristokraten, aber auch Hofmitglieder, Diplomaten, Politiker und Verwandte des Kaiserpaares, um ihre Reitleidenschaft auszuleben. So oft er konnte, wohnte auch Andrássy dieser Beschäftigung bei: »Die Jagden sind wunderschön, Ihre Majestät die Königin sieht recht gut aus. Sie können sich vorstellen«, schrieb er an Ida Ferenczy, »wie enthusiastisch die Jugend ist, wenn sie sie sieht. Manchmal drückt die Jugend diese Gefühle aus, indem sie sie ganz aus der Nähe begleitet – wie die Delfine das Schiff«. Die Herren buhlten regelrecht um Elisabeths Gunst: »Anfangs pflegte Béla Keglevics neben ihr zu reiten und wich dann nicht mehr von ihrer Seite. Nun, so scheint es, merkte er, dass er vielleicht manchmal dem Master Platz machen sollte oder dass Ihr Freund Pista sich den Platz an der Seite der Königin nimmt.«[579]

Nach englischem Muster veranstaltete man Parforcejagden, sogar der englische Master der Kaiserin William »Bay« Middleton wurde dazu eingeladen, was zu Misstönen zwischen Letzterem und dem ungarischen Master Graf Miklós Esterházy führte. Hauptsächlich Füchse und Hirsche wurden vom Pferderücken aus gejagt. Nach größeren Regenfällen und Hochwasser auf der Donau kam es häufiger vor, dass Hirsche in Budapest gesichtet wurden, bei deren Ergreifung auch die Jagdgesellschaft von Gödöllő half. Im Dezember 1876 nahm Elisabeth an einem solchen Unterfangen teil. Das verfolgte Wild flüchtete dabei quer durch die Stadt, versuchte sich erst in den Stadtpark zu retten, von da aus irrte das Tier in den Neben- und Hauptstraßen herum, auch

---

578 *TV* 27. September 1939. S. 15.

579 Gyula Andrássy an Ida Ferenczy, Buda, 5. Dezember (1872). In: Tolnayiné 1992. S. 78. Ung. Anm.: Béla Keglevich, Graf (1833–1896), Politiker. Pista: István Károlyi, Graf (1797–1881), Großgrundbesitzer, lebte im benachbarten Fót.

Das Schloss der Familie Karolyi in Fót (Nachbarort von Gödöllő). Elisabeth stattete den Bewohnern häufiger einen Besuch ab.

Kaiserliche Fuchsjagd in der Umgebung von Pest. Das Originalölgemälde von Wilhelm Richter, nach dem dieser Stich gefertigt wurde, war im Jahr 1873 ein Weihnachtsgeschenk der Pester Jagdgesellschaft an Kaiserin Elisabeth.

Auf dem Gemälde sind 30 Pferde und 54 Personen, u. a. Kaiser Franz Joseph, Kaiserin Elisabeth, Leopold von Bayern, Graf Gyula Andrássy, Graf Elemér Batthyány, Graf László und Iván Szapáry, Baron Béla Keglevich, dargestellt. Letzterer stellte seine Räume in Budapest zur Ausstellung des Bildes zur Verfügung.[581]

Innenhof des Lustschlosses in Gödöllő.

die Bevölkerung versuchte es überall wegzutreiben. In seiner Not stürmte der bedrängte Hirsch zum Schluss in einen Trödelladen und verwüstete ihn. Dort wurde er dann endlich eingefangen. Die große Jagdgesellschaft blieb in der Stadt natürlich nicht unbemerkt. Elisabeth wurde ebenfalls erkannt und überall mit begeisterten »Éljen«-Rufen begrüßt.[580]

Nachdem die Kaiserin aufgehört hatte zu reiten, wurde es in Gödöllő ziemlich still. »Nichts weist auf die Anwesenheit des Königspaares hin und man würde nicht einmal vermuten, dass der Hof sich dort aufhält, wenn man manchmal nicht den Schatten eines vorbeieilenden Lakaien sehen würde.«[582] Die Zeiten, in denen Elisabeth die Jagdgesellschaft zum Gabelfrühstück oder zu einem Dinner nach einer erfolgreichen Jagd einlud, waren vorbei. Lediglich enge Freunde und Verwandte suchten sie auf. An den Treibjagden ihres Mannes nahm sie nicht teil, lieber machte sie ausgedehnte Spaziergänge. Auf ihren Ausflügen wurde die Kaiserin entweder von einer Hofdame begleitet oder von ihrem aktuellen Griechischlehrer. Ab Ende der 1880er-Jahre war Griechisch die neue Leidenschaft, der Elisabeth sich mit der gleichen Intensität widmete wie einst ihren Ungarischstudien.

---

580 *VVL* 20. Dezember 1876. S. 338. Hier möchte ich mich bei Prof. Dr. Antal Festetics für seine fachkundige Aufklärung bezüglich der Jagden bedanken.

581 Ebd. 17. Dezember 1873. S. 388; ebd. 24. Dezember 1873. S. 396.

582 *BH* 14. Október 1893. S. 6. Ung.

Unterwegs in Ungarn

Elisabeth kannte Ungarn nicht besonders gut. Sie hielt sich regelmäßig in Budapest und Gödöllő auf, machte ausgedehnte Spaziergänge in den Bergen von Buda sowie auf den Ländereien von Gödöllő. Wenn sie von Triest direkt nach Ungarn wollte, reiste sie mit der Südbahn den Balaton entlang und schaute den See vom Zug aus an. Abgesehen von Budapest, Gödöllő und zwei Kurorten war die Kaiserin seit der abgebrochenen Rundreise im Jahr 1857 jedoch nirgends in Ungarn. Elisabeth sah auch keine Notwendigkeit, im Land herumzureisen: »›Wenn doch Gödöllő so schön ist!‹ – […] und sprach ganz entzückt von den wunderbaren Septembertagen in Gödöllő, davon, wie gern sie sich in dem Schloss aufhält, lieber als dort ist ihr nur auf dem Königssitz in Buda.«[583]

Dieses Desinteresse fiel bereits 1899 (!) dem ungarischen Historiker Márki auf: »In ihrer Zeit als Königin [seit der Krönung, Anm.] konnte man sie nur ein einziges Mal dazu bringen, dass sie eine offizielle Rundreise machte; dies passierte nach dem ungarischen Ausgleich mit Kroatien, aber nach vier Tagen eilte sie von Zagreb heim nach Gödöllő. Von den 2549 Tagen [in Ungarn, Anm.] verbrachte sie lediglich 69 nicht hier [in Gödöllő, Anm.] und Budapest; einmal (1887) erholte sie sich für fünf Wochen in Mehadia [Herkulesbad, Anm.], für viereinhalb Wochen in Bartfeld (1895); einmal war sie in Zagreb und Fiume, ansonsten hielt sie sich nirgends in Ungarn auf, dessen Schönheiten sie so wenig interessierten, dass sie durch das noch nie gesehene Siebenbürgen in einem Nachtzug reiste (16. April 1887), ferner verweilte sie in der Hohen Tatra zu einer Zeit (23. Juli 1895), als sie sie wegen des Regens nichts bewundern konnte. Balatonfüred, wohin sie bereits 1866 fahren wollte, wie Kovasna besuchte sie nie.« Für die einfachen Menschen des Landes hatte die Kaiserin auch nicht viel übrig: »Nur wenige Gebiete besuchte sie, die Nationalitäten sah sie kaum, die Volkssitten konnte sie höchstens in Gödöllő beobachten.«[584]

Ende der 1860er-Jahre spielte die Kaiserin mit dem Gedanken, sich in einem ungarischen Kurort behandeln zu lassen. »Die Idee, dass Ihre Schwester [Kaiserin Elisabeth, Anm.] nächstes Jahr irgendein ungarisches Bad besucht, halte ich für so glücklich, dass ich sie ungern fallen lassen würde« – meinte

583 Jókai 1898. Ung.

584 Márki 1899. S. 13.

Andrássy.[585] Er schickte der Vorleserin unter anderem eine Beschreibung von Bad Bartfeld.[586] Als er merkte, dass Elisabeth sich ernsthaft dafür interessierte, sah er sich den Kurort persönlich an, »damit die Blätter nicht bohren, größtenteils auf Pferderücken« und ritt von seinem Gut Tőketerebes (heute slowak. Trebišov) nach Bartfeld einen Tag hin und am nächsten zurück.[587] Die Idee wurde verworfen, Elisabeths Besuch fand erst über 25 Jahre später statt, als Andrássy längst gestorben war.

Als nächstes ließ die Kaiserin durch Ida Ferenczy wegen Füred nachfragen. Bereits vor dem Ausgleich nahm sich Elisabeth vor, den Sommer hier zu verbringen. Daraus wurde aber wegen der Auseinandersetzungen mit Italien und Preußen nichts: »Nach Füred gehe ich nicht, da die Zeitverhältnisse so traurig sind, der Krieg vor der Türe, und so mag ich den Kaiser nicht verlassen«,[588] schrieb sie 1866 an ihre Mutter. Balatonfüred – wie die Stadt heute heißt – ist ein beliebter Kurort. Damals konnte man dort in der Sommersaison Politiker wie Deák und Schriftsteller wie Jókai treffen. Elisabeth dachte, Andrássys Fürsprache beim Kaiser könnte nun hilfreich sein. Obwohl er den Zeitpunkt für ungeeignet hielt (wahrscheinlich wegen der bevorstehenden deutsch-französischen Auseinandersetzungen), sicherte Andrássy seine Unterstützung zu.[589] Seine vorsichtige Vorgehensweise führte dazu, dass er keine Gelegenheit fand, Franz Joseph auf das Thema anzusprechen: »Ich gab allerlei erdenkliche Hinweise, aber niemand mochte den Faden aufnehmen. Ich fragte, welche Pläne Seine Majestät hat usw. Der Kaiser antwortete ausweichend, über Füred verlor er kein Wort. Unter solchen Umständen, dachte ich, ist es nicht nützlich, wenn ich weiter vorpresche, es hätte Seine Majestät sogar auf

585 Gyula Andrássy an Ida Ferenczy, o. O. (wahrscheinlich Tőketerebes), 24. September o. J. (wahrscheinlich 1869). In: Andrássy. Ung.

586 Ebd. Wien, 28. August o. J. (wahrscheinlich 1869).

587 Ebd. o. O. (wahrscheinlich Tőketerebes), 24. September o. J. (wahrscheinlich 1869).

588 Kaiserin Elisabeth an ihre Mutter, Schönbrunn, 1. Mai. 1866. Abschrift. Zit. nach Corti 1935. S. 146.

589 Gyula Andrássy an Ida Ferenczy, o. O. o. D. (ca. Herbst 1869). In: Andrássy. Anm.: Brigitte Hamann ordnet diesen Brief dem geplanten Besuch im Jahre 1866 zu (Hamann 1982. S. 231.), was jedoch aufgrund des Gesamtinhaltes des Briefes unmöglich ist. Der Brief enthält Hinweise dafür, dass Andrássy zur Entstehungszeit des Briefes ungarischer Ministerpräsident war und das Kaiserpaar schon das Gödöllőer Schloss bezogen hatte. Ein weiterer Brief von Andrássy zum gleichen Thema wurde nach Rom adressiert, wo Elisabeth sich anlässlich der Niederkunft ihrer Schwester Marie aufhielt (In: Andrássy).

die Idee bringen können, dass ich extra darum gebeten wurde und ich nicht meine eigene Überzeugung vorbringe.«[590]

Füred suchte Elisabeth nie auf, ließ sich dafür aber 1887 Herkulesbad (heute in Rumänien, rumän. Băile Herculane, ung. Herkulesfürdő) und 1895 in Bad Bartfeld (heute in der Slowakei, slowak. Bardejovské Kúpele, ung. Bártfafürdő) sechs beziehungsweise drei Wochen lang behandeln. Die Aufenthalte liefen genauso ab, wie außerhalb Ungarns, die Kaiserin unterzog sich den von den Ärzten angeordneten Kuranwendungen und machte ausgedehnte Erkundungstouren in der Gegend. Trotz des üblichen Inkognitos wusste jeder, wer vor Ort war und »Einzelne Neugierige sind so indiscret, sich stets an der Stelle aufzuhalten, welche die Kaiserin nothwendig passiren muß«.[591]

Das Trinkglas der Kaiserin, aus dem sie das Quellwasser trank, wurde von den dankbaren Bewohnern Bartfelds in einen Gedenkstein eingeschlossen, damit es jeder bewundern konnte.

Von der Kur in Herkulesbad berichtete sie ihrer Mutter in langen Briefen: »Hier hatten wir jetzt sehr heisse Tage, ich konnte schon im Freien schwimmen, die Schwimmschule ist gross, luftig und da die Herkuleischsquelle durchfliesst, hat das Wasser immer zwischen 20 und 22 Grad. Sarolta [Majláth, Hofdame, Anm.] und ich genossen es sehr. Ich liess mich auch dort kämmen und schreibe dabei […] Mondschein, der in diesem Thal ganz unbeschreiblich schön ist. Auch den hohen Domokled haben wir schon bestiegen, fast bis hinauf geht man unter riesenhohen Buchwäldern, erst oben beginnen Wiesen mit Felsen. Die Aussicht ist herrlich, endlose Höhen mit den schönsten Waldungen, in der Ferne schneebedeckte Berge, die Donau, ein grosses Stück Rumänien

590 Gyula Andrássy an Ida Ferenczy, Buda, o. D. (ca. Anfang 1870). In: Andrássy. Ung.

591 *Pr* 6. Mai 1887. S. 9.

Elisabeth in Begleitung ihres Griechischlehrers vor dem Hotel Deák in Bad Bartfeld.

und ein Stirbetz, der grösste vielleicht auch einzige Berg von Serbien. Gegen Abend trinke ich dann immer Milch bei den Schafherden, deren es hier auf allen Bergriesen gibt. Die Hirten picken vom Schmutz, die Schafe desgleichen und da reibt der Lakai ihnen Hände und Euter so gut es geht, das Tuch wird gleich dunkelgelb, die Hirten schmunzeln über diese Faxen, zum Glück sind sie jung und hübsch und die Milch gut und so nehme ich den Schmutz mit in den Kauf. Gestern Nachmittag brachen furchtbare Gewitter los von allen Seiten, dazu Wolkenbruch mit Hagel, wir eilten den Berg herab in lauter Giessbächen und kamen wie aus dem Wasser gezogen nach Haus. Heute sind alle Bergspitzen in Nebel gehüllt, die Luft angenehm abgekühlt. Hoffentlich werden die Schlangen sich auch wieder etwas zurückziehen, sie waren die letzten Tage schon recht unheimlich. Vorgestern konnte ich lange nicht weitergehen, da eine starke giftige Viper neben dem schmalen Fussweg sich possiert hatte und sich manchmal bäumte wie ein Pferd, ihr breiter grosser Kopf sah dabei so unbehaglich aus. Endlich rannte ich vorbei was ich konnte […] Eine ganz grosse Gattung lebendig (nicht giftig) schickte ich neulich an Ida zu ihrem grossen Entsetzen, ich wollte sie eigentlich Valerie für den Jainzenberg senden, doch da sie nach mir schnappte vergieng mir den Muth dazu […]«[592]

[592] Kaiserin Elisabeth an ihre Mutter, Mehadia, 9. Mai 1887. In: Nl Corti. Abschrift.

Die Kronenkapelle bei Orschowa (heute Rumänien), damals an der Grenze zum Osmanischen Reich. Hier, auf Niemandsland, vergrub Bertalan Szemere am 23. August 1849 die ungarischen Krönungsinsignien auf der Flucht vor dem kaiserlichen Heer nach der Niederschlagung der Revolution und des Freiheitskampfes. Erst fünf Jahre später, am 8. September 1853, fand man die Krone wieder und brachte sie zurück nach Budapest. An der Fundstelle ließ man eine Kapelle zu Ehren der Jungfrau Maria, Schutzpatronin der Ungarn, errichten. Wegen der unmittelbaren zeitlichen Nähe zur Verlobung des Kaiserpaares wurde das Auffinden der Krone nachträglich als Zeichen gedeutet und mit Kaiserin Elisabeth als Wohltäterin Ungarns in Zusammenhang gebracht. Auf ihrer Reise nach Herkulesbad hielt Kaiserin Elisabeth hier und betete in der Kapelle. Kurz danach begannen die Begradigungsarbeiten an der Donau, sodass die Kronenkapelle den Fluten zum Opfer fiel.

Das letzte Mal in Ungarn

Der letzte offizielle Auftritt Elisabeths in Ungarn fand 1896 anlässlich der Millenniumsfeierlichkeiten statt. Der ungarische Staat feierte zwischen dem 2. Mai und dem 31. Oktober landesweit mit offiziellen Festlichkeiten und einer Ausstellungsreihe in Budapest das 1000-jährige Jubiläum der Landnahme.

Zur Eröffnung erwartete man zahlreiche Gäste und natürlich das Herrscherpaar, obwohl man sich überhaupt nicht sicher war, ob Elisabeth wirklich erscheinen würde. »In dem nämlichen Maße aber wie die Kaiserin mit liebevollem Interesse das Fest der ungarischen Nation begrüßte und bestrebt war, ihren begeisterten Eifer dafür so weithin als möglich zu betätigen, ebenso sehr schrak sie vor der persönlichen Mitwirkung daran zurück. Das Bewußtsein, an diesem geräuschvollen, weit über die Grenzen des Landes hinaus wirkenden Feierlichkeiten teilnehmen zu müssen, drückte sie zu Boden.«[593] Elisabeth überwand sich und nahm an der Eröffnung teil, zog sich aber sofort nach den Reden zurück. Die ungarische Presse wusste die Ehre zu würdigen: »Und den stummen Wunsch verstand dieses edle, kranke, große Herz, es bezwang sein Schaudern vor der Masse und kam, um mit uns zu feiern.«[594] Das Ereignis rief in der Kaiserin Erinnerungen wach: »Die gestrige Eröffnungsfeier war sehr traurig. Wieder so prachtvoll und feierlich aufzutreten, die letzte ähnliche Feier war mit Nazi [Kronprinz Rudolf, Anm.] beim Maria Theresia Monument. Alles erinnerte mich an diesen Tag, Gesang, Hymnen, genauso war es.«[595]

Ein paar Tage später wohnte die Kaiserin der Hofsoiree ebenfalls bei, sie ließ sich die etwa 60 hoffähigen Damen vorstellen, die ihr bisher nicht vorgestellt wurden, zog sich aber noch vor dem Tee zurück.[596] Wie immer, seit dem Tod ihres Sohnes, war sie in Schwarz gekleidet, in ungarischem Prunkgewand. Mehrmals war sie in der Ausstellung, die im Stadtwald in vielen thematischen Gebäudegruppen aufgebaut wurde, sah sich verschiedene Bereiche an, kaufte etliche Gegenstände für ihre ungarische Meierei in Schönbrunn ein.[597] »Während des Besuchs der Königin wurde das Publikum von der Halle fern-

---

593 Sztáray 1909. S. 130–131.

594 *BmK* 15. September 1898. S. 1. Ung.

595 Kaiserin Elisabeth an Marie Valerie, Ofen, 3. Mai 1896. In: Nl Corti. Abschrift.

596 *FL* 6. Mai 1896. S. 5–6.

597 Kőváry 1999. S. 92.

Das Kaiserpaar auf der Eröffnungsfeier der Millenniumsfeierlichkeiten in Budapest, 1896.

gehalten.«[598] Zwischen den Besichtigungen speiste die Kaiserin mit ihren Begleitern in einem der Restaurants auf dem Ausstellungsgelände.

1896 suchte Elisabeth Budapest wegen der Millenniumsfeierlichkeiten dreimal auf. Im Mai kam sie, wie schon erwähnt, wegen der Eröffnung, im Juni wohnte sie der Überführung der Krönungsinsignien zur öffentlichen Ausstellung bei. Diesen Besuch empfand sie – wahrscheinlich weil es ein formeller Anlass war – besonders lästig: »Gottlob, dass die Ofner-Hetz schon beendigt, zwar ist Alles dort sehr schön und bin auch überzeugt, dass Sie sich famos unterhalten hätten«,[599] schrieb sie an ihre Tochter. Im Oktober befanden sich in der Gesellschaft der Kaiserin ihre Tochter Gisela und deren Mann samt Begleitung sowie Ida Ferenczy und Marie Festetics. Die kleine Gruppe war

598 *VU* 10. Mai 1896. S. 307. Ung.

599 Kaiserin Elisabeth an Marie Valerie, Villa Hermes, 12. Juni 1896. In: Nl Corti. Abschrift.

Kaiserin Elisabeth in ihrem schwarzen ungarischen Kleid, das sie anlässlich der Eröffnung der Millenniumsfeierlichkeiten trug.

Das Hotel auf dem Schwabenberg in Buda. Hier hörte Elisabeth ungarische Zigeunermusik mit ihrer Gesellschaft.

mehrere Male in der Ausstellung. Das Inkognito zu wahren, gelang ihnen aber nicht. »Wegen des indiskreten Publikums« bestellte die Kaiserin den Zigeunerprimas Béla Radics in ein Hotel auf dem Schwabenberg in Buda, um mit ihrer Gesellschaft ungarische Musik zu hören.[600]

Das allerletzte Mal kam die Kaiserin im Oktober 1897 privat nach Budapest. Ihre Ankunft wurde mit der gleichen Begeisterung wie immer begrüßt. »Ihr Gesicht war nicht verschleiert und deshalb konnte jeder sehen, wie ausgezeichnet sie aussah«,[601] stellte man beruhigt fest. Franz Joseph kam zwei Wochen vor seiner Frau an und sie verbrachten hier den ganzen Oktober. Elisabeth lud sogar Katharina Schratt, die Freundin ihres Gatten, nach Budapest ein und gab ihrem Mann damit die Gelegenheit, sich mit dieser zu treffen. Die Kaiserin selbst verlebte mit ihr ebenfalls eine schöne Zeit: »Leider ist der Besuch der Freundin [Katharina Schratt, Anm.] durch den Regen verdorben, so konnte ich mit ihr die beabsichtigten Ausflüge in die Ofner-Berge nicht machen, ansonsten ist ihr kurzes Hiersein sehr gut gelungen. Ersten Tag Jause, bis 7 Uhr blieben wir beisammen und dann ging sie in's Theater, nächsten Tag um 3 Uhr Mittagessen, danach bis nach 6 Uhr Plausch, Zimmerspaziergang und Besichtigung. Poka hat sich sehr gut unterhalten und war auch gut ge-

600 *BH* 15. Oktober 1896. S. 6. Ung.

601 Ebd. 2. Oktober 1897. S. 5. Ung.

launt. Spaziergang am Jánoshegy [Johannesberg, Anm.], dann mit Poka und öfters mit ihr und Barker, Spaziergang im oberen Salon.«[602]

Genau wie im Jahr vorher hielt sich die Tochter des Kaiserpaares, Gisela, ebenfalls in der Stadt auf und sie speisten zusammen im Königspavillon von Gerbeaud im Stadtwäldchen. Die Hofdame Baronin Limpöck, Hofmarschall Baron Perfall, Ida Ferenczy sowie Marie Festetics gehörten noch zur Tischgesellschaft, die sich erst viereinhalb Stunden später auflöste. Der Zigeunerprimas Munczi spielte mit seiner Gruppe auf und erfüllte die musikalischen Wünsche der Kaiserin und der Herzogin Gisela. »Sogar Sekt ließ die Königin den Zigeuner geben.«[603] An dieses idyllische Bild von der gut gelaunten, zufriedenen Landesmutter, die bei ihren geliebten Ungarn Ruhe fand, wurde ein Jahr später, nach der Ermordung Elisabeths, häufig erinnert.

Kaiserin Elisabeth und Kaiser Franz Josephs Ankunft am Bahnhof in Budapest. Fotomontage.

[602] Kaiserin Elisabeth an Marie Valerie, Ofen, 25. Oktober 1897. In: Nl Corti. Abschrift. Anm.: »Poka« war der Spitzname für Kaiser Franz Joseph. Frederic Barker war Elisabeths Griechischlehrer.

[603] *BH* 9. Oktober 1897. S. 5. Ung.

Kaiserin Elisabeth bei ihrem letzten Besuch in Ungarn. Das Gemälde verewigt den Moment des Aufbruchs der Gesellschaft vom Mittagessen im Königspavillon von Gerbeaud. In der Mitte ist Elisabeth mit ihrer Tochter Gisela zu sehen, hinter ihnen Ida Ferenczy, Baronin Limpöck, Marie Festetics und Baron Perfall. Nach der Fotografie des Gemäldes von Lajos Márk.

Der Königspavillon von Gerbeaud im Stadtwäldchen von Budapest.

Kaiserin Elisabeth mit ihrer Hofdame Irma Sztáray in Genf wenige Tage vor ihrer Ermordung.

Wie allgemein bekannt, wurde die Kaiserin am 10. September 1898 in Genf von dem italienischen Anarchisten Luigi Lucheni mit einer spitzen Feile ins Herz gestochen und sie verstarb eine Stunde später. Elisabeth lief in Begleitung ihrer Hofdame Irma Sztáray zu Fuß zur Schiffsanlegestelle, als Lucheni sich ihnen in den Weg stellte, ein Straucheln vortäuschte und plötzlich mit einer Faust gegen die Kaiserin hob, sodass diese hinfiel.[604]

Nachdem Passanten und die Gräfin ihr aufgeholfen hatten, fragte sie ihre Begleitung: »Was wollte eigentlich dieser Mensch?« – »Der Portier?« – »Nicht der Portier, sondern der Andere, dieser entsetzliche Mensch?« – »Das weiss ich wirklich nicht Majestät, nur das weiss ich, dass es ein grässliches Geschöpf ist, welches so etwas tun konnte. Geschah nichts Ihrer Majestät?« – »Nein, nichts!«[605] Die Frauen gingen weiter zur Anlegestelle, der Hofdame fiel aber auf, dass ihre Herrin gar nicht gut aussah: »Und bin ich jetzt sehr blass?« – »Ja Majestät, sehr, Sie müssten sich sehr erschreckt haben! Doch sagen Sie Majestät, tut Ihnen wirklich nichts weh? Geschah Ihnen wirklich kein Leid?« – »Ich

604 Sztáray 1909. S. 242.

605 Aus dem Bericht der Gräfin Irma Sztáray. In: Nl Corti. Abschrift.

Eine zeitgenössische Darstellung der Attacke Luchenis. Der Realität entspricht sie wohl nicht, denn weder die Hofdame noch die Kaiserin sahen die spitze Feile, mit der Elisabeth angegriffen wurde. Außerdem rempelte der Anarchist sie an.

glaube die Brust schmerzt mich, doch bin ich darin nicht sicher!«[606] Der Anarchist traf die Kaiserin direkt ins Herz, wegen der engen Schnürung ihres Kleides füllte sich der Herzbeutel jedoch nur langsam mit Blut. Erst als sie auf dem Schiff war, brach Elisabeth zusammen. Sofort ließ Gräfin Sztáray das Schiff zur Anlegestelle zurückkehren und auf einer Tragebahre wurde die Kaiserin in ihr Hotel gebracht, in welchem die Gruppe bereits von einem Arzt erwartet wurde. »Um 2 Uhr 40 Minuten sprach der Arzt das furchtbare Wort aus. Die schönste, edelste Seele, die am schwersten geprüfte von allen, hatte die Erde verlassen und ihr Entschwinden bezeichnete man mit dem einzigen kurzen Worte: Tot!«[607]

Aus ungarischer Sicht war dieser Mord an der Ehefrau des Kaisers vielleicht das grausamste Opfer, das Franz Joseph für die Hinrichtung der Generäle von 1848 zahlen musste. Der Kaiser nahm das Ableben seiner Gattin mit der gleichen Ruhe zur Kenntnis wie die anderen Tragödien in seinem Leben – eine Konsequenz seiner Erziehung und seiner Persönlichkeit. In der Öffentlichkeit war zwar die Bestürzung über die Art und Weise ihres Todes groß, dennoch: »Es wurden ihr nur sehr wenige Tränen nachgeweint.«[608] Warum auch sollte man ihr nachtrauern? Elisabeth zog sich bereits lange vor dem Selbstmord ihres Sohnes 1889 aus der Öffentlichkeit zurück. Zuerst entzog sie sich ihren Pflichten, indem sie viel Zeit auf Parforcejagden in England und Irland verbrachte und wenn sie endlich in der Monarchie verweilte, hielt sie sich weitgehend fern von Wien und dem Hof. Nachdem sie ihre Reitleidenschaft hatte aufgeben müssen, unternahm sie ausgedehnte Fußmärsche, sodass kaum jemand mit ihr Schritt halten konnte. Die traditionellen Aufgaben einer Kaiserin wie Hofbälle, Audienzen, Empfänge, Besuche in verschiedenen wohltätigen Einrichtungen nahm sie nur ausnahmsweise wahr.

Die Ungarn hielten ihr trotz allem die Treue und 19 Tage nach Elisabeths Tod, am 29. September 1898 verabschiedete der ungarische Reichstag – das erste und einzige Mal in seiner Geschichte – das Gesetz von »dem gesegneten Gedenken des wohltätigen Genius des Landes als Zeichen unserer nie endenden Dankbarkeit und Pietät,«[609] »damit der Mythos der allerhöchsten Königin, die Legende des ungarischen Volkes zum Teil unserer Geschichte

606 Ebd.

607 Sztáray 1909. S. 253.

608 Kielmansegg 1966. S. 106.

609 Zit. nach Márki 1899. S. 138 Ung.

Das ehemalige Königin-Elisabeth-Gedenkmuseum in der Ofener Burg.

wird und auf unsere Nachkommen übertragen wird«.[610] Im gleichen Gesetz beschloss man, der Kaiserin ein würdiges Denkmal zu setzen, für welches Geld gesammelt werden sollte. Auch ansonsten schuf man zahlreiche Erinnerungen an sie: Parkanlagen wurden angelegt, Bäume in ihrem Namen gepflanzt, fast jede Ortschaft hatte plötzlich eine Straße oder einen Platz nach ihr benannt. Interessanterweise überlebten diese Bezeichnungen die Auflösung der Monarchie, die beiden Weltkriege und sogar den Sozialismus. Die nach Kaiser Franz Joseph benannten öffentlichen Plätze wurden nach dem Ersten Weltkrieg sehr schnell umgetauft. Ebenfalls dem Gedenken der geliebten Königin wurde die Kirche zur ewigen Anbetung in Budapest aus Spenden der Bevölkerung erbaut. Unzählige Statuen wurden ihr zu Ehren errichtet. Besonders große Popularität erreichte das Königin-Elisabeth-Gedenkmuseum, das 1908 in drei Sälen der Königsburg zu Buda eingerichtet

610 Márki 1899. S. 1–2 Ung.

wurde. Bereits im Jahr der Eröffnung besuchten es über 100 000 Menschen. Im Zweiten Weltkrieg wurde die Burg und die Ausstellung schwer beschädigt, sodass sie geschlossen werden musste. Seit dem Fall des Eisernen Vorhanges erhielt der Elisabeth-Kult einen neuen Auftrieb in Ungarn: Das Lustschloss Gödöllő wurde der Öffentlichkeit als Museum zugängig gemacht (während des Sozialismus fungierte es als Lazarett, dann Altenheim) und dient als Pilgerstätte für Elisabeth-Fans.

Der Kult ist ungebrochen groß, die Anzahl der Monografien, Zeitungsartikel sowie multimedialen Veröffentlichungen ist inzwischen beinah unübersichtlich und auch aktuell entstehen immer wieder neue Publikationen verschiedenster Art. Für die Faszination hat jeder Anhänger eine andere Erklärung. Einen gemeinsamen Nenner könnte man vielleicht in den vielen Widersprüchen, die Elisabeths Leben begleiteten, sehen: Ihre privilegierte gesellschaftliche Stellung schützte sie nicht vor persönlichen Tragödien. Als introvertierte Persönlichkeit musste sie ein öffentliches Privatleben führen, was sie nur sehr schwer ertrug und mit der Zeit auch nicht mehr tolerierte. Trotz ihrer Schönheit und ihres hohen Ranges war sie unglücklich und konnte sich mit der ihr zugedachten Rolle nicht abfinden. Diesen widersprüchlichen Charakter erkannte auch die Hofdame Festetics und beschrieb ihn sehr bildhaft:

»Die Kaiserin ist lieb und gut, aber Sie macht sich alles zur Qual. Was für andere Quelle reiner Freude ist, wird bei Ihr zur Quell der Unbehaglichkeit. Sie kömmt mir vor wie ein Kind aus der Feenwelt! Jede gute Fee legte Ihr eine schöne Gabe in Ihre Wiege: Schönheit, Lieblichkeit, Anmuth, Vornehmheit, Einfachheit, Güte, Edelmuth, Geist, Witz, Schalkhaftigkeit, Scharfsinn, Klugheit. Und da kam die böse Fee und sagte: ›Alles hat man Dir gegeben, alles. Ich will aber diese Eigenschaften gegen Dich selbst kehren und keine Freude soll Dir daraus erblühen. Ich gebe Dir nichts, nehme Dir aber ein hohes Gut, das wenig beachtet ist, aber so nöthig ist, um das Gleichgewicht der Seele zu erhalten, um in Harmonie des Herzens glücklich zu sein und Friede dem Gemüt zu geben. Ich nehme Dir, was unbewußt der Mensch in sich trägt. Ich nehme Dir ›das Maßhalten‹ für Dein Thun, Treiben, Denken und Empfinden. Und so wird wenig Dir zur Freude werden, denn alles kehrt sich gegen Dich. Selbst Deine Schönheit wird Dir Leid nur schaffen, und Dein hoher Geist wird eindringen, so weit, bis er Dich auf Irrwege bringt. Du wirst die Menschheit unterschätzen, Du wirst den Glauben an Güte und Liebe und das Vertraun auf die Besten verlieren. Du wirst gerade dort geben, wo Du dann endlich wieder mißbraucht, mit Wiederwillen den Schlag an Bitterkeit noch vermehrst und Deine Seele damit erfüllst, bis Du deinen Frieden nicht mehr finden kannst.‹«[611]

Außerdem umgab Elisabeth immer etwas Geheimnisvolles: »Sie ist ein Buch für mich, auf jeder Seite steht ein Räthsel. Die Lösung findet sich immer und in irgend einer Falle, die man oft lange nicht entdeckt!!«[612]

611 Marie Festetics, Gödöllő, 14. September 1879. In: Walterskirchen / Meyer 2014. S. 148–149.

612 Ebd. Wien, 21. April 1873. S. 127.

NACHWORT

Ziel dieser Arbeit war es, die wichtigsten Berührungspunkte zwischen der legendären Kaiserin und der Ungarn aufzuzeigen und einige Mythen auszuräumen. Wie man sieht, war Elisabeths Weg zu den Ungarn überhaupt nicht so einfach wie es in der gängigen Literatur dargestellt wird. Das Grundproblem liegt wahrscheinlich in der Perspektive der Wahrnehmung: Wir, die Nachwelt, betrachten die Ereignisse aus der Gegenwart und vergessen oft, dass die handelnden Personen den Ausgang der Ereignisse nicht voraussehen konnten. Ferner kannten sie zum Zeitpunkt ihres Handelns auch nicht alle Fakten, wie wir es heutzutage in irgendwelchen Quellen nachlesen können.

Dass die Kaiserin tatsächlich mit den Ungarn sympathisierte, lässt sich erst seit der Anstellung der Ida Ferenczy im November 1864 nachweisen, also erst über zehn Jahre nach ihrer Eheschließung mit dem Kaiser. Von ungarischer Seite dauerte es noch länger, bis man Vertrauen zu ihr fasste. Erst 1866, mitten im Österreichisch-Preußischen Krieg, wurde es den Landesbewohnern bewusst, dass Elisabeth ihre Parteinahme ernst meinte. Dennoch hatten noch viele Menschen Zweifel. An eine Ausweitung des Wahlrechts war nicht einmal zu denken, denn dann hätten die Ausgleichsgegner die Mehrheit im ungarischen Parlament gehabt. Ob der Ausgleich oder die Krönung wirklich der Kaiserin zu verdanken war, scheint keine Rolle mehr gespielt zu haben. Es reichte zu wissen, dass sie sich um die Ungarn und deren Interessen bemühte. Außerdem war die Beziehung zwischen Franz Joseph und seinen ungarischen Untertanen schwer vorbelastet, sodass es einem Einwohner von Transleithanien wesentlich einfacher fiel, an einer gütigen, Frieden bringenden Landesmutter zu glauben als an eine Kehrtwende des Kaisers. Dass man nur hinter vorgehaltener Hand über die Einflussnahme Elisabeths sprechen durfte, befeuerte die Gerüchte. Interessanterweise sind und waren es ausgerechnet die ungarischen Historiker, die ihre Bedeutung beim Ausgleich infrage stellen.

Tatsache ist, dass die Kaiserin seit ihrer Hinwendung gern und relativ viel Zeit in Ungarn und unter den Ungarn verbrachte. Was waren ihre Beweggründe dafür? Der Glaube, dass Elisabeth den Ausgleich und die Krönung herbeiführte, trug dazu wesentlich bei, dass man sie besonders respektvoll und sehr freundlich im Land behandelte. Man war stolz darauf, eine so hohe Unterstützerin zu haben. In Wien musste sich die Kaiserin ihren Kritikern stellen, was freilich nicht besonders angenehm war. Ihren offiziellen Aufgaben nachzukommen, fiel ihr oft schwer. Ebenso wenig kam sie mit der ständigen Beobachtung zurecht, die ihre Position mit sich brachte. All dem konnte Elisabeth in Ungarn entkommen und brauchte dafür nicht einmal weit weg zu reisen. Vor allem in Gödöllő war sie in erster Linie eine Privatperson und konnte tun, was sie wollte. Dennoch: Ungarn kannte Elisabeth eigentlich nicht, nur Gödöllő und Budapest. Von Österreich sah sie in ihrem Leben mehr als von der östlichen Reichshälfte. Sie war regelmäßiger Gast in Ischl, jagte in Pardubitz, wanderte viel im Salzkammergut und war mehrmals im heutigen Südtirol. Ihre langen Seereisen begannen und endeten meistens in Triest, in der direkten Nachbarschaft zum Schloss Miramar, in dem sie dann Zeit verbrachte. Von Ungarn kannte die Kaiserin lediglich Budapest und Gödöllő gut. Außerdem hielt sie sich einmal in Herkulesbad sowie in Bartfeld auf. Warum wollte Elisabeth, die angeblich so begeistert von Ungarn war, nicht mehr von diesem geliebten Land sehen? Eine Reise im Land hätte Repräsentation mit all den lästigen Aufgaben bedeutet, wovor die Kaiserin ja geflohen war.

In der Umgebung der Kaiserin befanden sich ab Ende der 1860er-Jahre immer mehr Ungarn. Zu diesem Zeitpunkt wurden die Mitglieder des Hofstaates angestellt, die dann zu ihren engsten Vertrauten zählten: Ida Ferenczy, Marie Festetics und Ferenc Nopcsa. Zweifelsohne war die Beziehung zu der Vorleserin Ferenczy am intimsten. Gyula Andrássy und Rudolf Liechtenstein gehörten ebenfalls zum engsten Kreis. Mit dem Erwerb des Schlosses Gödöllő erweiterte sich Elisabeths ungarischer Freundeskreis: Auf ihre Einladung kamen jagdbegeisterte Aristokraten. In den 1870 / 80er-Jahren waren es zeitweise täglich 15 bis 50 Menschen. Nachdem die Kaiserin ihre Reitleidenschaft aufgab, wurde es in dem Lustschloss auch ruhig, seit dem Selbstmord Rudolfs geradezu still. Neue Freunde kamen nicht mehr hinzu, nur die eine oder andere Hofdame und die jeweiligen Griechischlehrer. Der Bevölkerung zeigte sich Elisabeth genauso wenig und ungern wie anderswo, nur zufällig kamen einige wenige in den Genuss, sie zu Gesicht zu bekommen. Institute und Anstalten besuchte sie häufig unangemeldet, sodass keine große Menschenmenge erscheinen konnte. Falls sie Ausstellungen besichtigen wollte, wurden diese während ihres Aufenthaltes geschlossen.

Von den vielen Quellen und Informationen musste einiges zwangsweise weggelassen werden, um das Buch überhaupt abschließen zu können. So finden sich in den Quellen noch zahlreiche interessante Details zu den Ungarnreisen im Jahr 1857 beziehungsweise 1866. Ebenfalls viel mehr könnte man von der Jagdgesellschaft und den Aufenthalten in Gödöllő berichten. Die beiden Kuraufenthalte in Herkulesbad und Bartfeld sind in der zeitgenössischen Presse und in den Briefen der Hofdamen auch gut dokumentiert.

Obwohl Gyula Andrássy und Ida Ferenczy je ein eigenes Kapitel gewidmet wurde, stehen noch wesentlich mehr Informationen über ihre Beziehung zu Elisabeth zur Verfügung. Wegen der Thematik kam Jácint Rónay, der Erzieher der Erzherzogin Marie Valerie, nur sehr wenig zu Wort. Zu ihm existieren ebenfalls umfangreiche Materialien. Einige Beziehungen (Ferenc Nopcsa, László Szapáry, Mária Sennyey, Katalin Andrássy, Ágnes Eötvös, Sarolta Majláth usw.) konnten bisher nicht mit der nötigen Sorgfalt erforscht werden. Vielleicht in einem anderen Buch …

ABKÜRZUNGEN

Ab	Abendblatt
Andrássy	Archiv der Familie Andrássy im Landesarchiv des Ungarischen Staatsarchivs
BH	Budapesti Hirlap (Periodika)
BK	Budapesti Közlöny (Periodika)
BLKÖ	Biographisches Lexikon des Kaiserthums Oesterreichs
BmK	Békésmegyei Közlöny (Periodika)
BStBM	Bayerische Staatsbibliothek München
CsK	Családi Kör (Periodika)
De	Die Debatte und Wiener Lloyd (Periodika)
ebd.	ebenda
Falk	Max Falks Aufzeichnungen über die Ungarischstudien der Königin Elisabeth in der Ungarischen Nationalbibliothek, Handschriftensammlung
Falk Bf	Max Falks Korrespondenz in der Ungarischen Nationalbibliothek, Handschriftensammlung
FB	Fremden-Blatt (Periodika)
FL	Fővárosi Lapok (Periodika)
Folliot-Crenneville	Nachlass des Grafen Franz Folliot de Crenneville in dem Österreichischen Staatsarchiv, Haus-, Hof- und Staatsarchiv
HKK	Bibliothek des Helikon Schlossmuseum Keszthely
ICL	Ischler Cur-Liste (Periodika)
KZtg	Klagenfurter Zeitung (Periodika)
Mb	Morgenblatt
MNL OL	Magyar Nemzeti Levéltár Országos Levéltára zu Budapest / Staatsarchiv des Ungarischen Nationalarchivs (Budapest)
MP	Morgen-Post (Periodika)
MU	Magyar Újság (Periodika)
MV	Magyar Világ (Periodika)
MZ	Militär-Zeitung (Periodika)

NFP	Neue Freie Presse (Periodika)
Nl Corti	Nachlass von Egon Caesar Conte Corti im Österreichischen Staatsarchiv, Haus-, Hof- und Staatsarchiv
Nl Sexau	Nachlass Sexau in der Bayerischen Staatsbibliothek München
NWA	Neues Wiener Abendblatt (Periodika)
NZA	Neuere Zeremonialakte im Österreichischen Staatsarchiv, Haus-, Hof- und Staatsarchiv
o. D.	ohne Datum
o. J.	ohne Jahr
o. O.	ohne Ort
ÖBL	Österreichisches Biographisches Lexikon
ÖBLK	Österreichische Blätter für Literatur und Kunst (Periodika)
ÖstA HHStA	Österreichisches Staatsarchiv (Wien), Haus-, Hof- und Staatsarchiv
OszK Kt	Országos Széchényi Könyvtár Budapest, Kézirattár / Ungarische Nationalbibliothek zu Budapest, Handschriftensammlung
PEIL	Protestáns egyházi és iskolai lap (Periodika)
PL	Pester Lloyd (Periodika)
PN	Pesti Napló (Periodika)
Pr	Die Presse (Periodika)
Sür	Sürgöny (Periodika)
TMF	Tagebücher der Gräfin Marie Festetics in der Ungarischen Nationalbibliothek, Handschriftensammlung
TV	Tolnai Világlapja (Periodika)
ung.	im Original ungarisch
Vl	Das Vaterland (Periodika)
VU	Vasárnapi Ujság (Periodika)
VVL	Vadász- és Versenylap (Periodika)
WZ	Wiener Zeitung (Periodika)

QUELLEN UND LITERATUR

Die häufig benutzten handschriftlichen Quellen wurden in den Fußnoten in Abkürzungen zitiert (Angabe in Klammern beziehungsweise im Abkürzungsverzeichnis).

Handschriftliche Quellen

Bayerische Staatsbibliothek München

- Briefe von Herzogin Louise in Bayern. In: Nachlass Sexau. (Nl Sexau)

Bibliothek des Helikon Schlossmuseums Keszthely (HKK)

- Tagebuch der Gräfin Marie Festetics 2. Juni 1917 – 10. April 1918.

Magyar Nemzeti Levéltár; Országos Levéltár, Budapest [Staatsarchiv des Ungarischen Nationalarchivs zu Budapest] (MNL OL)

- Archiv der Familie Andrássy (Andrássy)

Országos Széchényi Könyvtár Budapest, Kézirattár [Ungarische Nationalbibliothek zu Budapest, Handschriftensammlung] (OSzK Kt)

- Falk Miksa jegyzetei Erzsébet királyné magyar tanításához [Max Falks Aufzeichnungen über die Ungarischstunden der Königin Elisabeth (1866–1867)]. (Falk)
- Ida Ferenczys Briefe an Max Falk. (Falk Bf)
- Tagebücher der Gräfin Marie Festetics. 1871–1884; 1904–1906. (TMF)

Österreichisches Staatsarchiv, Wien, Haus-, Hof- und Staatsarchiv (ÖStA HHStA)

- Materialien zu »Elisabeth, eine seltsame Frau«. In: Nachlass Corti. (Nl Corti)
- Neuere Zeremonialakte. (NZA)
- Liste für den ersten Hofball in Ofen. Samstag, den 3. Februar 1866. Archiv Folliot-Crenneville. (Folliot-Crenneville)

Wiener Stadt- und Landesarchiv

- Meldezettel Ida Ferenczy.

Gedruckte Quellen

Áldor, Imre: A hét története. In: Magyarország és a nagy világ. 22. Juli 1866. S. 462-463.

Áangyán, János / Buzinkay, Géza (Hrsg.): Balassa János és Kajdacsy István levelezése Erzsébet királynénak és gyermekének gödöllői tartózkodása ügyében. In: Orvostörténeti közlemények. Budapest 1971 / 62-63. S. 196-201.

Berzeviczy, Albert: Régi emlékek. 1853–1870. Budapest 1907.

Cieger, András (Hrsg.): Levelek Az Andrássy-házból (1864–1869). Egy angol nevelőnő levelei. [Budapest] [2007].

Csengery, Lóránt (Hrsg.): Csengery Antal hátrahagyott iratai és feljegyzései. Budapest 1928.

Eötvös, Károly: Magyar udvari bálok. In: Vasárnapi Ujság, 11.01.1885. S. 29-30.

Falk, Max [Miksa]: Andrássy-Erinnerungen. In: Pester Lloyd, 30. Mai 1897. O. S.

Falk, Miksa [Max]: Erzsébet királynéról. Visszaemlékezések. Budapest o. J.

Falk, Miksa [Max]: Kor- és jellemrajzok. Budapest 1903.

Falk, Max [Miksa]: Rückerinnerungen. In: Pester Lloyd, 12. September 1898. O. S.

Falk, Max [Miksa]: Vom königlichen Paare. In: Pester Lloyd, 12.11.1893. O. S.

Falk, Miksa [Max] / Dux, Adolf: Koronázási emlékkönyv. 1867. Junius 8. Pest 1867.

Hajnik, Károly (Hrsg.): Az 1861. évi april 2. Pesten egybegyült országgyűlés képviselőházának naplója. Bd. 2. Pest 1861.

Hamann, Brigitte (Hrsg.): Kaiserin Elisabeth. Das poetische Tagebuch. (Fontes Rerum Austriacarum Österreichische Geschichtsquellen. Erste Abteilung, Scriptores Bd. 12). Wien 1987.

Hof- und Staatshandbuch der Oesterreichisch-Ungarischen Monarchie für das Jahr 1879. Wien [1878].

Hof- und Staatshandbuch der Österreichisch-Ungarischen Monarchie für 1896. Wien 1896.

Jókai, Mór: A királyi estélyen. In: Jókai, Mór: Életemből. Igaz történetek. Örök emlékek. Humor. Útleírás. Bd. I. Budapest 1898. S. 124-134. [Online-Version]: http://mek.oszk.hu/00800/00844/html/jokai24.htm [18.01.2016].

Kánya, Emília: Réges-régi időkről. Budapest 1998.

Károlyi, Katharina Gräfin: Aufbruch ohne Wiederkehr. Lebenserinnerungen einer ungewöhnlichen Frau. Oldenburg / Hamburg 1967.

Katona, Tamás (Hrsg.): Az aradi vértanúk. Budapest 2001. [Online-Version]: http://mek.oszk.hu/06100/06162/html/aradiv02837/aradiv02837.html [14.05.2015]. O. S.

Kertbeny, Karl Maria: Silhouetten und Reliquien. Persönliche Erinnerungen. Bd. 2. Prag 1863.

Kielmansegg, Erich: Kaiserhaus, Staatsmänner und Politiker. Aufzeichnungen des k. k. Statthalters Erich Graf Kielmansegg. Wien / München 1966.

Kónyi, Manó (Hrsg.): Deák Ferencz beszédei. Bd. 3-4. Budapest 1903.

Mailáth, Johann: Geschichte der Magyaren. Bd. 4-5. Regensburg 1853–1854.

Malfèr, Stefan (Hrsg.): Die Ministerratsprotokolle Österreichs und der Österreichisch-Ungarischen Monarchie, 1848–1918. Die Protokolle des Österreichischen

Ministerrates, 1848–1867. Das Ministerium Rechberg. 6. März 1860–16. Oktober 1860. Abt. 4. Bd. 2. Wien 2007.

Mikszáth, Kálmán: Enkelin Erzsi. In: Országos Hírlap. 1898. Szeptember 16. S. 1-3.

Nostitz-Rieneck, Georg von (Hrsg.): Briefe Kaiser Franz Josephs an Kaiserin Elisabeth 1859–1898. Bd. 1–2. Wien / München 1966.

Oltványi Ambrus (Hrsg.): Eötvös József művei. Levelek. Budapest 1976.

Pajkossy, Gábor (Hrsg.): Magyarország története a 19. században. Szöveggyűjtemény. Budapest 2003.

Podmaniczky, Frigyes: A királyi gyermek születése. In: Hazánk. 23. April 1868. O. S.

Przibram, Ludwig Ritter von: Erinnerungen eines alten Oesterreichers. Stuttgart / Leipzig 1910.

Schad, Martha und Horst (Hrsg.): Marie Valérie von Österreich. Das Tagebuch der Lieblingstochter von Kaiserin Elisabeth 1878–1899. München / Zürich 2005.

Schnürer, Franz (Hrsg.): Briefe Kaiser Franz Josephs I. an seine Mutter. 1838–1872. München 1930.

Sztáray, Irma Gräfin: Aus den letzten Tagen der Kaiserin Elisabeth. Wien 1909.

Thaly, Kálmán: A pozsonyi Toldy-kör. In: Századok 1898. S. 763-764.

Tolnayné Kiss Mária (Hrsg.): Egy udvarhölgy naplójából. Festetics Mária grófnő, udvarhölgy naplójának Budán és Gödöllőn papírra vetett részei. Gödöllő 2009.

Tolnayné Kiss Mária (Hrsg.): Kedves Idám! Erzsébet királyné, Ferenc József, Andrássy Gyula és Schratt Katalin levelei Ferenczy Idához. Budapest 1992.

Tolnayné, Kiss Mária (Hrsg.): »Sirály vagyok sehová se való …« Útközben Erzsébet királynéval. Budapest 1998.

Török; Sophie (Hrsg.): Jókai és Laborfalvi Róza. Hegedüsné Jókay Jolán emlékiratai. Budapest 1927.

Vay, Sándor [Sarolta]: Erzsébet királynéról. In: Vay, Sándor: Erzsébet királynéról és más krónikás följegyzések. Budapest [1910] (Vay Sándor munkái 8.) [Online-Version]: http://mek.oszk.hu/10300/10345/10345.htm [29.10.2015].

Vörösmarty, Mihály: Gedichte. Auswahl. In: Schätze der ungarischen Dichtkunst. Bd. 4. [Online-Version]: http://vmek.oszk.hu/01100/01124/01124.htm#7 [29.09.2015].

Waldstein-Treherne, Ágnes gróf: »Unsere Móky«. Báró Sennyey Pálné szül. Fiáth Mária bárónő. Magyarra fordította és az életrajzi adatokat összeállította: Gróf Sennyey Ferencné. 1846–1940. Budapest [1946].

Wallersee, Marie Louise von: Kaiserin Elisabeth und ich. Leipzig 1935.

Wallersee, Maria Freiin von: Meine Vergangenheit. Wahrheit über Kaiser Franz Josef, Schratt, Kaiserin Elisabeth, Kronprinz Rudolf, Vetschera. Berlin 1913.

Walterskirchen, Gudula (Hrsg.): »Der Franzi war ein wenig unartig«. Hofdamen der Habsburger erzählen. St. Pölten / Salzburg / Wien 2013.

Walterskirchen, Gudula / Meyer, Beatrix (Hrsg.): Das Tagebuch der Gräfin Marie Festetics – Kaiserin Elisabeths intimste Freundin. St. Pölten / Salzburg / Wien 2014.

Weissensteiner, Friedrich (Hrsg.): Lieber Rudolf. Briefe von Kaiser Franz Joseph und Elisabeth an ihren Sohn. Wien 1991.

Zombori, István (Hrsg.): Rónay Jáczint. Napló. Budapest 1996.

Periodika

Békésmegyei Közlöny *(BmK)* 1898.

Budapesti Hirlap (*BH*) 1853–1854; 1887; 1889–1890; 1893; 1896–1897.

Budapesti Közlöny *(BK)* 1868.

Családi Kör *(CsK)* 1866.

Das Vaterland (*Vl*) 1861.

Die Debatte und Wiener Lloyd (*De*) 1865–1866.

Die Presse (*Pr*) 1855; 1857; 1860–1861; 1863–1864; 1866; 1868; 1887.

Fővárosi Lapok *(FL)* 1865–1866; 1868–1870; 1872–1873; 1875; 1883–1884; 1894; 1896.

Fremden-Blatt *(FB)* 1864–1865; 1868.

Ischler Cur-Liste *(ICL)* 1870.

Klagenfurter Zeitung *(KZtg)* 1861.

Magyar Újság (*MU*) 1867.

Magyar Világ *(MV)* 1866.

Militär-Zeitung *(MZ)* 1860.

Morgen-Post *(MP)* 1885.

Neue Freue Presse *(NFP)* 1864; 1866; 1868; 1907.

Neues Wiener Abendblatt *(NWA)* 1908.

Österreichische Blätter für Literatur und Kunst *(ÖBLK)* 1855.

Pester Lloyd *(PL)* 1908.

Pesti Napló *(PN)* 1865–1867.

Protestáns egyházi és iskolai lap *(PEIL)* 1870.

Sürgöny *(Sür)* 1866.

Tolnai Világlapja *(TV)* 1939.

Vadász- és Versenylap *(VVL)* 1873; 1876.

Vasárnapi Ujság (*VU*) 1854; 1857; 1865–1868; 1876; 1889–1890; 1896.

Wiener Zeitung (*WZ*) 1854–1857; 1861; 1864.

Sekundärliteratur

A Pallas nagy lexikona. Budapest: Pallas 1893–1897. [Online-Version]. URL: http://mek.niif.hu/00000/00060/html/index.html [22.05.2019]

Amtmann, Karin: Elisabeth von Österreich. Die politischen Geschäfte der Kaiserin. Regensburg 1998.

Angyal, Dávid (Hrsg.): Falk Miksa és Kecskeméthy Aurél elkobzott levelezése. Budapest 1925.

Aumüller, Peter: Feldzeugmeister Benedek und die Schlacht bei Königgrätz. Anatomie einer Niederlage. In: Bundesheer 2004 / 3. Folge 276. [Online-Version]: http://www.bundesheer.at/truppendienst/ausgaben/artikel.php?id=223 [10.06.2017].

Balassa János. In: Palla, Ákos (Hrsg.): Communicationes ex bibliotheca historiae medicae hungarica. Supplementum No 2. Budapest 1964. S. 29–41.

Bellaagh, Aladár: Ferenc József Magyarországon. Ötven év előtt. Vasárnapi Ujság, 16. Juli 1907. S. 480.

Brunner, Otto: Der österreichisch-ungarische Ausgleich von 1867 und seine geschichtlichen Grundlagen. In: Mayer, Theodor (Hrsg.): Der österreichisch-ungarische Ausgleich von 1867. (Buchreihe der Südostdeutschen Historischen Kommission 20). München 1968. S. 15–24.

Buzinkay, Géza: A magyar irodalom és sajtó irányítása a Bach-korszakban (1849–1860). Magyar Könyvszemle 1974. (Jg. 90. Nr. 3–4.) S. 269–293.

Corti, Egon Caesar Conte: Elisabeth. »Die seltsame Frau«. Salzburg, Leipzig 1935.

Corti, Egon Caesar Conte: Mensch und Herrscher. Wege und Schicksale Kaiser Franz Josephs I. zwischen Thronbesteigung und Berliner Kongreß. Graz / Wien / Altötting 1952.

Csorba, László: Az önkényuralom kora. (1849–1867). In: Gergely, András (Hrsg.): 19. századi magyar történelem. 1790–1918. Budapest 1998. S. 293–342.

Csorba, László: Deák und die Vorbereitung des Ausgleichs. In: Fazekas, István / Malfèr, Stefan / Tusor, Péter (Hrsg.): Széchenyi, Kossuth, Batthyány, Deák. Studien zu den ungarischen Reformpolitikern des 19. Jahrhunderts und ihren Beziehungen zu Österreich. Publikationen der Ungarischen Geschichtsforschung in Wien. Bd. 3. Wien 2011. S. 231–238.

Dávid, Ferenc: Schloß Gödöllő -Krönungsgeschenk der ungarischen Nation. In: Hamann; Brigitte / Hassmann, Elisabeth (Hrsg.): Elisabeth. Stationen ihres Lebens. Wien / München 1998. S. 104–109.

Diószegi, István: Andrássy. In: Budapesti Negyed. Jg. 1. Nr. 1. 1993. [Online-Version]: http://epa.oszk.hu/00000/00003/00001/fej02.htm. [26.10.2015]. O. S.

Diószegi, István: A Ferenc József-i kor. Magyarország története 1849–1918. Budapest 1999.

Estók, János: Magyarország története. 1849–1914. Budapest 2004.

F. Dózsa, Katalin: A rendi nemzettudat látványos szimbóluma, a díszmagyar. In: Hofer, Tamás (Hrsg.): Magyarok Kelet és Nyugat közt. Budapest 1996. S. 155-166.

F. Dózsa, Katalin: »Tanácsadó és barát« – Andrássy Gyula gróf. In: Gróf Andrássy Gyula – A lángoló zseni. Titánia lovagjai II. Időszaki kiállítás a Gödöllői Királyi Kastély Múzeumban. 2009. június 5. – szeptember 27. Gödöllő 2009. S. 4–13.

Gergely, András: Az 1867-es kiegyezés. In: Rubicon 1996 / 1-2. [Online-Version]: http://www.rubicon.hu/magyar/oldalak/az_1867_es_kiegyezes/ [06.06.2016].

Gergely, András: Graf Lajos Batthyány (1807–1849) (Einführung). In: Fazekas, István / Malfèr, Stefan / Tusor, Péter (Hrsg.): Széchenyi, Kossuth, Batthyány, Deák. Studien zu den ungarischen Reformpolitikern des 19. Jahrhunderts und ihren Beziehungen zu Österreich. Publikationen der Ungarischen Geschichtsforschung in Wien. Bd. 3. Wien 2011. S. 109–121.

Gerő, András: Az elsöprő kisebbség. Népképviselet a Monarchia Magyarországán. Budapest 2017.

Gerő, András: Az Erzsébet-kultusz. In: Rácz, Árpád (Hrsg.): Erzsébet – A magyarok királynéja. Budapest 2008. S. 133–141.

Gerő, András: Ferenc József, a magyarok királya. Budapest 1999.

Glassl, Horst: Ungarn im Rahmen der Habsburger Monarchie. In: Ungarn-Jahrbuch Bd. 8. Jg. 1977. S. 195–230.

Hamann, Brigitte: Elisabeth. Kaiserin wider Willen. Wien / München 1982.

Hamann, Brigitte: Elisabeth. Kaiserin wider Willen. München / Berlin 2012.

Hamann, Brigitte: Rudolf. Kronprinz und Rebell. Wien 1978.

Hanák, Péter: 1867 – európai térben és időben. Budapest 2001.

Hanák, Péter: Die Stellung Ungarns in der Monarchie. In: Engel-Janosi, Friedrich / Rumpler, Helmut (Hrsg.): Probleme der franzisko-josephinischen Zeit 1848–1916. (Schriftenreihe des Österreichischen Ost- und Südosteuropa-Instituts 1.) Wien 1967. S. 79-93.

Hanák, Péter: Ungarn in der Donaumonarchie, Probleme der bürgerlichen Umgestaltung eines Vielvölkerstaates. Wien / München / Budapest 1984.

Hermann, Róbert: I. Ferenc József és a megtorlás. Budapest 2009.

Hermann, Róbert: Horváth Mihály. In: Pálmány, Béla (Hrsg.): Az 1848–1849. évi első országgyűlés történeti almanachja. Budapest 2002. S. 1056–1059.

Hermann, Róbert / Jónás, Károly: Andrássy Gyula. In: Pálmány, Béla (Hrsg.): Az 1848–1849. évi első népképviseleti országgyűlés történeti almanachja. Budapest 2002. S. 1027–1029.

Holzschuh, Robert: Chronologie der Aufenthalte. Der Lebensweg Kaiserin Elisabeths. In: Hamann; Brigitte / Hassmann, Elisabeth (Hrsg.): Elisabeth. Stationen ihres Lebens. Wien / München 1998. S. 30-37.

Hönsch, Jörg K.: Geschichte Ungarns. 1867–1983. Stuttgart / Berlin / Köln / Mainz 1984.

K. Lengyel, Zsolt: Neoabszolutizmus vagy önkényuralom? Megjegyzések a magyarországi Bach-korszak újabb historiográfiájához. In: Aetas. Jg. 23. Nr. 3. 2008. S. 237–255.

Kaján, Marianna: Báró Sennyey Pálné. In: Faludi, Ildikó (Hrsg.): Titkok, Bálok, Utazások. Erzsébet királyné és magyar udvarhölgyei. Időszaki kiállítás a Gödöllői Királyi Kastélyban. 2012. június 9 – szeptember 30. Gödöllő 2012. S. 25–26.

Karafiáth, Márius: Ferenczy Ida. Életkép. Levice 1935.

Katus, László: Deák Ferenc és a kiegyezés. In: Szabó, András (Hrsg.): Deák Ferenc emlékezete. Budapest 2003. S. 163–184.

Kiss, Zoltán: Köztörténet a középkortól napjainkig. In: Szita, Ferenc (Hrsg.): Kéthely hét évszázada (Falutörténet). Kaposvár 1990. S. 145–184.

Kohn, Dávid: Első Ferenc József király és Erzsébet királyné Gyulán 1857-ben. In: Gyulai Kis Kalendárium. 1929. Gyula 1928. S. 42–47.

Kolos, István: Gróf Mailáth János. 1786–1855. Budapest 1938.

Kovács, Éva Marianna: Gróf Sztáray Irma. In: Faludi, Ildikó (Hrsg.): Titkok, Bálok, Utazások. Erzsébet királyné és magyar udvarhölgyei. Időszaki kiállítás a Gödöllői Királyi Kastélyban. 2012. június 9 – szeptember 30. Gödöllő 2012. S. 26–27.

Kőváry, László: A millennium lefolyásának története. In: Sipos, András / Donáth, Péter (Hrsg.): »Kelet Párizsától« a »Bűnös városig«. Szöveggyűjtemény Budapest történetének tanulmányozásához. Bd. 1. 1870–1930. Budapest 1999. S. 90–95.

Krones, Franz von: Majláth, Johann. In: Allgemeine Deutsche Biographie. 1884. [Online-Version]: http://www.deutsche-biographie.de/pnd116688912.html [18.06.2015].

Manhercz, Orsolya: Az uralkodó Magyarországon, 1865–1866. In: Gergely, Jenő (Hrsg.): Vázlatok két évszázad magyar történelméből. Tanulmányok. Budapest 2010. S. 35–49.

Manhercz; Orsolya: Magas rangú hivatalos utazások Magyarországon a Bach-korszakban. Ferenc József magyarországi látogatásai 1849 és 1859 között. Dissertation. Budapest 2012. (Manuskript).

Márki, Sándor: Erzsébet. Magyarország Királynéja. (1867–1898). Budapest 1899.

Mayer, Theodor: Der österreichisch-ungarische Ausgleich von 1867. (Buchreihe der Südostdeutschen Historischen Kommission 20). München 1968.

Pálinkás, Patrícia: Mikor járt Sisi először a gödöllői kastélyban? In: Múlt-kor. [Online-Zeitschrift]: https://mult-kor.hu/mikor-jart-sisi-eloszor-a-godolloi-kastelyban-20160609 vom 9. Juni 2016. [14.05.2019]

Pap, József: A passzív ellenállás, a neoabszolutizmus korának mítosza? In: Aetas. Jg. 18. (2003) Nr. 3–4. [Online-Version]: http://www.aetas.hu/2003_3-4/2003_3-4-17.htm#P1226_444654 [07. 05. 2016] O. S.

Péterné, Fehér Mária: Ferenczy Ida végakarata. In. Múltbanéző [Online-Zeitschrift]: http://www.bacs-kiskun-leveltar.hu/V3/SP07_mbn/Tanulmanyok/pefm-04t-1.html [16.10.2015].

Radvánszky, Anton: Das ungarische Ausgleichsgesetz vom Jahre 1867. In: Forschungsinstitut für den Donauraum (Hrsg.): Der österreichisch-ungarische Ausgleich von 1867. Vorgeschichte und Wirkungen. Wien, München 1967. S. 90–112.

Redlich, Joseph: Kaiser Franz Joseph von Österreich. Berlin 1928.

Redlich, Josef: Das österreichische Staats- und Reichsproblem. Geschichtliche Darstellung der inneren Politik der habsburgischen Monarchie von 1848 bis zum Untergang des Reiches. Bd. 2: Der Kampf um die zentralistische Reichsverfassung bis zum Abschlusse des Ausgleiches mit Ungarn im Jahre 1867. Leipzig 1926.

Rónay mint Mária Valéria nevelője. In: Acsay, Ferenc (Hrsg.): Értesítő a pannonhalmi Szent-Benedek-rend Győri Főgimnáziumáról az 1907/908. iskolai évről. Győr 1908. S. 207–229.

Scharding; Carlo: Das Schicksal der Kaiserin Elisabeth. O. O.; O. J.

Schmidt-Brentano, Antonio: Thurn und Taxis, Friedrich Hannibal Prinz von (1799–1857), Offizier. In: Österreichisches Biographisches Lexikon (ÖBL). Bd. 14. 2014. S. 331–332. [Online-Version]: www.biographien.ac.at/ [01.03.2016].

Somogyi, Éva: Az 1867. évi kiegyezés előtörténetéből (A februári pátens felfüggesztése). In: Századok 1973. (Jg. 107). S. 879–905.

Somogyi, Éva: A királyné Magyarországon. In: História 1984/4. S. 8–11.

Somogyi, Éva: Ferenc József. Budapest 1989.

Szabó, Margit: Kornisné Vécsey Mária. In: Gödöllői Szolgálat, 22. April 2009. S. 8.

Szalay Imre: Az Erzsébet Királyné Emlékmúzeum. Budapest 1911.

Szinnyei, József: Jókai Mór. Budapest 1898.

Szinnyey, József: Magyar írók élete és munkái. Bd. 1–14. Budapest 1891–1914. [Online-Version]: http://mek.oszk.hu/03600/03630/html/index.htm [13.01.2015]. o. S.

Takács, Péter: Negyvennyolc mitológiája és a neoabszolutizmus valósága (Deák Ferenc és a passzív ellenállás). In: Szabó, András (Hrsg.): Deák Ferenc emlékezete. Budapest 2003. S. 140–148.

Wertheimer, Ede [Eduard]: Gróf Andrássy Gyula élete és kora. Bd. 1–3. Budapest 1910–1913a.

Wertheimer, Eduard [Ede]: Graf Julius Andrássy. Sein Leben und seine Zeit. Bd. 1–3. Stuttgart 1910–13b.

Wertheimer, Eduard: Das ungarische Krönungsjubiläum. (8. Juni 1867.) Mit Benützung von ungedruckten Schriftstücken. In: Neue Freie Presse. Morgenblatt, 7. Juni 1907. S. 2–4.

Wertheimer, Eduard: Der Ungarische Reichstag von 1839/40. (Nach ungedruckten Akten.) II. In: Pester Lloyd, 27. Jänner 1901. O. S.

Wertheimer, Eduard: Ungarns politische Parteien vor dem letzten vormärzlichen Reichstag. (Nach einer ungedruckten Denkschrift des Grafen Johann Mailáth.) In: Pester Lloyd, 20. April 1899. O. S.

Winkelhofer, Martina: Das Leben adeliger Frauen. Alltag in der k. u. k. Monarchie. Innsbruck/Wien 2011.

Winkelhofer, Martina: Der Alltag des Kaisers. Franz Joseph und sein Hof. Innsbruck/Wien 2010.

Wurzbach, Constantin von: Biographisches Lexikon des Kaiserthums Oesterreich. Bd. 36.

PERSONENREGISTER

Mitglieder der regierenden Häuser sind nach ihren Vornamen eingeordnet. Frauen sind nach ihren Ehenamen eingeordnet.

ABBILDUNGSVERZEICHNIS

WEITERE PUBLIKATIONEN ÜBER SISI IM ALLITERA VERLAG

Sisis Vater. Herzog Maximilian in Bayern
von Bernhard Graf

Seit den erfolgreichen »Sissi-Filmen« Ernst Marischkas aus den 50er-Jahren ist Herzog Maximilian in Bayern allseits bekannt. Gustav Knuth stellte ihn als warmherzigen und verständnisvollen Familienvater dar, der seinen Kindern stets ein unbeschwertes und idyllisches Landleben fern von höfischen Verpflichtungen ermöglichte. Da nach wie vor eine Biografie über ihn fehlt, beleuchtet Dr. Bernhard Graf, Kunsthistoriker, Historiker, Germanist und Dokumentarfilmer, erstmals durch eine Zusammenschau von Aktualität und historischer Vergangenheit sein facettenreiches und zugleich spannendes Leben.

176 S., Hardcover, ISBN 978-3-86906-868-8

Sisis Geschwister
von Bernhard Graf

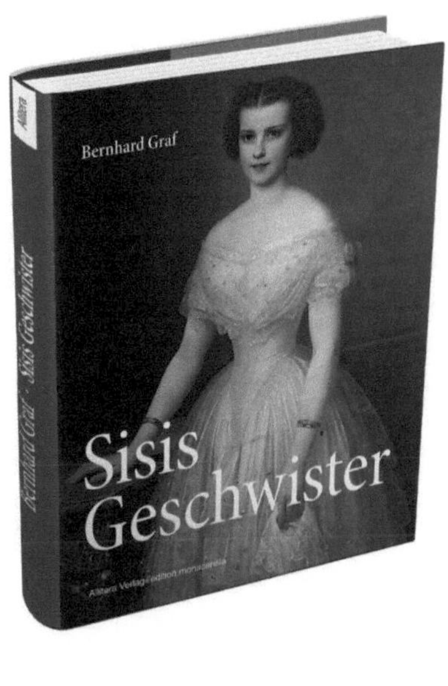

Wie die Szenen und Akte eines spannenden Shakespeare-Dramas muten die höchst unterschiedlichen Viten der Schwestern und Brüder der Kaiserin Elisabeth von Österreich-Ungarn an. Historiker, Autor und Filmemacher Bernhard Graf entwirft dazu ein ungemein lebendiges Bild fernab jeglicher Anekdoten und Klischees. Immer wieder lässt er Sisis Geschwister, Eltern und Verwandte unmittelbar zu Wort kommen und über ihre Eindrücke und Erlebnisse, Ängste und Freuden, Sehnsüchte und Ziele direkt berichten. Bestens recheriert bieten der Text und das großartige, bislang zumeist unveröffentlichte Bildmaterial neue Einblicke in die tragischen Schicksale von »Sisis Geschwistern«.

192 S., Hardcover, ISBN 978-3-86906-977-7

Sisis Wohnwelten. Traumschlösser, Seelenorte und Fluchtburgen der Kaiserin von Österreich

von Alfons Schweiggert

Jeder Mensch gestaltet die Räume, in denen er lebt, umgekehrt wird er von diesen nachhaltig geprägt. So sind die von ihm gewählten Wohnwelten nicht nur Ausdruck seines Denkens und Empfindens, sondern auch Abbild seines Seelenlebens. Besonders eindrucksvoll zeigt sich dies bei Kaiserin Elisabeth von Österreich. Die Vielfalt ihrer Behausungen reichte von Märchenschlössern und pompösen Schlossanlagen über stattliche Villen bis zu Landhäusern und schlichtesten Jagd- und Berghütten. Wo aber fühlte sich die Kaiserin wirklich zu Hause? Was wurde ihr zum Albtraumschloss, was zur unerträglichen Kerkerburg? Ein bestens recherchierter, mit über 200 Abbildungen reich ausgestatteter Bildband gibt erstmals umfassend Antworten auf diese Fragen.

208 S., Hardcover, ISBN 978-3-96233-051-4